新媒体广告营销
案例集
（第二辑）

郭 斌　王成慧◎著

基金课题： 北京市自科基金项目"京津冀科技园区环链布局与演化机制研究"（9192007）、北京市教委科研计划重点项目"非首都功能疏解下中关村科技跨区环链模块化创新布局与演化研究"（17GLB079）、北京第二外国语学院研究生院前沿课程教材建设和"产业经济学"课程思政课改项目，以及教务处2018校级"互联网+"国际化双创实践基地和市场营销思政化教师团队项目联合资助。

The Case of New Media Advertising
(Volume II)

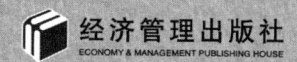

经济管理出版社
ECONOMY & MANAGEMENT PUBLISHING HOUSE

图书在版编目（CIP）数据

新媒体广告营销案例集（第二辑）/郭斌，王成慧著.—北京：经济管理出版社，2019.1
ISBN 978-7-5096-6325-7

Ⅰ.①新… Ⅱ.①郭…②王… Ⅲ.①传播媒介—广告—案例 Ⅳ.①F713.8

中国版本图书馆 CIP 数据核字（2019）第 016535 号

组稿编辑：王光艳
责任编辑：任爱清
责任印制：黄章平
责任校对：董杉珊

出版发行：经济管理出版社
（北京市海淀区北蜂窝 8 号中雅大厦 A 座 11 层　100038）
网　　址：www.E-mp.com.cn
电　　话：（010）51915602
印　　刷：北京晨旭印刷厂
经　　销：新华书店
开　　本：720mm×1000mm /16
印　　张：17.75
字　　数：338 千字
版　　次：2020 年 4 月第 1 版　2020 年 4 月第 1 次印刷
书　　号：ISBN 978-7-5096-6325-7
定　　价：68.00 元

·版权所有　翻印必究·
凡购本社图书，如有印装错误，由本社读者服务部负责调换。
联系地址：北京阜外月坛北小街 2 号
电话：（010）68022974　邮编：100836

《企业管理创新案例丛书系列》
编 委 会

总 主 编 王成慧

编委会成员（以姓氏拼音首字母排序）

陈 倩　郭 斌　李 凡　李诗婷

李 博　王成慧　薛 萌　喻崇武

俞雅玲　张 帅

序 言

进入21世纪以来,企业经营环境发生了重大变化。顾客需求日益多元化、个性化、参与化与体验化;技术创新和技术更新速度不断加快、产品生命周期逐渐缩短;经济全球化已成常态,企业无须走出国门就已经面临着全球竞争的挑战,新竞争对手不断涌现。特别是移动互联时代的到来,企业竞争环境更加多变和不定。移动互联网改变着每一个客户获取企业信息的方式和渠道,也改变着人们的消费模式和消费行为,越来越多的人通过网络进入紧密连接的全球市场,从而进行消费或者交换,享用更加便利、舒适、快捷和实惠的商品与服务。而随着消费的变革和顾客价值需求重点的转变,企业所追求以及所能利用的核心资源、企业价值创造与传递的模式、企业竞争的范围和制高点也必须发生变化。

(一)

近年来,以微博、微信、微电影、微电台、微型小说等为基础的新媒体突起,使得信息传媒技术进一步升级换代,传统电脑与平板电脑、智能手机间的联系也得到了加强。微媒介的"联姻"使人际沟通呈现出方便快捷、互为文本的织网式绑定关系,每个"蛛网"结点都相互关联。新媒体构筑了当今传播的"微时代",不仅冲击着大众感官,还引领着个性化的消费形式,也造就了互动媒体浪潮。据有关资料统计,2018上半年中国微博用户规模为3.37亿人,与2017年相比增长2140万人,在整体网民数量中微博用户数比例达到42.1%,而这个数据仍然在持续攀升。微信成为现阶段最大的新媒体形式,2018年第一季度微信用户首次突破10亿,达10.4亿,而2017年底只有9.89亿。新媒体正在逐年扩张领地,其传播速度之快,传播范围之广都是传统媒体无法匹敌的。与此同时,新媒体日渐成为令人瞩目的营销平台。以往广告形式已被网络传媒完全颠覆,许多传统广告公司已无法在现有的互联网营销环境中生存。同时,随着中国网民数量的快速增长、新网络传媒技术的不断涌现、创新创业意识的增强,以顾客体验为主体的互联网营销理念深入人心。截止到2018年6月,中国网民规模达到8.02亿人,与2017年相比增长3.8%,互联网普及率为57.7%。在现代社会中，广告充斥于社会生活中的各个角落，企业营销的当务之急是寻找发布广告的新领地。互联网媒体的涌进正好迎合了这一趋势，为广告开辟了一片新天地。

（二）

更为重要的是，新媒体的出现带来的不仅是广告制作技术的改进，也是广告学理论和思想的突变。但是，如果仅对过时的教育体系加以完善，未能与互联网营销完全接轨，便无法适应广告产业的变革。因此，广告学课程的教与学不得不微调以应对互联网营销，势必要从教学内容至方法，进行系统的改革及调整。时下，以微博、微信等新媒体传播为特色的新兴网络广告对传统广告的内涵样式、传播规律和制作模式产生巨大的冲击。所以，本书选取广告学原理课程教学中的新媒体广告营销案例，归纳其广告内容特色、营销方法创新、有效传播经验，总结现有媒体广告营销中的不足，以期对适应新媒体发展要求的广告营销教学与实践起到一定的借鉴作用。因此，在编写本书时，笔者也力图体现以下三个方面的特点：

（1）整体性。相关案例的编写不仅描述其广告营销的全过程，而且集中论述了广告营销战略的具体制定、新媒体传播手段的选择及使用，以及如何评价其实施效果等，力求全面阐述其广告营销策略。

（2）新颖性。本书的案例是经过精心筛选的，既包括汰渍、北冰洋等传统品牌，也搜集了最新涌现的案例，如支付宝、豆瓣、网易云音乐等。

（3）可读性。案例编写通俗易懂，情节描写翔实且具吸引力，可使读者逐渐进入其中，获得身临其境的感受，进而引起思考、总结。同时，本书对广告营销实践具有参考价值。

王成慧　郭　斌

2018 年 9 月于

北京第二外国语学院

目 录

第一章　派莫（Paymo）：AA 制移动支付 APP …………………… 001

　一、行业背景 / 001

　二、企业介绍 / 002

　三、广告介绍 / 005

　四、竞品分析 / 017

　五、评价建议 / 021

　六、广告反思 / 024

　思考题 / 027

　参考文献 / 027

第二章　豆瓣：我们的精神角落 …………………………………… 028

　一、企业介绍 / 028

　二、广告内容 / 037

　三、传播效果 / 047

　四、经验总结 / 054

　思考题 / 057

　参考文献 / 057

第三章　999 感冒灵：世界不会那么糟 …………………………… 058

　一、广告内容 / 058

　二、广告背景 / 066

　三、广告效果 / 069

四、传播效果 / 071

思考题 / 075

参考文献 / 075

第四章　支付宝：钱包"无束缚" …………………………………… 077

一、企业简介 / 077

二、媒体介绍 / 078

三、广告内容 / 080

四、效果评价 / 090

五、经验总结 / 094

思考题 / 095

参考文献 / 095

第五章　戴瑞（Darry Ring）：定制属于你的真爱 …………………… 096

一、产品介绍 / 096

二、广告内容 / 101

三、传播效果 / 107

四、结论启示 / 115

思考题 / 117

参考文献 / 117

第六章　北冰洋：老北京的追忆 …………………………………… 119

一、产品简介 / 119

二、广告技巧 / 123

三、传播效果 / 132

四、经验启示 / 142

五、改进方案 / 144

思考题 / 147

参考文献 / 147

第七章　雕牌：需要年轻范儿……148

一、品牌介绍 / 149
二、广告内容 / 151
三、效果分析 / 154
四、活动传播 / 156
五、推广效果 / 162
六、建议思考 / 176
思考题 / 177
参考文献 / 177

第八章　网易云音乐：音乐的力量……178

一、行业现状 / 179
二、产品介绍 / 181
三、广告简介 / 182
四、营销背景 / 188
五、传播途径 / 191
六、传播效果 / 193
七、广告分析 / 197
八、内涵总结 / 199
思考题 / 203
参考文献 / 204

第九章　滴滴出行：中国式安全黑科技……205

一、企业简介 / 206
二、营销分析 / 210
三、传播渠道 / 212

四、广告内容 / 216

五、广告技巧 / 224

六、传播效果 / 231

七、总结建议 / 238

思考题 / 239

参考文献 / 239

第十章　汰渍：双重迷局 …………………………………………… 241

一、企业概况 / 241

二、广告介绍 / 243

三、传播效果 / 252

四、总结启示 / 263

思考题 / 272

参考文献 / 272

后　记 ……………………………………………………………… 273

第一章
派莫（Paymo）：AA 制移动支付 APP

派莫（Paymo）APP 是日本一款生活移动支付手机软件，主打朋友们出门吃饭看电影可以"各付各的"AA 制，认为就算某一方先行支付，也可跟另一方要求请款。派莫（Paymo）APP 为用户带来了方便快捷的移动支付功能，适合在生活中的任意场合使用。如图 1-1 所示，作为一款日本支付软件，派莫（Paymo）因其在网上流传的广告视频而为人所知，广告别出心裁一镜到底的拍摄手法、独特利落"快抽桌巾"的表现方式、朗朗上口的广告主题曲，使观众对派莫（Paymo）APP 感到印象深刻。由于受历史文化的影响，日本广告有着独特鲜明的特点：内容上丰富多样，对细节感的追求淋漓尽致，形式上画面节奏感极强、背景音乐贴合故事发展、环境音乐的充分利用与渲染、场景道具均调性上的高度统一等，这些都是日本广告能够独树一帜的内在原因。本章将对日本广告"派莫（Paymo）——当召集人的感觉真好"进行案例分析，从行业背景、广告内容、拍摄手法、代言人选择及主题曲创作、传播渠道等方面进行展开，同时与日本支付平台——Kyash 进行比较，通过对此案例的分析与学习，为今后中国支付类 APP 广告的发展进行经验积累与知识沉淀。

图 1-1 派莫（Paymo）公司的 LOGO 标识

一、行业背景

2010 年 4 月 1 日，日本开始实施《资金决算法》，影响了整个日本第三方支付体系。这部法律主要是规定了第三方支付体系不可以挪用沉淀资金。在中国，如果一个第三方支付的公司不能够实时、直接地从银行卡上划走用户指定的任意金额用来支付给别人的话，那么相信其产品一定不能被大众所接受，最终会被当下的互联网市场淘汰。然而在日本，这便是其所谓的第三方支付，无法实现实时地、直接地从银行卡上划走任意金额。

在日本，如果想方便地直接从银行划账，那么要预先将需要的金额划出第三方支付公司和银行之间协定好的某一个金额，例如，100元、200元、500元、1000元的等额日元，将其转给第三方支付公司。这叫作充值，通俗一点就像充手机话费一样，只能是10元、20元、30元、50元、100元，花多少直接从里面扣。日本不知道什么时候才能够有和中国支付宝或微信一样的软件，直接通过和银行的对接，从银行账户上划走15元人民币的软件。在日本，另外一种第三方账号上充值的方法就是用信用卡充值第三方账号，其实这也是一种消费的方式。

二、企业介绍

（一）企业创始人

派莫（Paymo）公司的创始人是木村新司，如图1-2所示，日本创业圈的新晋富豪之一，也是连续创业者、投资人。木村新司是一个不会按照常理出牌、善于发现商业机会且能够及时采取相应行动的人。木村新司曾经开过一家广告公司，并以20亿日元的价格卖给了GREE企业。为了避税，他加入新加坡籍，曾投资Gunosy公司，并成功上市。但是，在准备上市的过程中，木村新司运用一些股权转移的方法，将三位创始人的大部分股份转到了自己名下。到上市时，三位创始人每人手里只剩3.53%的股份，而木村新司却持有高达42.12%的股份。由此可见，木村新司具有高超的资本运营能力。作为个人投资家，木村新司投资了许多成功的公司。至2017年，木村新司个人资产保守估计在250亿日元以上，折合人民币14.45亿元，是一个不折不扣的富豪。而且2018年，Wantedly公司进行首次公开募股（Initial Public Offerings，IPO）。

图1-2 派莫（Paymo）公司创始人木村新司

（二）企业的成立

派莫（Paymo）公司是2017年在日本火起来的创业公司之一，如图1-3所示，是一家基于手机客户端的、用户之间进行简单的相互转账的新入市场创业公司。虽然现在很多第三方支付公司都用其转账系统，然而真正可以做到像支付宝和微信一样进行实时的、方便的转入或转出任意金额的第三方支付体系，在当前的日本市场上还是不存在的。派莫（Paymo）公司就是希望在日本尚未开拓的市场上成为一个先行者，开始寻找开拓这片领域的方式与方法。

如表1-1所示，派莫（Paymo）公司并没有选择日

图1-3 派莫（Paymo）公司APP操作界面

本法律上支持的"前払式支払手段（预付支付手段）"和"资金移动业（资金移动）"两种支付方式，而是选择另外一种名叫"收纳代行·代金引换（收纳代行/货款交换）"的支付手段。目前，"收纳代行·代金引换"的支付手段在日本处于法律的灰色地带，并不受《资金决济法（资金结算法）》的上网管制。同时，也不需要进行身份验证。转账和支付基本上都存在法律空白。派莫（Paymo）公司就是这样利用日本法律的灰色地带，规避《资金决济法（资金结算法）》中对移动大量保证金的规定条款。

表1-1　日本支付体系规定

	中文翻译	身份验证	转账	是否可以支付	典型公司
收纳代行·代金引换	代收费（不受资金决济法管制）	不需要	基本上不可以（法律有空白）	基本上不可以（法律上有空白）	Paymo

（三）市场定位

派莫（Paymo）公司面向的客户群体，主要是一些喜欢社交活动的、在聚会后希望方便快捷地以AA制为结账方式的年轻群体。AA制是各人平均分担所需费用，由于双方或多方都存在一笔消费而进行均等结账，从而免去因个人或部分人请客消费造成的尴尬。

1. AA制体现了一种某类社交群体中个体间的经济平等

如果大家都是朋友的话，没有谁比谁的社会地位更高，也没有谁就应该去帮别人买单、谁不应该参与买单的道理，每人都应平摊这笔费用。年轻人聚会主要是因为朋友间的友谊，所以不应当是由某位朋友请客，最好是AA制——每人都分担所需费用。

2. 使用派莫（Paymo）软件中的"AA制"功能，就不需要考虑欠对方"人情"的问题

如果聚会时是一个人买单的话，那么其他人就会有一种欠了"他人情债"的感觉。但是使用派莫（Paymo）软件后，用户完全不用担心自己欠人情，因为自己分担了自己的那部分消费，所以谁也不欠谁的。

3. AA制可以有效地避免尴尬

就像后面要分析的广告歌词中写到的"和烂透的男友好好算账，那样的话只要手指简单的一按，事后追踪各付各的"——分手后直接把花过他的钱还给他，避免分手后还要谈钱的问题，各自都不欠对方的。

4. 使用派莫（Paymo）软件还可以为用户省下很多算钱的时间

在大家举办联谊或是聚会时，参加的人数就会特别多，每个人都和自己熟悉的人聊天，现场特别混乱。当联谊或聚会结束时，大家还要聚在一起算钱，不仅尴尬，而且特别浪费时间。如图1-4所示，使用派莫（Paymo）软件，事后再付款，省时又省力，十分适合当下年轻人的生活方式。

事後追蹤各付各的　聰明的判斷
後追いわりかん　賢い判断

图 1-4　派莫（Paymo）公司 Slogan 品牌口号

（四）运营模式

派莫（Paymo）公司在运营模式上有一个弱点，即"谁，为什么，一定要用派莫（Paymo）的软件"。派莫（Paymo）公司准确找到日本人在生活当中常见的痛点——朋友聚会后相互之间的 AA 分账问题。但是，却没有大量的用户基础。所以为了获得更多的用户流量，派莫（Paymo）公司将运营重点放在了投入大量资金于互联网广告推广上。此外，派莫（Paymo）公司还做了另外一手准备：如果可以靠花钱推广、做广告撬动市场以获得大量的用户的话，那么就能不断赚钱来保证公司的资本运营；如果公司花了钱却没有看到用户增多的效果、用户依然很少的话，那么就将公司卖给 LINE 公司，也是一个十分不错的选择。木村新司是一个新晋富豪，手里有大量的资金。因此，做了大量广告。如果他想做一个电视广告的话，至少需要准备 2 亿日元，折合人民币 1156 万元。如果他想做一个覆盖足够大区域的广告的话，那么就需要耗费大约 4 亿日元。对于拥有个人资产 250 亿日元的木村新司来说，这部分钱如果可以使派莫（Paymo）公司壮大，那么他就愿意花费 4 亿日元做派莫（Paymo）广告。除广告之外，派莫（Paymo）公司还做了许多的返现补贴活动，从而将部分用户留下来，积累用户群体。为此，公司又耗费了不少资金，却并没有让客户形成习惯。

Tonny 为了验证派莫（Paymo）的市场运营，特意和他的夫人一起做了一个薅羊毛的实验。他和他的夫人首先通过发布邀请码，邀请到了四个人和他们一起使用派莫（Paymo）软件。通过简单的软件介绍后，就让受到邀请的人群使用派莫（Paymo）软件，由此为其带来了 2000 日元的收益。除此之外，他们还使用派莫（Paymo）软件做了软件中设定的几个简单任务。两个人用了 10 分钟左右的时间，完成了任务，获得了 4500 日元的收益。这 4500 日元加上他们之前邀请别人获得的 2000 日元的收益，一共获得了 6500 日元的收益，平均每个人得到了 3250 日元。由此，可以估算出：如果派莫（Paymo）公司想要获得一个客户，那么就要付出大约 3000 日元的用户成本；如果派莫（Paymo）公司通过这种方式获得 1 万个用户的话，那么就必须要付出 3000 万日元的用户成本；10 万个客户就是高达 3 亿日元的用户成本。可想而知，派莫（Paymo）公司在积累客户群上要花费多么高昂的用户成本。

（五）盈利模式

派莫（Paymo）公司对客户之间的交易是不收取任何手续费的。但是，如果客户想要提现的话，那么就必须要交付 200 日元的手续费。派莫（Paymo）公司运用这种收取手续费手段背后的意义，实际上是为了让公司规避《资金结算法》的管制。在本质上，因为派莫（Paymo）公司只是一个靠收取手续费而获得收益的公司。如果一个用户的年度 ARPU[①] 是 100 日元的话，那么派莫（Paymo）公司就需要将用户数量提高到一个千万的级别，才能够产生足够的正向现金流，从而维持公司的正常运作。但是，如果用户数量高达千万级别的话，那么派莫（Paymo）公司的渗透率就必须特别高，才能达到这样的年度 ARPU 标准。这是一个什么样的概念呢？千万用户量大约占日本总人口的 1/10，这就说明东京的渗透率必须要达到 30% 以上，也就是东京每 3 人里就要有 1 人使用派莫（Paymo）公司的第三方支付软件。该模式完全是一种重度运营模式，几乎是不能够实现的。除了从用户量上入手之外，还可以从提高收费标准上入手，将每个用户的年度 ARPU 从 100 日元提高到 1000 日元。但是，提高收费标准方法能实现吗？答案肯定是否定的。

三、广告介绍

（一）广告产品

如图 1-5 所示，派莫（Paymo）是由日本第三方支付 AnyPay 所开发的支付 APP 平台，主打朋友们出门吃饭看电影可以"各付各的"，代表着男女出门吃饭"AA 制"时代的到来。就算由一个人先行支付，最后也可以向其他人要求请款。

图 1-5 派莫（Paymo）支付平面广告

---

① ARPU（Average Revenue Per User），即每个用户平均收入。用于衡量电信运营商业务收入的指标。ARPU 注重的是一个时间段内运营商从每个用户所得到的收入。很明显，高端的用户越多，ARPU 越高。在这个时间段，从运营商的运营情况来看，ARPU 值高未必说明利润高，因为利润还需要考虑成本，如果每个用户的成本也很高，那么即使 ARPU 值很高，利润也未必高。

(二)广告内容

这是一个拍了 49 次才成功的一镜到底广告。随着朗朗上口的原创广告歌曲，女主角连续在四个各具特色的场景中使用派莫（Paymo）APP，形象生动地向观众展现派莫（Paymo）支付的特点及使用的好处。并且，在每个场景的最后，采用快抽派莫（Paymo）桌布的创意方式，加强观众对派莫（Paymo）的品牌印象。

1. 场景一：当和烂透了的男朋友谈分手时

如图 1-6 所示，影片的开始是在咖啡馆，男友和女主角互坐对面，且镜头拍的是男主角的背影。随着开拍的"咔"声响起，女主角便面无表情地赏了男友一耳光，宣告两人分手，如图 1-7 所示，然后霸气地背上包离开，什么都没说，包括餐费该怎么结算。离开后女主角使用派莫（Paymo）APP 来结算刚刚的餐费，在分手后进行 AA 制，没有任何算钱、掏钱的尴尬，赶紧离开令人伤心生气的地方。

图 1-6 派莫（Paymo）支付广告场景一：掀起桌布

资料来源：http：//www.iqiyi.com/v_19rralw5vk.html。

图 1-7 派莫（Paymo）支付广告场景一：分手支付

资料来源：http：//www.iqiyi.com/v_19rralw5vk.html。

2. 场景二：当与闺蜜好友小酌一杯聚会时

如图 1-8 所示，女主角在和男友分手后，免不了要和闺蜜聚聚，分享心情，

第一章 派莫（Paymo）：AA 制移动支付 APP

发发牢骚。于是来到酒吧，和闺蜜小酌一杯。时间短暂，当然也不能因为算钱浪费时间。于是，女主角赶紧把想说的话说完，然后就先行离开前往下一个行程，之后再使用派莫（Paymo）买单，免去姐妹们算钱、找钱的困扰，节省了不少的宝贵时间，提高了效率。

图 1-8 派莫（Paymo）支付广告场景二：闺蜜小聚

资料来源：http：//www.iqiyi.com/v_19rralw5vk.html。

3. 场景三：当参加三对三相亲联谊时

如图 1-9 所示，告别了闺蜜，女主角重新打起精神，好好梳妆打扮一番去参加三对三相亲联谊，认识新的朋友。这是一个比较拘谨和正式的场合，大家都互相不了解彼此的脾气秉性，通常在这种场合当场算钱不太好看，互相之间争着抢着付钱多少也会使人尴尬。于是使用派莫（Paymo）采取 AA 制，快速便捷地买单，免去这种尴尬的人情场合，更没有谁请谁的问题。

图 1-9 派莫（Paymo）支付广告场景三：相亲联谊

资料来源：http：//www.iqiyi.com/v_19rralw5vk.html。

4. 场景四：当偶尔放松变身 Party 咖时

如图 1-10 所示，深夜来临，女主角偶尔也会好好打扮，放松地去参加超多人的聚会。然而因为人数众多，每当到了该散会时，结算总要耗费大量的时间，有时还会出现漏算的情况，使人尴尬。如图 1-11 所示，在这样的场景下，即使人数众多数不清，使用派莫（Paymo）APP，也可以轻轻松松买单，然后快速地、开心地坐计程车离开。

图 1-10　派莫（Paymo）支付广告场景四：参加 Party

资料来源：http：//www.iqiyi.com/v_19rralw5vk.html。

图 1-11　派莫（Paymo）支付 APP 操作

（三）代言人及主题曲选择

作为派莫（Paymo）的第一支网络广告，在派莫（Paymo）广告的主题歌制作与人选上，该公司也下了很大的心血。歌曲与人选都是通过对派莫（Paymo）软件自身的市场定位以及相关功能进行了量身打造。

1. 广告女角色介绍

如图 1-12 所示，在角色方面，出演派莫（Paymo）广告的女主演是 1996 年出生的平面模特川口卡农（川口カノン），是女性杂志《知识分子》（「インテリジェンス」）的封面模特，以及 Felissimo（日本网络购物平台）商品目录页的代言人。

首先，服装网购平台与时尚杂志都是主要面向女性客户群体，川口卡农作为日本女性杂志以及网购平台的模特，在女性群体中有着较高的知名度；其次，选用较为年轻的平面模特来作为广告的主演，其年轻的形象也符合这款 APP 的市场定位——以年轻女性为主的第三方移动支付平台。

第一章　派莫（Paymo）：AA 制移动支付 APP

图 1-12　派莫（Paymo）支付广告代言人

资料来源：http：//www.iqiyi.com/v_19rralw5vk.html。

2. 主题曲介绍

在歌曲的制作方面，制作方从歌曲的旋律与填词方面都与画面做到了极度的配合。

（1）如图 1-13 所示，歌曲的旋律以欢快为基调，朗朗上口，高潮部分的"我也用、你也用派莫（Paymo）"充分地利用了新媒体的高效率新型病毒式传播。刚一出现就被各大当地视频网站上的用户进行转载上传，更有甚者直接在视频网站上发布自己用吉他演奏的派莫（Paymo）主题曲，受到了很多好评。

图 1-13　派莫（Paymo）支付广告的歌词衔接

（2）从歌词角度来看，完全搭配情境，还都跟着"mo"押韵。以下是派莫（Paymo）主题曲《这样就好了》的全部歌词：

派莫（Paymo）！/这个、那个、这样就好了/细节以后再说/当召集人的感觉真好/我也用、你也用派莫（Paymo）！/和烂透的男友好好地算账/那样的话只要手指简单一按/事后追踪各付各的、聪明的判断/这样想喝一杯的兴致也来了/来喝一杯吧！涩谷约几点/

009

在 Line 群发起［大家集合！］召集人/就去那边、第四出动/这样、那样忍不住要发牢骚/［干杯］马上就七嘴八舌/这样下去的话/因为结账太浪费时间了/女子聚会的费用也用派莫（Paymo）！/那个、这个、这样就好了/细节以后再说/当召集人的感觉真好/我也用、你也用派莫（Paymo）！/

提高女子力的战斗服/有帅哥的话、一二、勾拳进攻/刘海 Up、心情也 Up/可以 KO 吗？一二、出界/准备好了吗、战斗模式/期待始终平静的好心情/成员三对三联谊不知多少次/那样的话就说谎［平手］/已经锁定了、今天晚上的 Baby/Maybe Love 的魔法谈话/趁这个机会外带/错过末班车？好！那就去续摊！/才怪、才怪、还有末班车、还有计程车/因为当场算钱、太难看了/联谊费用也用派莫（Paymo）！/

偶尔也想当个聚会咖、放松一下/偶尔也想在现实生活中被称赞［不错哦］/所以、来个浓一点的妆、华丽打扮/过了十二点的灰姑娘/忘了明天的事/Ride on/爱啊、恋啊、这样就好了！/搞错也是以后再说/当召集人的感觉真好/一直用、一直用、派莫（Paymo）/随便跳个舞吧、finger five/把武器放到包包里/召集人也可以 Make Some Noise/差不多该散会了、多少钱啊/话说回来一共来了多少人啊/50？80？非常的开心/Bye Bye Jhonny/要再来的 Dream/开心的时间 100%不够/大家一起付钱？才不需要那样/所以说 Hey Yo 派莫（Paymo）/细节以后再说/开 Party 费用用派莫（Paymo）！/女生聚会费用也用派莫（Paymo）/联谊的费用也用派莫（Paymo）/

由此可见，歌词对广告中出现的四种场景不仅进行了更进一步地说明，也描述了广告女主角的心理：分手时用派莫（Paymo）和渣男一键清算简单解决以往的金钱纠纷；女子约会时用派莫（Paymo）节省结账浪费的时间；联谊用派莫（Paymo）延时付款避免面对面分摊的尴尬；多人集会时用派莫（Paymo）解决人数过多难以结算的困扰。由此，歌词很好地体现出了女性客户使用这款 APP 的心理活动，以及派莫（Paymo）作为一款移动支付 APP 的竞争优势。

除此之外，在歌词中还可以看到，用了许多女性日常生活中经常使用的流行语，例如，"第四出动"是指闺蜜们关于异性相关话题讨论时的术语、"战斗模式"是指在联谊中整装待发的一种样子、"三对三联谊"是指日本最常见的一种相亲（男女各三人进行一次小型聚会）联谊方式等。将这种与日本本地文化相融合的词语作为歌词，很容易引起观众的兴趣。最后，派莫（Paymo）作为 APP 的名字始终贯穿全曲，和扯桌布一起加深了看客的印象。

（四）拍摄手法

1. 表现方式——快抽桌布

如图 1-14 所示，在进行品牌露出与广告内容的结合时，采用了快抽桌布的方式，使品牌 LOGO 从始至终贯穿于广告之中。快抽桌布即主角在各场景消费过后，在桌子上还有食物的情况下将桌布抽出来，并进行品牌符号的传播。这种动作重复出现在广告所设定的所有情节之中，其实也是为了体现每次用餐过后，大家使用派莫（Paymo）进行 AA 制付款的方便快捷，这样就省去了大家相互算钱的麻烦。广告设定通过采用有特色且较为吸睛的方式进行品牌露出与品牌宣传，可以使用户在观看时对品牌价值的接受度更高。并且，多次品牌露出有助于用户对品牌形成记忆，达到广告传播的目的。

图 1-14 派莫（Paymo）支付广告的四个场景

资料来源：http：//www.iqiyi.com/v_19rralw5vk.html。

2. 拍摄手法——一镜到底

如图 1-15 所示，影片基本上一镜到底，就连女主角跳下楼参加派对的场景，也是同一个镜头。一镜到底就是对镜头的起幅和落幅进行精准设计和控制，掩盖视频剪辑的痕迹。同时导演也运用了一些其他技巧来掩藏剪辑点，例如，在主体运动时观众往往容易忽略次要内容的变化、物体的运动过程容易被无视、镜头眩光、借用时间过渡造成的光影变化，以及实际光效中不经意的暗场等。并且，在广告拍摄的过程中，为了达到一镜到底的效果，为此拍摄多达 49 次。以下为从广告中选取的转场例子。

图 1-15 派莫（Paymo）
支付广告拍摄 49 次

资料来源：http：//www.iqiyi.com/v_19rralw5vk.html。

（1）时间变化。第一个与男朋友分手的场景，从图片中可以看出是白天。但是当女主角走出餐厅进入街道时，天已经黑了。这里就是运用了时间的悄然变化进行镜头的转移。当人们的视线都在关注女主角时，场景也在开始变化。如图1-16所示，并且，时间的变更使得各个场景之间的连接更加顺畅。与男朋友约会的下一个场景是与闺蜜在居酒屋小聚的傍晚情景设置。因此，时间的变化与广告内容场景的展现更加自然流畅。

图1-16 广派莫（Paymo）支付广告中的从白天到黑夜

资料来源：http：//www.iqiyi.com/v_19rralw5vk.html。

（2）空间变化。如图1-17所示，连建筑和壁画的配色，都以白绿色为主，与商标的LOGO相呼应。广告的最后一个场景衔接镜头为女主角从阳台上跳下去，而后会有一位男士在楼下接住她。从现实来讲，女主角自然不会真的跳下去，而此镜头则是运用了空间上的转移进行了场景的更替。并且，女主的"跳楼"动作也会给观众带来特殊的感官体验，以此迎来广告最后结尾部分的小高潮。抽桌巾都是真的，最后计程车那一幕，还特别增加了绳子的长度，让动力足够把桌巾瞬间抽走。

图1-17 派莫（Paymo）支付广告中的空间变化

资料来源：http：//www.iqiyi.com/v_19rralw5vk.html。

（3）镜头转向。当广告在进行最终的呈现时，从多个角度针对女主角进行了拍摄。通过镜头位置的不断移动，以达到人物在画面中大幅度移动的视觉效果。

（4）人物移动。通过聚焦女主角并不断进行近景与远景的相互交替，以达到场景交替的目的。同时，还可增加广告画面展现的丰富度。

3. 配色布景——蓝绿黄

（1）人物造型。女主角根据不同的消费场景拥有不同的造型，即在情景转场时，对小配饰和衣着进行更换改变。如图 1-18 所示，女主角的主体配色均为绿色。

图 1-18　派莫（Paymo）支付广告的衣着场景搭配

资料来源：http：//www.iqiyi.com/v_19rralw5vk.html。

在广告场景一与场景二中，保留了绿色夹克，增加了绿色包包和黑框眼镜，发型变为散发，这种形象的改变，更加符合场景二与闺蜜小聚时的放松休闲心态。当进入到场景三时，保留了绿色包包，增加了项链，更改了连衣裙和发型。到了场景四时，则保留连衣裙，更改了发型和首饰。这样巧妙的造型设定，就容易进行一镜到底的拍摄流程，如图 1-19 所示，每套造型都非常符合场景的设定。

图 1-19　派莫（Paymo）支付广告的人物造型

资料来源：http：//www.iqiyi.com/v_19rralw5vk.html。

除去女主角之外，配角的造型则宣布采用了较为简洁的服饰，没有太多的装饰品存在。其中，为女主角更换造型的工作人员，更是采用了黑色制服造型。如图1-20所示，进行如此设定，必然是为了削弱配角的存在感，使观众将目光都集中在女主角身上。

　　（2）场景布置。整体采用暖色调的黄色，并以少量的红色加以点缀，增加画面的丰富度。场景与场景之间也拥有相对应的地方，例如，场景一中的红色椅子、场景二中的红色酒架、场景三中的红色家居、场景四中的红色雨伞。如图1-21所示，除去配色以外，在各个场景之中的灯光都是暖色调，并都有圆形灯泡的出现。同时，场景的设置也与女主角造型在颜色上相呼应，女主角的衣服颜色都可以在各个场景中找到相像颜色的物品，以达到画面和谐的效果。

图1-20　派莫（Paymo）支付广告的其他人物造型

资料来源：http://www.iqiyi.com/v_19rralw5vk.html。

图1-21　派莫（Paymo）支付广告场景布置

资料来源：http://www.iqiyi.com/v_19rralw5vk.html。

　　（3）颜色搭配。人物颜色的选择，如图1-22所示，女主角采用绿色主视觉，配角演员为存在感低的黑、灰色。场景则是采用了以暖黄色为主色调，且品牌LOGO颜色设定为蓝色。

　　因此，从整体来看，广告选用了蓝、绿、黄的主色调搭配：黄色场景、蓝色

图 1-22　派莫（Paymo）支付广告颜色搭配

资料来源：http：//www.iqiyi.com/v_19rralw5vk.html。

LOGO 以及绿色主角，并附以红色点缀和黑色消除关注。黄、绿、蓝的配色大多给人以清新、活泼欢快的感觉，与广告的整体风格相符。并且，黄色与蓝色的结合为绿色，即将使用场景与蓝色的派莫（Paymo）联系在一起，形成了绿色的消费者对于 AA 制付款的角色，也表达着积极鼓励用户在场景中使用派莫（Paymo）的隐含意义。

（五）传播途径

派莫（Paymo）作为一个想要带给日本人 Cash Less 体验的支付软件，面临一个重要的运营问题，那就是"谁，为什么"要用这个服务。于是，派莫（Paymo）结合现代日本年轻人的支付问题，切入了日本人生活中常见的朋友之间 AA 分账的痛点，开发出了派莫（Paymo）这款可以 AA 制付款的 APP。但是作为一个新型的创业公司，一个全面的支付软件，面向社会必然将会面临着用户基础的问题。派莫（Paymo）明白这个运营弱点，并且竞争对手 Kyash 也在"虎视眈眈"地盯着。于是，在 2017 年，派莫（Paymo）决定将运营的中心放在产品推广上面。

在 2017 年 4 月之前，不算 1 月的广告推广，派莫（Paymo）的谷歌搜索波动趋势基本没有什么变化，消费者整体关注度很低；2017 年 4 月，派莫（Paymo）开始被电视台正式报道，推广效果比较明显；当 4 月结束采访后，派莫（Paymo）的谷歌搜索趋势呈现上升趋势，但上升幅度不明显。在 4 月之后，又呈现了下降的趋势，谷歌搜索趋势又持续走低。但与 2017 年 1 月相比，派莫（Paymo）的谷歌搜索趋势有了很大幅度的改变，呈现了较为明显的上升趋势，其原因是派莫（Paymo）发布了产品推广广告。该广告一开始选择在日本各大电视台及 YouTube 上投放。其中，YouTube 播放量为 260 万，在各大电视的宣传效果也非常不错。从谷歌搜索中可以看出，派莫（Paymo）此次广告的宣传效果还是很好的，搜索地区集中在日本北部，搜索的关键词包括"派莫（Paymo）广告""派莫（Paymo）一镜到底""派莫（Paymo）川口"等。

在日本的新兴支付体系中，派莫（Paymo）和 Kyash 两家公司创立于同一时期，争夺着同一批客户，提供着类似的服务。如图 1-23 所示，这两家公司都在 2017 年开始发力。2017 年 4 月，几乎同时被电视台报道过。现在两家公司的走势可以从谷歌搜索上看到这样的结果。如图 1-24 所示，从 2016 年开始，两者都开始持续走低。红色的 Kyash 在 4 月接受了电视台的采访后开始上升。蓝色的派莫（Paymo）在 1 月就有了一个小高潮，是因为发布了广告。相比派莫（Paymo）和竞品 Kyash，派莫（Paymo）在日本获得了巨大的流量以及认知度。

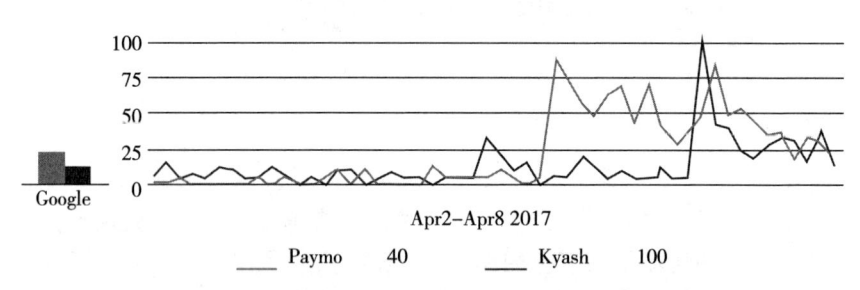

图 1-23　派莫（Paymo）和 Kyash 在谷歌搜索波动

图 1-24　派莫（Paymo）和 Kyash 在谷歌搜索区域分布

在中国，派莫（Paymo）拍摄的广告也引起了微博上的广泛讨论。如图 1-25 所示，不少营销广告一起疯狂转发主题大致为"来自派莫（Paymo）的广告，主题为快拉桌巾，女主角太美了！"的微博，配上"一言不合就扯桌布"的魔性广告视频，热度持续上升。虽然派莫（Paymo）目前还不能在中国使用，但是女主角所佩戴的首饰，所背的包包，身上所穿的裙子，都一度成为中国网友们的讨论对象。而且，女主角川口的百度指数也一度上升。广告的拍摄手法新颖且心思巧妙，不少网友评论要重复看好几遍！可见，派莫（Paymo）所拍摄的广告不仅在日本反响强烈，在国外也引起了很大反响，大大地提升了派莫（Paymo）的品牌认知度。

图1-25　派莫（Paymo）在YouTube和微博上的点击量和评论

四、竞品分析

派莫（Paymo）作为一款日本本土的支付性APP，可选用与其同期出现的另一支付类APP——Kaysh来做一些对比分析。

（一）背景

第三方支付，是指具有一定实力与信誉保证的独立机构，通过设置收付款人之间的中间过渡账户使转账实现可控性停顿，保证买卖双方在没有信用保障和法律支持的情况下进行资金的托管与监督，保证只有双方意见达成一致时才能实现支付。随着中国支付宝创新的第三方支付概念，无现金支付的定义再一次扩大，并在中国周边成为热潮。仅根据易观国际发布报告，在2017年第二季度，中国第三方移动支付市场规模就达230408.2亿元，环比增长22.5%。与此同时，中国人时常拜访的旅游国家，例如，日本、韩国，也开始在景点附近设立支付宝付款方式，以方便中国游客进行采购。这种新兴的支付方式同时也给这些国家带来了新的灵感。派莫（Paymo）与Kyash便是日本市场上新兴的两款无现金支付类APP。

（二）日本支付体系现状

虽然在世界无现金国家中日本排名第九，但日本第三方支付以及与电子钱包相关的产业并不乐观。究其原因，是与日本在2010年出台的法律《资金决济法》

有关。这款法律非常严格地限制了日本的第三方支付平台。如表 1-2 所示，在日本，第三方平台既不能擅自挪用沉淀基金，也不能像微信支付宝一样实时从用户的银行卡中划钱转给商户。而日本法律上支持的两种第三方支付方式 "前払式支付手段" 和 "资金移动业"，对于第三方企业来说都需要缴纳大量的担保金，并且都有一定程度上的限制。因此，在日本，无现金支付涉及更多的是用于大额支付的信用卡，以及用于小额便利店支付和交通费用的 NFC 支付卡。

表 1-2　日本小额支付规定

	中文翻译	身份验证	转账	是否可以支付	典型公司
前払式支付手段	充值卡（受资金决济法管制）	不需要	可以给任何人	可以	Kyash
资金移动业	第三方支付（受资金决济法管制）	需要	可以给任何人	可以	LINE Pay Yahoo Wallet
收纳代行·代金引换	代收费（不受资金决济法管制）	不需要	基本上不可以（法律有空白）	基本上不可以（法律上有空白）	Paymo

（三）产品功能介绍对比

派莫（Paymo）是一款以日本 AA 分摊制为切入点的分摊支付类 APP，属于法律上的一种灰色地带 "收纳代行·代金引换"，也因此避开了大额手续费的支付问题。Kyash 同样是一款一直以 AA 制为切入点的 APP，然而因为其使用了 "前払式支付手段" 这种类似于充值卡的支付方式，因此，账户内的金额无法进行提现，只能继续用于缴费分摊或是进行网上购物。

1. 支付方式的对比

虽然两家企业都是以 AA 制分摊为切入点，但它们的支付方式并不相同。派莫（Paymo）选取的 "收纳代行·代金引换"，并不属于法律支持的第三方支付的手段之一，也因此其安全性较低，并不能很好地让顾客信任并把自己的钱财放入其中。但与此同时，由于其不属于第三方支付手段，日本《资金决济法》所设立的限制也就不复存在了，这意味着使用派莫（Paymo）可以更灵活地进行相关的资金流动，帮助用户将电子钱包中的财产转为现金进行提现。反观 Kyash 的支付方式 "前払式支付手段"，其对于用户来说，虽然保障了其安全性，但对于公司来说，一旦未使用金额超过 1000 万日元便要缴纳半数保证金的行为，很不利于企业的后续发展。

如表 1-3 所示，由于这类支付方式在原则上不允许提现，账户内的金额只能继续用于缴费分摊或是进行网上购物。网上的购物平台只能是将 Kyash 中的金额转移到其专用的 VISA 卡（无法提现）中，才能够在 VISA 联盟店中进行消费，办卡以及购物平台相关的限制可以说非常烦琐。账户中难免有金额残余的情况出现，这也是客户不乐于见到的。因为对于一款分摊类 APP 来说，有过多的沉淀资金在账户中无法提现绝对是一个非常大的痛点。

表 1-3　日本两种支付行为规定的比较

	可从事业务	限制条件
前払式支付手段发行业	（1）仅自家店铺可用的充值卡 （2）通用的充值卡	（1）未使用金额超过 1000 万日元，需要向国家缴纳未使用金额的半数为保证金 （2）需要向政府登记 （3）原则上充值后的金额不得变现 （4）需要保障安全
资金移动业	（1）转账 （2）外汇买卖	（1）每次转账金额不得超过 100 万日元 （2）需全额缴纳转账途中的金额为保证金 （3）需要向政府登记 （4）需要保障安全 （5）需要身份实名验证 （6）需要接受政府不定期检查

2. 功能的对比

派莫（Paymo）的主要功能有两种：其一是朋友间聚会后召集人通过派莫（Paymo）将人均费用发送到其他人的账户上，经同意后进行朋友间的转账，一键分摊；其二是通过店家的二维码来进行吃饭娱乐等费用的支付。账户中的金额可以通过银行卡来进行提现，也可以直接进行其他的支付。而 Kyash 的主要功能为清偿朋友聚会的债款或是在当召集人时发送信息进行金额的分摊，或是相关网络购物平台的支付。

两者相比，派莫（Paymo）的功能更加丰富，其不仅包含了 Kyash 所有的平摊以及网购功能，还可以在与派莫（Paymo）进行合作的商家使用余额进行零手续费的付款。即使是使用信用卡，也会含有 3% 的手续费的情况，派莫（Paymo）的零手续费结账功能，可以说是一个相当大的优势。但如果要使用两者的核心功能，其必须确保在派莫（Paymo）或是 Kyash 的账户中能够找到彼此一起进行聚会的人。而在用户结成的功能方面，派莫（Paymo）只能与用户 Facebook 这一社交网站上的好友进行连通，其余情况下只能手动加入；而 Lyash 则支持 Twitter、Line、邮件及二维码多种方式来进行与用户连通，更加方便快捷。

（四）盈利模式对比

派莫（Paymo）与 Kyash 作为分摊类支付 APP，在其最核心的分摊功能上都没有进行多余费用的提取。派莫（Paymo）是通过收取账户余额提现到银行卡中的手续费（每人200日元），Kyash则是收取将余额转入到期专门银行卡时的手续费，手续费同样是每人200日元。由于盈利方式的单一，两者都需要将用户数量提高到一个千万级才能产生足够的现金流来维持公司运作。在日本达到这样数量的服务是一个什么概念呢？是日本人口的1/10，东京的渗透率需要达到30%以上，也就是每个人身边3个朋友中就有1个人在用，但从现阶段来看，不管是哪家公司，目前都没有构成这样的一个用户量级。

（五）运营模式对比

在日本这种大额信用但小额现金的社会中，这两家的运营模式都有一个弱点，那就是用户为什么非要使用这个服务？从盈利模式上来看，派莫（Paymo）和Kyash都需要大量的用户才能够保证企业的正常运营。然而，对于初出茅庐的企业，没有用户基础的问题是很难解决的。稍微熟悉支付宝和微信支付的人都可以明白支付宝的痛，那就是基于强社交关系之上的支付是顺水推舟，基于支付去建立社交关系是缘木求鱼。而在日本，社交软件中最为红火的便是Line。

在已经有了一个强大市场竞争者的情况下，派莫（Paymo）和Kyash都没有能力切入社交。Line很早就推出了支付功能，叫作Line Pay。如图1-26所示，现在号称有3000万Line Pay的用户，但是使用Line Pay的场景少之又少。为了增强用户黏性，两家都做出了一定的新用户优惠政策。派莫（Paymo）除了做广告，还做了大量"烧钱"的补贴活动，希望能存留一些客户，只要用户进行介绍做业务，便可以得到一笔可观的介绍费。而Kyash除了初次登陆的300日元和介绍朋友得到的300日元，基本没有相关的活动，可以说，两家在运营提高用户黏性上有一定的困难。

图1-26 日本知名支付软件Line Pay

（六）用户评价对比

在日本地区的Google Play上，对这两款APP的评价做了对比。在Google Play上，派莫（Paymo）一共有159条评价，平均分为3.4分，并且两极分化严重。有63人打五分好评的同时，又有40人打一分差评，其主要有两方面问题，即登录速度过慢的APP技术问题，以及支付方式难以让人安心将钱存入问题。Kyash则拥有152条评价，平均分为4.1分。并且，使用者中有92人都打了五分好评，只有19人打一分差评，主要原因集中在APP技术问题上。由此可以看出，虽然派莫（Paymo）的功能更加丰富，但与金钱相关的第三方支付平台的支付手段为法律中未明确划分出来的。如果其安全性不能得到保证的话，仍然难以得到客户的信任，这也是派莫（Paymo）日后必定要面临的问题。

五、评价建议

（一）内容介绍

派莫（Paymo）的广告采用了一镜到底的拍摄方式，以《快拉桌巾》为表演方式，随着朗朗上口的原创广告歌曲，女主角连续在四个各具特色的场景中使用派莫（Paymo）APP，形象生动地向观众展现派莫（Paymo）的特点及使用的好处。并在每个场景的最后采用快抽派莫（Paymo）桌巾的创意方式，加强观众对派莫（Paymo）品牌的印象。整支广告透露着一种自由率性的生活态度，表达了年轻人在各种场合都要各付各的支付方式，总共拍了49次才成功。

影片一开始，是女主角跟男朋友约会的场景。由于和男朋友一言不合沟通失败，女主角赏了男朋友一耳光，然后霸气地离开。离开前，还不忘快抽桌巾秀出派莫（Paymo）的LOGO，告诉观众使用这款APP，可以在分手后进行AA制，想走就走，既没有任何掏钱、算钱的尴尬，直接和前男友算清账，也没有纠缠的烦恼。

紧接着，女主角来到了第二个场景，日本的特色场景——居酒屋，跟男朋友分手后，自然少不了去找闺蜜喝一杯，诉说烦恼，随便吐槽！当聚会完离开时，女主角也是霸气地快抽桌布露出派莫（Paymo）的LOGO，告诉观众，使用派莫（Paymo）买单，能够免去和闺蜜们算钱、找钱的困扰！

女主角甩掉前男友，告别了闺蜜，经过一番的梳洗打扮，又来到一间西餐厅，必然要来一场联谊迎接新感情，顺便补吃之前的晚餐。离席时，女主角也是帅气地抽起桌巾，露出派莫（Paymo）的LOGO，告诉观众连这种多人联谊聚会，也能使用派莫（Paymo）APP，采取AA制，完全没有谁请谁的问题，就算联谊没成功，也没有账务的烦恼！

告别了多人联谊聚会，都市女孩的夜生活即将展开，女主角在梳头化妆后来到了一场多人聚餐的Party，首先与帅哥共舞，其次与朋友共饮红酒纵情淑女之夜，最后，女主角搭上计程车，"咻"的一下将桌巾抽走，露出派莫（Paymo）的LOGO，原来就连这种多人派对，也可以使用派莫（Paymo）付款！避免了一人当冤大头的痛苦！

（二）拍摄手法

这支广告是由日本经典创意团队PARTY亲自操刀。PARTY工作室曾经筹划的广告都在日本当地引起了很大的反响，品牌推广效果良好。当日本的"支付宝"遇上PARTY，这支"一言不合就扯桌布"的魔性广告视频在网络上得以疯狂传播。这支广告采取了拍摄难度比较大的一镜到底的手法，配合不同场景快速抽取桌布的技术，以及搭配广告场景的原创广告歌曲，呈现给观众洒脱率性的生活态度。但是这一连贯酣畅淋漓的动作背后，其实是长达49次的反复拍摄。所有快抽桌布的场景均是真实拍摄。

简单地理解一镜到底的意思就是镜头不"Cut"，给观众一种从头到尾的沉浸式观看感。一镜到底的实现大致分为两种方式——前期高难度的持续表演和拍摄或后期一镜到底的剪辑形式。一镜到底是要给观众一种带入感和沉浸感。随着镜头的移动，观众也能够跟随主人公的移动步伐、速度和经过场景，在一镜到底的拍摄作品中，观众是一个具有上帝视角的剧中人。基本上一镜到底的要求很高，需要摄影者的摄像机要稳，拍摄角度要选取得合适。演员也需要熟知每一个走位、动作、表情，以及台词。加之和摄像机的配合，以及灯光师移动的配合，才能拍摄出有感情、流畅的一镜到底。镜头的起幅和落幅的精准设计和控制，可以很好地掩盖剪辑的痕迹。同时，导演也可以运用一些技巧来掩藏剪辑点。例如，在主体运动时，观众往往容易忽略次要内容的变化，物体的运动过程容易被无视、镜头眩光、借用时间过渡造成的光影变化，实际光效中不经意的暗场等。靠后期修饰的当然也有，例如，有个镜头摇上天空然后天色渐暗的场景，画面明显有切换。

在派莫（Paymo）的这支广告中，前三个场景都是很流畅的一镜到底的手法。一开始，摄像机以一个旁观人的角度拍摄，随着女主角起身快抽桌布，摄像机随着女主角在不同场景的移动，几乎是贴身拍摄，营造出一种观众置身于内但又不在场景里面的感觉。本支广告最赞的点在于第三个场景和第四个场景的切换。女主角从多人联谊会聚餐里快抽桌布退出，走到露天阳台上进行梳妆打扮，旁边有化妆师帮忙打扮，一看距离聚会时间临近，迅速起身离开座位，走向露台，并跳下露台。正当观众惊讶时，摄像头在露台角度往下一探，一位优雅的男士服务员以公主抱接住了女主角。接着摄像头从露台滑下继续跟随女主角的轨迹拍摄。此场景的转换明显是运用了拍摄技巧以及剪辑技巧，通过两次不同场景的拍摄，一个场景是在露台跳下，另一个是在聚会场景被男士服务员接住。最后，通过高超的剪辑技术衔接成了假象的一镜到底的观感。但此处的剪辑点非常巧妙隐秘，当然这和拍摄的手法以及拍摄的角度密不可分。在广告的最后，女主角坐上出租车，出租车开动，桌布"咻！"的一下被抽出，此时摄像机以车外的角度拍摄女主角在车内支付聚餐的AA费用。随后摄像机升上天空，拍摄出租车拉着带有派莫（Paymo）LOGO的桌布驶向高速公路，更加突出了派莫（Paymo）APP的AA制付款的特点，增加了消费者对于派莫（Paymo）品牌的认知度。

第一章　派莫（Paymo）：AA 制移动支付 APP

（三）配色背景

　　派莫（Paymo）这部广告的配色和布景都非常的讲究，女主角身上的配饰、衣服，甚至包括建筑墙面的颜色都采用了白绿色。完美地契合了派莫（Paymo）的 LOGO 配色。

　　在第一个场景，女主角和男朋友分手，女主角上身穿了最近流行的墨绿色飞行夹克，配合深绿色的长裙，水绿色的背包，和白色的背景墙相辅相成，在女主角抽出白底绿字的桌布时，对比更加明显。在女主角转换场景时，街道上也用了相应不同程度的绿色，周围搭配灯光和商铺装饰等的一点跳脱的红色，更加衬托出了派莫（Paymo）所要传达的理念，为年轻人设计的 AA 制支付软件。

　　接着在第二个场景，女主角和三位好朋友一起聚餐，可以观察到女主角穿了较深色的绿色，而三位好朋友的衣服多多少少都有不同程度的红色衬托，加上灯光比较暗的居酒屋背景，更加突出了白色的桌巾搭配绿色的派莫（Paymo）的 LOGO。

　　紧接着，女主角转换到了第三个场景，在去往联谊的楼梯口，女主角重新装扮，脱下休闲的墨绿色飞行夹克，露出白色的针织衫外套以及白色的连串珍珠项链，搭配腰间浅绿色的腰带，是适合联谊的淑女装扮。在联谊现场，女主角的衣服颜色也和白色的背景墙，以及周围女同事的浅色衣服形成对比，契合了派莫（Paymo）品牌 LOGO 的颜色。

　　在第四个场景，女主角将白色外套脱下，梳起头发，从阳台往下一跳，深绿色的裙子，腰间浅绿色蝴蝶结腰带装饰，和周围男演员们的黑色西装以及女演员们的浅色连衣裙形成了鲜明的对比。

（四）背景音乐

　　广告的背景歌曲《それでいいの！》（《那样就好了!》）由 OKAMOTO EMI 演唱，歌词极度押韵，旋律欢颂轻快，简单跳脱，即便是听不懂日文的人也会被这魔性的旋律洗脑。广告的歌词特意为派莫（Paymo）APP 量身打造，唱出了现代日本年轻人，因为各种场景如何平摊费用的苦恼，以及用派莫（Paymo）可以解决一切场景需求的轻松，完美契合了广告的场景以及广告衔接过程。

（五）选取角色

　　本部广告的女主角为川口カノン（川口卡农），1996 年出生，身高 175cm，川口卡农职业为模特，以清新靓丽著称，翻看她的 Instagram Kkanonnn，可以看到她平常的生活，都是和朋友出去玩的游客照、自拍照、美食照，和现代的年轻人的生活状态无异，也是众多女性观众向往的生活态度，男性观众的理想女友。派莫（Paymo）选择她作为广告的女主角非常的合适，川口卡农整体带给观众的活泼洒脱的性格，非常契合派莫（Paymo）要给消费者传达的理念以及品牌形象。而此广告一播出，川口卡农的被关注度也直线上升。此番合作对于川口卡农和派莫（Paymo）软件来说，可以说是双赢。

（六）表现手法

本部广告采用了广告创意中多种表现手法。

1. 广告中使用了直接展示法

利用快速抽取桌布展示派莫（Paymo）的品牌名称以及多个软件使用场景来展示派莫（Paymo）能够 AA 制的支付特点。直接展示法是一种运用十分广泛的表现手法，将某产品或主题如实地展现出来。这种手法为了突出产品的品牌和产品本身最容易打动人心的部位，运用了色光和背景进行烘托，使产品置身于一个具有感染力的空间，这样才能增强广告画面的视觉冲击力。

2. 广告中使用了合理夸张法

文学家高尔基指出："夸张是创作的基本原则"。通过夸张的手法能更鲜明地强调或揭示事物的实质，加强作品的艺术效果。本部广告中通过快速抽取桌布，周围群众热烈的鼓掌，将在各种需要 AA 制的场景中，需要派莫（Paymo）化解尴尬的效果夸大化。通过夸张手法的运用，为广告的艺术美注入浓郁的感情色彩，使派莫（Paymo）AA 制的特征能够更加突出地表现出来。

3. 本片使用了连续系列法

通过连续的画面、形成一个完整的视觉效果，多次反复不断地积累，能加深消费者对产品的印象。从视觉心理来说，人们厌弃单调划一的形式，追求多样的变化，连续系列的表现手法符合"寓多样于统一之中"这一形式美的基本法则，使人们于"同"中见"异"，于统一中求变化，形成既多样又统一，既对比又和谐的艺术效果，加强了艺术感染力。而在派莫（Paymo）的广告中，通过四个不同场景的展现以及一镜到底的拍摄手法，为消费者呈现了一个完整且各不相同的使用场景。

4. 本片使用了突出特征的手法

突出特征的手法在广告的表现中能够加以突出和渲染品牌的特征。一般由富于个性产品形象与众不同的特殊能力、厂商的企业标志和产品的商标等要素来决定。而在派莫（Paymo）的广告中，四个场景的切换，女主角在聚会结束时的快抽桌布，面对镜头大胆地露出派莫（Paymo）的品牌 LOGO，以及最后摄像头俯拍的桌布 LOGO，都很明显地突出了派莫（Paymo）的品牌 LOGO，加深了观众对于派莫（Paymo）LOGO 的印象，进而产生想要了解派莫（Paymo）的兴趣。

六、广告反思

通过对派莫（Paymo）广告的分析后，了解到一个好的广告策划，是需要从多方面进行思考揣摩的。因此，对于广告策划所需要注意的关键点总结如下：

（一）找准广告定位

对于广告活动来说，其所涉及的所有环节都应当做到定位方面的准确无误，在这些环节中，广告策划是最关键和最为重要的一部分。其实，这与精准营销是一个道理。任何产品都需要在进行广告策划前找准自身定位，以此才能进行更加精准有效的广告设计。否则尽管费尽心思，也终究不能获取理想的广告传播效果并达到预期的营销效果。本章所分析的支付型软件广告所涉及的目标人群，便是乐于社交、生活丰富的年轻群体，特别是女性群体。因此在进行广告设计时，将广告主角设定为一个年轻的女子，这使广告受众在观看广告时更容易有自我代入感。以此发挥广告的最大传播效应。关于广告的定位，除去在进行广告内容设计时需要特别关注，其实这一点是需要从始至终贯穿于广告策划之中的。这就要求相关的广告者，在制定广告战略及执行广告策划过程中，都应当将消费者心理所存在的差异性作为依据，有目标地制定并执行广告内容的设定传播渠道的选择、传播品牌类型等各个方面，继而有效实现广告的目的，对受众自身的消费心理以及购买决定进行影响，继而达到影响广告的计划目标，有效实现广告策划的最终目的。

（二）对消费者的需求加以诱发

首先，对于消费者来说，其自身的消费动机以及消费需求往往是十分复杂的系统，广告活动中应当使用合适的需求和动机。其次，消费者在对广告产品以及服务进行使用的过程中往往会产生自我满足感，所以说，要对广告产品自身所具有的特殊功能加以突出，尤其是突出广告主题，对其进行反复贯彻和不断执行。就像在派莫（Paymo）广告中，女主角游走于多种场景之中，并且不断出现快抽桌布的 LOGO 露出内容。再次，对于广告策划来说，应当注意广告中的信息产品自身所具有的使用价值以及其中所具有的心理价值，继而使广告消费者能够获得更高层次的精神满足。此外，对消费者潜在心理需求进行观察，并在广告策划和活动中加以强调。最后，因为消费者们所生活的环境有很大的差异，继而就会对产品有不同的消费动机和消费行为，这样就需要在广告策划中强调和激发与消费者自身生活和环境相一致的消费动机。派莫（Paymo）广告中的四个不同的场景便体现了派莫（Paymo）消费者的多种可使用情景。当消费者在观看过广告后，在自身处于相同的场景之中时，便会联想到派莫（Paymo）从而产生需求，促使其进行使用软件的行为。

（三）特殊创意点促成潜移默化的内容营销

作为一种信息传递方式，广告对于消费者而言，首先作用于消费者自身的感官，通过消费者的听觉、视觉及嗅觉等多种方式对消费进行多种多样有目的的影响，继而使消费者对广告宣传中的信息加以注意，更好地进行判断以及选择，甚至是达到记忆的目的，使消费者产生购买欲望，产生购买使用行为。类似于本章所分析的广告中，最为流行的是其朗朗上口的广告歌曲。在广告还没受到广泛的关注时，是广告曲的走红，使大众真正开始关注派莫（Paymo）软件。并且，在此前的歌曲设计时，将歌曲的歌词编写为关于 APP 的介绍内容。当歌曲为大众所喜爱时，自然会开始关注到歌词。从而形成歌曲式软文，帮助派莫（Paymo）进行广告传播。因此，内容营销的关键所在也就是"吸引特定人群的主动关注"。以下为总结的创建内容营销传播的做法：第一步，了解顾客遇到了什么问题，重点在于给用户提供解决方案，而不是产品信息。很多人觉得解决方案就是把自己的产品打包放到自说自话的方案里面，再把一成不变的方案卖给潜在的受众；第二步，考虑给用户带来什么利益，并简单直接地提出来。如今是一个信息过剩的时代，如果不能在 9 秒钟之内抓住用户的注意力，就很可能会失去用户。面对过剩的信息，人们很难有耐心关注过程如何，他们关心的是结果能带来什么样的利益；第三步，把自有媒体变成产品类的入口。传统营销的方式是把事先策划好的创意、广告等，通过各种媒体发布出去。

（四）合理运用广告创意

在此，再次强调关于广告创意的合理运用。当然，广告的创意性是成功广告的一共性，但这需要是在品牌产品与所涉及的创意相搭配的前提之下。品牌不能脱离心智、不能脱离文化、不能脱离观念、不能脱离人的主观意识，脱离了这些东西就等于脱离了人本思想。靠杜撰产生的创意做广告、做品牌就脱离了人本思想，脱离人本思想的广告和品牌在人的意识轨迹中就寻不到什么踪迹，让人的意识空间就不知去与什么产生联系。因此，没有创意产生的广告和品牌终将成为人和市场的过眼云烟。仍然以本书所分析的派莫（Paymo）作为例子，其中采用了噱头式的一镜到底拍摄方法和颇具创意的快抽桌布的展现形式，但是两者的结合是十分自然合理的，派莫（Paymo）作为 AA 制支付软件，本次广告的主要目的便是推广其在聚会后可以快速方便地进行金额核算的功能，而桌布正是每个场景之中可以出现的物品。并且在桌布上印制派莫（Paymo）的 LOGO 后，每次抽出桌布的行动也是为了暗示在聚餐后使用派莫（Paymo）进行金额核算，就像"快抽桌布"一样省时省力，抽取过后便可以潇洒离席，这样的表现性是对广告诉求很好的展现。

因此，在进行广告策划时不可一味地追求吸引目光的创意手法，应该将更多的目光放在如何把自身想要表达的内容传播给消费者，达到广告与品牌产品较高的相关度与合理的品牌信息露出设计，最终达到良好的广告营销效果。

第一章 派莫（Paymo）：AA 制移动支付 APP

思考题

1. 根据上述案例，分析派莫（Paymo）是如何抓住目标消费群体的"痛点"的？
2. 试说明派莫（Paymo）广告营销是如何与现代新媒体相结合的。
3. 你认为派莫（Paymo）广告营销在中国遇到的最大障碍在哪里？为什么？

参考文献

[1] Tonny 说. 日本的支付体系 1：想爱你不容易 [EB/OL]. [2017-04-10]. http：//mp.weixin.qq.com/s?_biz = MzU4MzAxODk0Mw = = &mid = 2247483694&idx = 1&sn = c6f2695047e4b5acbd1c5f2553317e40&chksm = fdae31fecad9b8e8ac5eed827e03a5cfb30363bf00d40e6f13979f9d637b9a09660020966aeb&scene = 21 wechat_redirect.

[2] Tonny 说. 日本的支付体系 4：深扒新兴支付公司 Paymo 和 Kyash [EB/OL]. [2017-06-18]. http：//mp.weixin.qq.com/s/OPpsyxRlryUy0s-VC-XLVQ.

[3] 360 百科. ARPU. [EB/OL]. https：//baike.so.com/doc/5429879-5668134.html.

[4] 孙建昆. APP 广告的生存法则 [J]. 互联网周刊, 2013（19）：28-30.

[5] 杨梦园. APP 广告的互动设计研究 [D]. 浙江理工大学, 2014.

[6] 黄泽扑. APP 广告界面设计的方法探析 [J]. 艺术科技, 2015（2）：27.

[7] 段钢, 蒋杉杉. 手机 APP 广告点击意愿的影响因素研究 [J]. 电子科技大学学报（社会科学版）, 2014（3）：65-68.

[8] 杨梦园, 苏杭. 在盈利与用户体验中找到平衡点——APP 广告弊端解决的研究 [J]. 现代装饰（理论）, 2013（8）：256.

[9] 卢杰. 论移动 APP 广告的精准传播策略 [J]. 传媒, 2018（11）.

[10] 魏星. APP 广告：多媒体时代的"自营销"方式 [J]. 新闻战线, 2017（8）：62-63.

第二章
豆瓣：我们的精神角落

豆瓣是一个社区网站，由杨勃于 2005 年 3 月 6 日创立。该网站以书影音起家，提供关于书籍、电影、音乐等作品的信息。无论描述还是评论，都由用户提供。网站还提供线下同城活动、小组话题交流等多种服务功能。豆瓣的核心用户群是具有良好教育背景的都市青年，包括白领及大学生。他们热爱生活，除了阅读、看电影、听音乐，更活跃于豆瓣小组、小站，对吃、穿、住、用、行等进行热烈的讨论。他们热衷参与各种有趣的线上、线下活动，拥有各种鬼马创意，是互联网流行风尚的发起者和推动者。豆瓣已渐渐成为他们生活中不可缺少的一部分。豆瓣擅长从海量用户的行为中挖掘和创造新的价值，并通过多种方式返还给用户。凭借独特的使用模式、持续的创新和对用户的尊重，豆瓣被公认为是中国极具影响力的 Web2.0 网站和行业中深具良好口碑和发展潜力的创新企业。豆瓣主要的盈利模式是品牌广告、互动营销以及不断建设和增长中围绕电子商务行业的渠道收入。在豆瓣上，人们可以自由发表有关书籍、电影、音乐的评论，可以搜索别人的推荐，所有的内容、分类、筛选、排序都由用户产生和决定，甚至在豆瓣主页出现的内容上也取决于个人的选择。

一、企业介绍

（一）创始人

如图 2-1 所示，杨勃（网名为"阿北"），毕业于清华大学，后在美国加州大学圣迭戈分校获得物理学博士学位。1998 年加入 IBM 担任顾问科学家，从事下一代磁记录设备的计算模型工作。2000 年，杨勃辞掉了硅谷 IBM 顾问科学家的工作回到北京，参与创立供应链管理解决方案方面的创业企业 Egistics，并担任首席技术官。

2004 年 9 月，杨勃在和朋友聊天时，一些喜欢旅游的朋友都鼓励他做一个非主流旅游点的网

图 2-1 豆瓣创始人杨勃

站。于是，杨勃开始为旅行网站制作了商业计划书，并将网站命名为"驴宗"。做了没多久，杨勃在仔细考虑商业模式后，发现自助旅游的人群还是太少了，于是，杨勃改变了自己网站的发展方向。经过市场调查，杨勃发现文化类的产品更适合这样的形式。在交了域名费和服务器托管费后，杨勃带着豆瓣这个名字和内容一样怪的网站，不声不响上路了。

从 2004 年 10 月开始，豆瓣网前期的开发经历了 5 个月，建站开始，网站没有编辑写手，没有特约文章，没有六百行的首页和跳动的最新专题，几乎没有做任何广告，2005 年 3 月 7 日，杨勃的"豆瓣"网开张了。很快豆瓣注册用户便突破了万人，日点击量超过 20 万。值得一提的是，直到 2006 年 2 月 23 日豆瓣成立快一周年时，杨勃才迎来自己的第一个正式员工。两周之后，02 号程序员到位。如图 2-2 所示，所以业界也有"一个人的豆瓣"这种说法。

图 2-2　豆瓣网页界面

（二）品牌定位

如图 2-3 所示，豆瓣表面上看是一个集书评、影评、乐评为一体的评论网站。但实际上豆瓣却提供了书目推荐和以共同兴趣交友等多种服务功能。如图 2-4 所示，豆瓣更像一个集 BLOG、交友、小组、收藏于一体的新型社区网络。

图 2-3　豆瓣 APP 界面

在杨勃的眼中，"人"才是最重要的。如果说门户类网站，还是以"物"为第一要素，一些社会类网站，则把"人"提到了第一要素。那么，"豆瓣"则是第一个把"人"和"物"放在同等重要地位的网站。随着豆瓣英文版的推出，豆瓣有望成为中国第一家向外输出模式的网站，而实际上，豆瓣自身就是集众家所长的结果。至于豆瓣究竟借鉴了哪些网站、哪些元素呢？据杨勃介绍，一共有三个方面：一是简约素雅的界面风格，来自于 Flickr，包括分享的概念；二是电子商务方面借鉴了亚马逊（Amazon），例如，用户评论和推荐；三是社会网络（SNS）的一些元素，把人和人之间的社会关系真实地搬到网上，不过一般的社会网络是没有媒介的，而豆瓣用相同兴趣作为媒介。

豆瓣FM 豆瓣FM是你专属的个性化音乐收听工具，打开就能收听，可以用"红心"、"垃圾桶"或"跳过"告诉豆瓣FM你的喜好	豆瓣音乐 中国最大的音乐分享、评论、音乐人推广社区，拥有最完整的全球音乐信息库、最权威的用户音乐评论和最具创造力的独立音乐人资源
豆瓣电影 豆瓣电影是中国最大与最权威的电影分享与评论社区，收录了百万条影片和影人的资料，有2500多家电影院加盟，更汇聚了数千万热爱电影的人	豆瓣同城 国内最大的线下活动信息发布平台，包括音乐/演出、话剧、展览、电影、讲座/沙龙、生活/聚会、体育、旅行、公益专注于一线城市业余生活方式
豆瓣读书 自2005年上线，已成为国内信息最全、用户数量最大且最为活跃的读书网站。专注于为用户提供全面且精细化的读书服务，同时不断探索新的产品模式	豆瓣小组 "对同一个话题感兴趣的人的聚集地"，至今已有30多万个小组被用户创建，月独立用户超过5500万。内容包括娱乐、美容、时尚、旅行等

图 2-4 豆瓣产品系列

杨勃将豆瓣的核心思想总结为："可以发现不同的东西，并且适合自己"。朋友的推荐往往对购买某种产品非常关键，豆瓣扩大了推荐的群体，大家会相信特定陌生人的推荐，这"可以理解为一种以书等具体物体为媒介的人脉关系网"。

1. 豆瓣产品

（1）豆瓣 FM。如图 2-5 所示，豆瓣 FM 是个人专属的个性化音乐收听工具，打开就能收听，可以用"红心""垃圾桶"或"跳过"告诉豆瓣 FM 个人喜好。豆瓣 FM 将根据每个人的操作和反馈，从海量曲库中自动发现并播出符合每个人音乐口味的歌曲，可以提供公共、私人和红心三种收听方式。在红心兆赫离线也能收听。

（2）豆瓣读书。如图 2-6 所示，豆瓣读书自 2005 年上线，已成为国内信息最全、用户数量最大且最为活跃的读书网站。豆瓣专注于为用户提供全面且精细化的读书服务，同时不断探索新的产品模式。到 2012 年，豆瓣读书每个月有超过 800 万的来访用户，过亿的访问次数。豆瓣阅读是豆瓣读书 2012 年推出的数字阅读服务，支持 Web、iPhone、iPad、Android、Kindle 等桌面和移动设备，自 2012 年 5 月 7 日作品商店上线以来，商店作品达 600 余部，用户评论 3000 余篇，有 50 万用户购买过付费或者免费作品。豆瓣阅读的现有内容涵盖了小说、历史、科技、艺术与设计、生活等多种门类，定位为短篇作品和图书于一体的综合平台。

第二章 豆瓣：我们的精神角落

图 2-5 豆瓣 FM 界面

图 2-6 豆瓣读书界面

（3）豆瓣电影。如图 2-7 所示，豆瓣电影是中国最大与最权威的电影分享与评论社区，收录了百万条影片和影人的资料，有 2500 多家电影院加盟，更会聚了数千万热爱电影的人。豆瓣电影于 2012 年 5 月推出在线选座购票功能，到 2012 年已开通全国 33 个城市的 81 家影院，更多影院还在不断加入，极大地方便了人们的观影生活。

（4）豆瓣音乐。如图 2-8 所示，豆瓣音乐是中国最大的音乐分享、评论、音乐人推广社区，拥有最完整的全球音乐信息库、最权威的用户音乐评论和最具创造力的独立音乐人资源。汇集 90 多万音乐条目，包括小凡 Say、幼稚园杀手、MC 光光、呆宝静等 21000 多位独立音乐人入驻，2011 年全年平均每 5 分钟诞生一首原创音乐，覆盖粉丝超千万。

031

图 2-7 豆瓣电影界面

图 2-8 豆瓣音乐界面

(5) 豆瓣同城。如图 2-9 所示,豆瓣同城是国内最大的线下活动信息发布平台,包括音乐/演出、话剧、展览、电影、讲座/沙龙、戏剧/曲艺、生活/聚会、体育、旅行、公益等,专注于一线城市业余生活方式。

图 2-9 豆瓣同城

（6）豆瓣小组。如图 2-10 所示，豆瓣小组于 2005 年上线，定位于"对同一个话题感兴趣的人的聚集地"，至今已有 30 多万个小组被用户创建，月独立用户超过 5500 万。内容包括娱乐、美容、时尚、旅行等。用户在这里发布内容，同时也通过互动或浏览，发现更多感兴趣的内容。

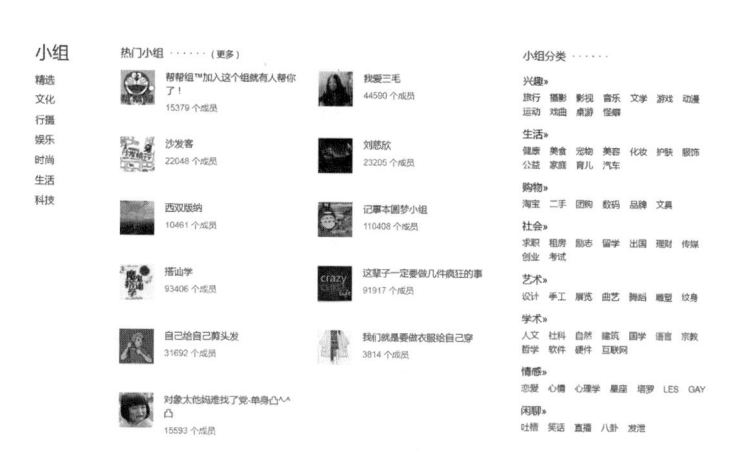

图 2-10　豆瓣小组

2. 产品原则

（1）在用户引导上，豆瓣强调用户参与原则，用户参与得越多，收获也就越多。如用户只有加入一个小组后才有创建小组的权利，需要用户有 9 个以上的收藏并且给出了评价之后，豆瓣才会向其推荐成员，让其拥有二手交换发布和推荐豆列的权利。这是豆瓣基于计算模型需要做出的约定，但同时令用户有不断发现的惊喜。

（2）在用户路线上，豆瓣采用分散集中的原则，产品线上的是分散，功能键都设置到相应的产品页面上，是过程的体现；用户管理是集中，集中用户在站内的行为，是结果的体现。这种类似购物网站的设置给用户的体验就是方便，而且路线清晰。

（3）在产品设置上，豆瓣采用核心需要原则，豆瓣为保证站内用户使用网站的专注，没有贴图，也没有通常社区网站为增加访问量而设的积分和升级系统。这种做法一方面保证了网站垂直运作的专业性，对网站氛围营造也起到了推波助澜的作用；另一方面也巩固了网站的"小众"，局限了用户基数的扩展。用户不仅增长缓慢，而且缺少对老用户的激励，一旦市场上出现同类型资源雄厚网站，而网站本身用户积累未达规模，豆瓣的抗击力就很令人担忧。

3. 用户体验

豆瓣是 100% 的动态网站。呈现给每个注册用户的主页都是各不相同的，而同一个用户在不同时间上的豆瓣，也会看到不同的首页。动态、个性，这都是豆瓣带给用户的 Web2.0 体验。豆瓣坚持简洁干净的 UI 设计，跟其他网站相比，用户会发现豆瓣的广告很少，甚至大部分的页面是没有广告的。这也是豆瓣自建立以来一直秉承的一个理念——用户体验至上。每一屏只能显示一个展示类广告，且不能出现强制类广告和动态广告。或许，豆瓣是业内唯一一家只做静态类展示广告的网站，例如，弹窗、全屏、富媒体，甚至 Flash 这样的广告形式豆瓣都还没有做过。另外，对品牌的筛选也是非常严格的，豆瓣每年都会拒绝大量的客户。

4. 盈利模式

（1）品牌广告。2010 年，豆瓣推出自己的广告产品，主要包括展示类广告、品牌小站和豆瓣 FM 中的音频广告。到 2012 年 11 月，豆瓣已经与将近 200 个品牌合作，为它们提供定制化的广告方案。这些品牌横跨汽车、时尚、IT、家电、旅游、奢侈品、化妆品、快消品等多个领域。在豆瓣看来，合作的客户是否是世界 500 强并不重要，最核心的原则是品牌的定位要与豆瓣的用户高度贴合。

（2）互动营销。在豆瓣同为社交网络，豆瓣却有着自己独特的气质，小站、线上活动、同城活动等产品助力品牌商开展互动营销。

（3）图书电商渠道分成。豆瓣传统的盈利来源于豆瓣读书。为当当、卓越、亚马逊等电商导入一定的流量，从而带来一定的分成。

（4）豆瓣阅读电子书售卖。豆瓣阅读是豆瓣旗下的电子书阅读和售卖平台，豆瓣阅读付费书店于 2012 年 5 月 7 日正式上线，到 2012 年底已经覆盖 PC 和移动端多个平台。豆瓣阅读平台上的电子书包括电子版实体图书和个人作品投稿即自出版作品两种，这些电子书由免费电子书和售价 0.99 元至几十元的付费电子书构成。

（5）豆瓣电影在线选座购票。2012 年 5 月 17 日，继开通购书服务之后，豆瓣再次开始拓展新的收入来源——豆瓣电影在线选座购票服务正式上线。到 2013 年 2 月 1 日，豆瓣电影已覆盖全国 400 个城市的 2500 家影院，实时查询全国放映时间表，部分影院已支持直接选座购票。该功能已在 iOS 和 Android 双平台同时开放。

（6）豆瓣 FM 付费版——豆瓣 FM Pro。2013 年 1 月 7 日，豆瓣发布了旗下电台产品的升级版——豆瓣 FM Pro，采用付费订阅模式，每月 10 元，半年价 50 元。

（7）豆瓣同城票务。豆瓣同城有大量的话剧、演唱会等商业演出信息，活动页面提供票务链接，通过将用户引导至相关的票务网站，实现销售收入分成。2012 年，上线同城活动官方售票。

5. 人文情怀

一方面，豆瓣是一个全动态页面的网站，尽管网站编辑主导的运营方式在这里并不适用,但也不能说豆瓣是一个不做运营、由用户自娱自乐的网站。如图 2-11 所示,在豆瓣,运营是一个整体运营的概念,是建站理念、设计、产品、技术架构、文字说明等,对于所有构成豆瓣的元素,要想合力打造一个充满人文精神的社区,书是这个社区最有黏合力的纽带。豆瓣是一个典型的"满足小众需求"的业务模式。在电影和音乐上,人们比较容易找到喜好相近的同伴,但对于书,特别是一本比较冷门的书,找到共同爱好者的概率就比较小。而书又有"圈子阅读"的特性,一本共同喜好的书,往往联结的就是两个志趣相投的人,而这批有共同书籍爱好的人,基本都有交流的需求,这对"圈子"(小组)的形成是天然的催化剂。

图 2-11 豆瓣手机操作界面

另一方面,喜好阅读的人,普遍习惯文字表达和就阅读的书籍留批注,这对豆瓣的评论产生是一个很好的基础。豆瓣最开始是以邮件和在高端的读书类杂志发广告来做推广的,在书这个切入点的前提下,吸引到去豆瓣的第一批用户大多是在网络上有着粉丝基础的博主,人群素质比较好,他们又通过自己的社交平台把豆瓣介绍进来,看到宣传的人又成为豆瓣的新用户,使这个口碑传播循环能继续下去。"豆邮"是用户的站内联系方式,"豆列"是个人基于某个特定主题的一系列推荐,这两个是官方性质的独创语言符号。而在官方之外,网站更主动收集推广了用户创意的"豆瓣辞典",例如,"豆粉"是指豆瓣的粉丝,"豆芽"是新注册用户,"黄豆"是资深用户等,这些既亲切又别具新意的词汇,形成了豆瓣独特的语言体系。

豆瓣还有个栏目叫作"15 分钟名组",是推荐给用户的小组,在所有小组里随机挑选。每 15 分钟更新一次。名称来自英语俗语——"15 Minutes of Fame",意思是每个人都有机会出名,但往往名气片刻即逝。这样的典故型命名,是需要有一定文化背景才能领会的。而由以上提及语言构成的站内语境,对氛围的形成起到了潜移默化的作用。共同主题、意见领袖、独特的语言体系,这是形成社区氛围的三大条件,从上文对豆瓣的分析来看,这些要素豆瓣都已具备了网站的整体运营。配以网站"书"的切入点，聚拢的高质用户群，一个人文的豆瓣自然形成了，而这些都不是照抄豆瓣网站模式就能搬走的豆瓣价值。

6. 产品升级与完善

（1）需求策略。杨勃是读书爱好者，在网站的产品设计上，是以满足自身对书的交流分享需求出发的。考虑到需要用户产生内容的网站开始最困难，需要想办法找些基础的内容让用户来参与，然后产生滚雪球效应。为此，豆瓣想到的办法是提供比价系统。这个系统实际上是一个搜索引擎，用户可以利用这个搜索引擎找到同一本书在卓越或当当的价格。可以说，现在最能为豆瓣带来实质收入的"比价"，在策划推出时，只是一个单纯留住用户的服务，豆瓣首先是一个社区，不是以买卖关系为目的，而是以分享阅读体验和结识书友为目的的社区。而杨勃作为网站的创建人，同时又是网站的积极使用者，抱着永远 BETA 版的态度对网站做着不间断而频繁的修改，其中用户在豆瓣站务论坛提的意见是一个最重要的意见参考，这保证了网站与用户需求的同步。

（2）设计限制。豆瓣的设计风格，给人清新的感觉，这是能引起读书人共鸣的设计。相异于大多数网站而做的不能贴图的限制，就是源于杨勃认为豆瓣做书、电影、音乐的评论，主要通过文字表达，图片大概只有5%的作用。开放贴图，乱七八糟的东西都传了上去，反而降低了网站的质量，那些真正的用户就不愿意再来了。起类似作用的还有跳转页面的用户路径设置，很明显，杨勃认为的真正用户就是爱好阅读、习惯文字表达、熟练使用网络的一群人，而这群人的品位和口味自然是有保证的，相对大众流行来说，也就是"小众"。

（3）户引导。在站内的引导文字中，豆瓣不鼓励灌水，不鼓励转载，只希望用户正常使用豆瓣产品。这使站内用户比较高端，评论比较有效率。而作为一个社区，豆瓣也没有通常社区网站为增加访问量而设的积分和升级系统。对此，杨勃解释说，"积分问题提过很多次，讨论了很多次，至今还是没有放上去。主要觉得这并不是核心的东西，我们不希望用户是为了积分而来豆瓣，更不希望他们为了积分而灌水，我们需要高质量的帖子和高素质的用户"。以上做法自然会流失很多游客型的用户，但只要留下了，那一定是只为豆瓣而来的用户，这批用户的忠诚度不言而喻。拥有一定数量的高忠诚度用户，是一个社区氛围形成的必备基础，而在上文的分析中也提过，在豆瓣，具号召力的意见领袖和具广泛交际力的传播者都不缺，这也满足了形成社区氛围的条件。

（4）语言强化。豆瓣的导引文字亲切而统一，尽量避免技术性词汇和色彩强烈的语言表达，代之以"好了，发言"，"给你的发言起一个标题吧"，"过些天来看看，没准就有了"这些人性化的提示。在图片上传的说明中，会给用户一些建议，但最后一句是"当然了，最终还是你自己的决定"，对小组论坛的说明中出现了用户话题不受限制的语句（在不违反法律的前提下不一定局限于小组建立主题），站内倡导的是不同的意见和多样的声音。

二、广告内容

"除了一个小秘密以外，我只是一个极其平凡的人"。这是豆瓣首部品牌影片的第一句台词，也是豆瓣十年来首次通过影像与大众沟通的第一句话。广告开篇就是进精神病院（只有精神病才需要把两只手绑起来）。配合的台词却是：有时候，我张开双手拥抱这个世界。但是他并没有拥抱这个世界，他一直被精神病的衣服所束缚，他的手一直抱着的都是自己。

（一）镜头语言

如图 2-12 所示，主观镜头迎合标题，男主打电话给精神病院，配以自白，文艺的开端。加上韩寒《后会无期》的色调风格，以及王家卫"手持摄影机"的拍摄风格，还有一些极具都市象征意义的意象堆积式表达，直戳了文艺青年的心。然后旁白出现："有时候，我张开双手拥抱这个世界"。但讽刺的是，他并没有拥抱这个世界，而是一直被衣服所束缚，一直拥抱着自己。

图 2-12 豆瓣广告捆绑双手镜头

资料来源：https：//v.youku.com/v_show/id_XMTQ3MzE1ODEyOA==.html。

2008 年，正好是改革开放的第三十年。出生在中国社会剧烈变迁、信息高度发达的这一时代的青年们，没人知道，他们的精神世界曾经发生过什么。如图 2-13 所示，没有经历过政治的动荡，也没经历过巨大的经济浩劫。我生活的世界，是彼此可以伸出双手拥抱对方的世界。随着社会的飞速发展，媒体环境也发生了显著变化，社会的各种新奇气息无不被吸入体内，这一切都构成表达欲的来源。如图 2-14 所示，随后的沙滩上，男青年看到了一群面无表情的小孩子围着篝火，还有球场上碰见球员。之后发生的事，都是男青年被拖进不同的容器里。大概是从"被束缚"进展到"被改变"。如图 2-15 所示，男青年被现实世界折磨得伤痕累累，在医院遇到了代表爱情的护士后，男青年在卫生间一飞冲天。我懂得世人生而平等，也懂得尊重他人，我愿与人交流，也愿和而不同。

图 2-13　豆瓣广告乘坐火车镜头

资料来源：https：//v.youku.com/v_show/id_XMTQ3MzE1ODEyOA==.html。

图 2-14　豆瓣儿童嬉戏镜头

资料来源：https：//v.youku.com/v_show/id_XMTQ3MzE1ODEyOA==.html。

图 2-15　豆瓣广告住院与航空镜头

资料来源：https：//v.youku.com/v_show/id_XMTQ3MzE1ODEyOA==.html。

虽然我没感受过战争的残酷，但我是个善良的人。如果有那么一天，我也愿意付出自己的生命。人生永远是个谜，世界也永远是个谜。我不停地问自己，却不是每个问题都需要答案。随着妈妈的笑容，我们就这样长大了。我不敢触及童年，于是装作不记得了。其实我想要记得，可为了保持少年的热忱，我选择了忘记，就好像自己从来没长大过一样。如图 2-16 所示，我身体和精神状况都还行，从小就有着不错的物质条件和情感关怀。其实我知道，自己一直都很幸运。爱过别人，也被爱过。而且体验过亲密关系。巧的是，游戏 BIOSHOCK INFINITE（生化奇兵：无限）开头也出现了这样的桥段。从卫生间飞出地球，与宇宙飞船进行交接（有人说这是致敬库布里克的《2001：太空漫游》）。这个段落暗示着男青年在远离现实。如图 2-17 所示，在宇宙飞船里，男青年带着自己的刀，把精神病服划开，再次进入那个开篇的小屋，这大概就是挣脱自我，重回精神角落，窗外是遥远的地球的意思。

图 2-16　豆瓣广告出生镜头

资料来源：https：//v.youku.com/v_show/id_XMTQ3MzE1ODEyOA==.html。

图 2-17　豆瓣广告恋爱镜头

资料来源：https：//v.youku.com/v_show/id_XMTQ3MzE1ODEyOA==.html。

如图 2-18 所示，最后开头的独白再次响起：除了一个小秘密以外，我只是一个极其平凡的人。我的思想飘忽不定，想象力惊人，但一般不会轻易告诉别人我的这一部分。其实我就是个普通人，也没觉得自己很特别，但是，哪怕是普通人，也有做梦的权利。到这里，或许你还是不明白男青年口中的"秘密"是什么。但当影像结束后，露出的豆瓣 LOGO，暗示着这个小秘密就是豆瓣。世界与我，我与世界，就是这样的关系。这一代人的精神世界到底是怎样的，这支视频已经给出了很好的答案。

第一人称意识流，复古怀旧的美术风格，超现实主义影像诗。完美诠释了文艺到底是什么。文艺，其实是每一个人的精神需求。当我出门时，穿上特制的衣服，虽然不是很舒服，可带着这身衣服，我游览大千世界，踩上甲板，踏过冰川，遇过危险，也受过伤。遇见了懂我的陌生人，与我嬉戏的小孩子，关爱我的医生，呵护我的妈妈，还有我喜欢的姑娘，最后我还飞向了太空。我所经历的一切，尽管都与我息息相关，但并不代表我就与外界彻底融为了一体。最终，我还是会撕掉面具，回到自己的世界，一个人的世界。这个世界，和所有人无关。虽

图 2-18　豆瓣广告结尾镜头

资料来源：https：//v.youku.com/v_show/id_XMTQ3MzE1ODEyOA==.html。

然我挺喜欢待在自己的世界里，可是别担心，我还会穿上衣服出去拥抱你们。我的亲人，我的朋友，我的灵感缪斯，我的信仰和我的上帝，我还会出来寻找你们。这个片子看上去是如此的孤独，甚至有一些扭曲和病态。可是，人不是生来就孤独的么？无论你有多少朋友，看过多少风景，都只有一个视角、一具躯体和一个灵魂。孤独，是一个人一生都无法逃脱的命题。

（二）潜台词

"十多年来，豆瓣静默在现实世界之外，希望为你的精神世界留存一处不受干扰、安然生长的地方。最美好的愿景，就是容载每个人所有的精神需求，不只在这里找到自己，也从这个角落出发，和其他人的精神互通联系，与懂你的人连接彼此真实的存在。这个世界每天都有一大波新事物朝我们涌来，我们浏览、阅读、聆听、感受、吸收，最终汇聚成自己的精神世界。我们平凡却不普通，希望看遍全世界的风景，也享受孤独带来的寂静美好。在这个偌大的世界里，愿豆瓣能占据一个角落，安静地为你补充能量，成为你的港湾。关于这些年，关于豆瓣，我们不再多说，仅写下这样一首影像诗，献给曾经偶遇豆瓣的人们。而在这个精神角落，你或可找到自己，或可找到熟悉的身影。"

——《我们的精神角落》

除了一个小秘密以外，我只是一个极其平凡的人。（Other than a small secret, I'm just an ordinary person.）

我张开双臂拥抱世界，世界也拥抱我。（I embrace the world with open arms, And the world embraces me.）

我经历的，或未经历的，都是我想表达的。（All that I have experienced and that which I am yet to experience is what I want to express.）

我自由，渴望交流，懂得与人相处但不强求共鸣。（I'm free-spirited and crave conversation, I seek to understand how best to communicate with others. Whilst never seeking recognition.）

我勇敢、热爱和平，总奋不顾身的怀疑，怀疑……我在哪里、该去哪里。（I'm

brave, peace-loving, lack confidence in this Where am I, and where should I go.)

童年，或许还有过些……可和你一样，小时候的事，只有大人才记得。(In childhood, perhaps... But just like you. The story of childhood is left only in the memory of adults.)

我健康，偶尔脆弱，但从不缺少照顾，也尝过，爱情的滋味，真正的爱情。(I'm strong, sometimes vulnerable. But never lack care. I have tasted love. The taste of true love.)

如果不联络，朋友们并不知道我在哪里。(If I do not make myself known, friends will have no idea where to find me.)

但他们明白，除了这个小秘密，我只是，一个极其平凡的人。(But they know that, Other than this small secret. I'm just an ordinary person.)

我有时，会张开双臂拥抱世界。(Sometimes, I embrace the world with open arms.)

有时，我只想一个人。(And sometimes, I hope to leave the world behind.)

我们的精神角落。(Our Inner Space.)

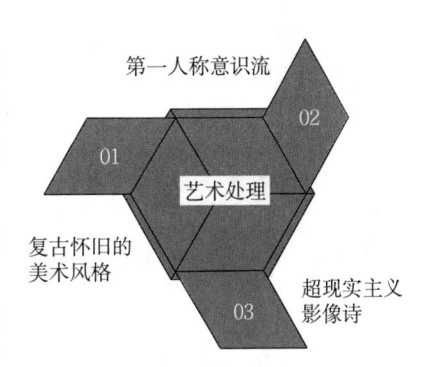

——豆瓣（Douban）

（三）核心策略

豆瓣这支广告追求什么目标？如图 2-19 所示，无论广告使用了多少致敬式的镜头语言，以及充满隐喻、暗喻，交叉错乱的结构与台词，但其核心策略仍旧是：

1. Art of inception——用一种文艺的技法，向用户心智植入品牌价值信息

至于说为什么要选择这样晦涩的文艺技法，首先，从广告传播角度来看，"怎么说"与"我是谁"是高度相关的，由于"表达方式本身就是对品牌价值的注解"，所以，豆瓣需要借助这种风格来强调其与主要竞争对手之间的差异。豆瓣在重塑自己的定位。你或许已被碎片化时代打得伤痕累累，但愿这广告戳中你的灵魂，是时候回精神角落里看看了。例如，尽管同样涵盖了文艺和兴趣，豆瓣广告传递的却是偏主观、个体经验式的信息，男主角甚至会给人留下一种"遗世独立，羽化而登仙"的怪诞感，但是从品牌识辨度的角度来看，这就与较为宽泛的兴趣社交，例如，"总有新奇在身边"或"上贴吧，找组织"形成了较大的反差。而"寻找那些志趣相投的朋友"作为一种传统的介入视角，在这支广告中被刻意遮蔽，可以说

图 2-19 豆瓣广告的艺术处理

"我们的精神角落"在一定程度上"干掉"了"社交",转而全力支撑自我精神世界这一概念;这一点比较重要;从广告传递出的信息来看,现在,让人们自由穿梭于自我精神世界才是这件事情的核心。

2. 豆瓣的品牌价值被锁定在——"一个能满足个人情感精神需求的乌托邦"上

豆瓣所做的一切,都将围绕着这种对个体精神需要的满足而展开。这可以被解读为豆瓣基于现有业务与竞争现状对自我价值的重新定位;另外,需要注意的一个重要区别是功能性需求和情感精神需求。在这里,用户将商品的功能诉求至底层,更多地体现在购买商品的历史、情怀、故事或观念。依照《消费者行为学》当中的"角色扮演"理论,用户更多地在考虑这一商品能否帮其演好在现实生活中的那个角色,例如,我用我的杯子向安迪·沃霍尔表达致敬,潜台词可能是我是一个有艺术素养的职业经理人,或我使用的品牌铅笔暗示我是一位在设计上具有造诣很深的专家等。总之,他们在这里所进行的是情感精神消费。这种略显晦涩的方式,更容易引起人们的质疑,尤其是当他们表示看不懂时。质疑者或许会提出,为什么不选择一个更容易为大众所接受的方式,同样可以进行自我精神世界这一定位的概念植入,这样晦涩地表达一个意思,是说不清楚的吧,基本上不可能唤起用户对品牌的消费(使用)行为。

换句话说,"我们的精神角落"从根本上说并不是一支态度改变型和行为支配型的广告,其不仅无意于让不理解豆瓣的人理解豆瓣,同时也无意于让不喜欢豆瓣的人喜欢豆瓣,而是一支只拍给懂的人看的广告,其目的在于让那些使用并喜欢豆瓣的深度用户更加热爱这个品牌。这有点像 Youngme Moon 在 *Different-Escaping the Competitive Herd* 一书中的"敌意品牌"概念,品牌之所以要采取这样的策略,意在明确地区分开自己与竞争对手的差别,实现一定程度上的"价值净化"。

3. 要努力保持那些能够理解并认同品牌价值的用户的纯净度

简单来说,敌意品牌的广告总是表现出强烈的态度取向,能够最大限度地迎合一部分人,同时也让另外一部分人完全摸不着头脑,甚至可以说是很不喜欢,至于为什么要这样,原因是,随着竞争加剧,当品牌与品牌之间差异化越来越少、品牌自身特性越来越模糊时,彼此的用户也开始趋同,要让一个品牌再次获得极高的清晰度和独特性的方法,就是区分清楚用户。换句话说,"价值净度"得不到保持的结果就是,用户对品牌价值的认知混乱,认同各种价值的用户都存在于一个品牌中,这将促使原本高度认同品牌价值的老用户离开,从长远来看,会导致品牌沉沦,并不利于发展。毕竟,物以类聚,人以群分。

(四)策略归纳

这是 11 年来,豆瓣的首次品牌发声,以"我们的精神角落"为 Slogan。如图 2-20 所示,豆瓣的官方 Blog 称,"十多年来,豆瓣静默在现实世界之外,希望为你的精神世界留存一处不受干扰、安然生长的地方。最美好的愿景，就是容载每个人所有的精神需求，不只在这里找到自己，也从这个角落出发，和其他人的精神互通联系，与懂你的人连接彼此真实的存在"，而为什么选择在这个时间点发声，豆瓣品牌负责人认为，"因为豆瓣的平台属性，豆瓣在每个使用者看来都不一样，并不适合对其进行定义。10年过去，当现在豆瓣注册用户超过1.3亿，我们觉得是时候讲一讲豆瓣到底是个什么样的地方了"。

图 2-20　豆瓣衍生平面广告之一——自己

影片以"除了一个小秘密以外，我只是一个极其平凡的人"为开端台词，用主观视觉化的影像记录方式，讲述了一个人穿梭自我精神世界的旅程，也是一群人交换精神感受的心声。影片介绍显示，"这是一首影像诗，也像一个寓言故事，所以愿你带着阅读诗的心情来观看它"。如图 2-21 所示，多年来，豆瓣对受众的理解，抑或自我解读，都将通过这幕主观视觉化的影像记录得以告白释意，

图 2-21　豆瓣衍生平面广告之二——心理医生

并还原为别具意义的画面与声音，袒露在你的面前。这是一个人穿梭自我精神世界的旅程，也是一群人交换精神感受的心声。如图 2-22 所示，如果你在影片中，看见自己的影子，你可以说自己很豆瓣；如果你在影片中，看见一群人的模样，那他们，就是豆瓣，就是我们的精神角落。目前，豆瓣品牌影片的平面广告已在北京地铁 14 号线、1 号线投放，影片也将陆续在朋友圈、视频网站、新闻 APP、电影院（北京、上海、成都影院贴片）等投放。

图 2-22　豆瓣衍生平面广告之三——女朋友

1. 为什么在这个时间点发声

豆瓣从成立之初一直希望扮演一个平台的角色。搭建好舞台，用户在上面表演。作为一个平台，豆瓣是不应该有任何风格或属性的，应该是足够中立、客观的，可以容纳各种风格的人和物。所以十年来，豆瓣很少跳出来说自己是什么，而是尽可能把产品做好——也就是把平台搭建好。豆瓣是什么，其实在每个使用者眼中都不大一样，这正是豆瓣作为平台的特性。毋庸置疑，这里有大量创作欲很强且有文字功底的人，他们持续在豆瓣创作，最后也有不少被改编成电影甚至拿了专业奖项的，也有出版成书的。所以很多时候人们提起豆瓣会倾向于认为这里会聚了一大批文艺青年。但其实真正使用豆瓣的用户会知道，这里不只有文艺青年，更多的是"普通青年"，很平凡很认真地在豆瓣生活着。他们用豆瓣查评分评论，决定晚上该看什么电影；他们泡在小组里聊八卦，聊毕业后找什么工作，聊怎么装修房子；他们可能不是专业美食评论家，但也会为了吃到最好吃的鳗鱼饭跑遍整个城市的日料馆；最后他们在豆瓣找到房子，找到工作，甚至找到另一半。

如图 2-23 所示，正如宣传片里说的：除了一个小秘密以外，我只是一个极其平凡的人。仔细观察，每一个平凡的人在生活中某一个时刻/某一面都会流露出文艺的一面，或豆瓣更愿意表述为"有追求"的一面。不管是追求一碗好吃

第二章 豆瓣：我们的精神角落

的鳗鱼饭，还是一个图案特别的杯子，或是一个标准的瑜伽动作，一个花式的摊煎饼手势。而这一面在日常生活中却通常不容易显露，或是没有合适的机会显露，这时豆瓣是一个合适的平台，在这里你很容易找到另一个或另一群鳗鱼饭爱好者。

图 2-23 豆瓣衍生平面广告之四——足球教练

2. 为什么是"我们的精神角落"

十多年来，豆瓣提供的服务，本质上都是一种精神消费，或基于物质消费和现实人际沟通，所带来的精神附加值。无论是一个冷门/热门的书影音条目、一个没心没肺的小组话题、还是一个猫奴聚首的小事栏目，或是一个囤积居奇的东西市集。豆瓣相信，每个人都需要一个这样的角落，可以承载我们的精神需求。这个角落是自由的，不受现实束缚的。如图 2-24 所示，每人在这个角落找到自己，也从这个角落出发，与志趣相投的人分享交流，成为更好的自己。由此，豆

图 2-24 豆瓣衍生平面广告之五——妈妈

045

瓣用了全新的品牌 Slogan：我们的精神角落。当这句 Slogan 推出后，引发了很多豆友的强烈共鸣，有豆友表示：每个人都需要一个精神角落，在这个角落里，就做真实的自己，喜欢就相处，不喜欢就指摘。但在这里，我就是我自己，我不在乎别人怎么评论我。我愿意时，就拥抱世界；我不愿意时，就自己独处。

3. 影片说了些什么

就是"我们的精神角落"的影像表达。事实上如果单纯从画面或情节上理解，这个宣传片并不好懂。但是试着以阅读诗的心情来观看，也许会被其中的情绪打动。豆瓣试图通过一种影像诗的画面和表达方式，带你进入一个寓言故事的情境。在这个故事里，我和你都可能是故事的主人公。也正因如此，豆瓣采用了主观视角来拍摄此片。设想我们正在看一本书，或一部电影，或在听一首美妙的乐曲。通过这些，我们进入了一个我们想象的世界。在这个世界里，我们经历战争、经历爱情，回到童年，重回母亲的怀抱，也经历青春期，我们在想象世界经历的这一切，可能有些与我们过往的经验和经历有关，有些无关。我们感受到喜悦、悲伤、愤怒、郁结、温暖、怦然心动，但也许这些情绪并不为我们自己而发生。

如图 2-25 所示，我们正在经历一场精神旅程——或许我们在拥抱世界的过程中，反而被世界紧紧抱住——但所幸，我们还有自由的灵魂。这个自由的灵魂可以让我们放肆地想象，放肆地感受，不需要有钱有闲去环游世界，却有能力在最困难的时空中自在地旅行，这种旅行是精神生活的最高价值。透过自由的灵魂，我们去理解、去感受那些曾经发生在我们身上，或就算不曾发生在我们身上的所有悲哀、残酷。而我们是那样冷静客观地看待，并且游刃有余。当我们想要拥抱它时，当我们想要挣脱它时，我们始终都有一个可以客观阅读它，监看它的一个角落，那就是我们的精神角落。豆瓣希望这是之于大家的意义。

图 2-25 豆瓣衍生平面广告之六——现实人

三、传播效果

（一）点击量

如图 2-26 所示，《我们的精神角落》是豆瓣 11 年来第一支线下广告，在各个主流视频网站投放时，相关剧照也在北京地铁 14 号线和 1 号线大量投放户外广告。豆瓣也在移动端上线了 H5 小游戏。如图 2-27 所示，首部品牌宣传片也于 2016 年 2 月 16 日在豆瓣和微信朋友圈上线。

图 2-26　豆瓣广告海报

图 2-27　豆瓣在移动端上线的 5H 小游戏

如图 2-28 所示，由于视频投放于不同网站，无法准确获得具体的点击量，但在优酷上找到的最多播放记录显示，这一广告片即使是在非官方人员投放下，也有 53040 次点击量。

同时，以豆瓣电影评分为主。该广告于豆瓣上共有 10667 人参与评分，分数为 7.3 分，四星评分占总评分人数的 36.9%，好于 25% 的短片（如图 2-29 所示）。

图 2-28　豆瓣广告播放记录　　　图 2-29　我们的精神角落，豆瓣评分

根据豆瓣评分要求以及高标准的评分人来看，7.3 分的成绩可以说是国产广告的中上水平。同时该影片也获得了第三届豆瓣电影年度榜单，评分最高的短片提名。

如图 2-30 所示，单从点击量和点评来看，豆瓣这一支广告《我们的精神角落》所获得的反馈，基本上是好评大于差评，高点击量、高评分、多人参与的讨论，都体现该广告传播效果可观，可谓一波流量。

图 2-30　豆瓣广告评论

第二章　豆瓣：我们的精神角落

> 詹詹 说：
> #我们的精神角落# 1.06年注册的豆瓣，删过好几轮说说日记，最后也没有注销。2. 在豆瓣认识了很多觉得很厉害的人，还有过自以为的好朋友。3. 安静的角落。
> 刚刚　回应

> Amiko。柒。推荐网页：
> 我们的精神角落——豆瓣首部品牌影片，一起探寻我们的精神角...
> 自制这是一首影像诗，也像一个寓言故事，所以愿你带着阅读诗的心情来观看它。多年来，豆瓣对受众的理解，抑或自我解读，都将通过这幕主观视觉化的影像纪录予以告白释意，并还原为别具意义的画面与声音，袒露在你的...
> #我们的精神角落#弹幕为了豆瓣自动变绿了呢~（弹幕豆语绿：40a65a❤）
> 1分钟前　回应

图 2-30　豆瓣广告评论（续）

（二）评价

1. 优点

（1）迎合当下年轻人的心理状态，产生情感共鸣，深化产品价值。如图 2-31 所示，特别是广告的背景音乐很好地展现了这一代中国青年人的精神生活。"我张开双臂拥抱世界，世界也拥抱我"这一句话展现了年轻人生活稳定，世界是可以彼此拥抱的世界。"我经历的，或未经历的都是我想表达的"则是展现着因为社交网络，我们可以随意表达自己的内心。"怀疑……我在哪里，该去哪里"则是反映在这样的时代下，年轻人内心的困惑——"我该去哪里，有答案吗"。"我有时会张开双臂拥抱世界，有时我只想一个人"，年轻人与时代的关系就是"有时我想要展现自己，有时我只想隐藏自己"。每个人都是普通人，但每个人也不一样。这些台词正恰好迎合了当下年轻人与世界的关系。同时，也更好地展现了"我们的精神角落"这一主题。在豆瓣，每个人都可以有自己的精神角落，可以找到最关注的东西。那是自己的世界，也是自己一个人。这些台词加之画面，贴合了每一个豆瓣人的心理。

（2）第一视角。豆瓣中始终没有过多出现主角，更多的是以一种主人翁的视线来展现，是以第一视角来呈现记忆中似曾相识的那些场景，来解释人生中的困惑：最懂你的人，不一定认识你；你追求的，正是你不想再失去。在观看时，也不禁将自己代入了情境，仿佛是自己在看世界一样，感同身受，看到出生、成长、爱情等画面，如同自己一个人回顾了自己的一生。这种视角使观众明白精神角落的定义，更好地理解了广告的价值观。

（3）致敬式的镜头语言，用表达方式来对品牌信息注解。大部分人看完广告，第一个感觉就是文艺。广告中致敬了很多优秀电影，根据网友整合，有库布里克的《2001》《生化危机3》，包括审美都与《生化危机3》一样。豆瓣的影评一直都是被大家所信赖的，豆瓣电影板块更是有无数的关注者。通过高评分电影技巧的致

传播效果——评价（优点）

1. 迎合当下年轻人的心理状态，产生情感共鸣，深化产品价值

"我张开双臂拥抱世界，世界也拥抱我"这一句话展现了年轻人生活稳定，我们的世界是可以彼此拥抱的世界。"我经历的，或未经历的都是我想表达的"则是展现着因为社交网络，我们可以随意表达自己的内心，"怀疑……我在哪里，该去哪里"则是反映在这样的时代下，年轻人内心的困惑。"我该去哪儿，有答案吗"这些台词正恰好迎合了当下年轻人与世界的关系。

2. 第一视角

豆瓣中始终没有过多出现主角，更多的是以一种主人翁的视线来展现，是以第一视角来呈现记忆中似曾相识的那些场景，来解释我们人生中的困惑：最懂你的人，不一定认识你；你追求的，正是你不想再失去的。在观看时，我们不禁将自己代入了情境，仿佛是自己在看世界一样，感同身受，看到出生、成长、爱情等画面，如同自己一个人回顾了自己的一生，这种视角使得观众明白精神角落的定义，更好地理解了广告的价值观。

3. 致敬式的镜头语言，用表达方式来对品牌信息注解

大部分人看完广告，第一感觉就是文艺，广告中致敬了很多优秀电影，根据网友整合，有库布里克的《2001》，《生化危机3》，包括审美都与《生化危机3》一样。豆瓣的影评一直都是被大家所信赖的，豆瓣电影板块更是有无数的关注者，通过高评分电影技巧的致敬，这就是一种展现豆瓣特色的手法，让人看到这一广告就感觉到文艺，感觉到豆瓣气息，同时有些隐喻手法和平淡的台词，都是一种文艺的表现手法，又更好地输出了自身的价值观。

4. 价值观的定位和输出

作为中国最特立独行的互联网公司，阿北和他的豆瓣都有自己的坚守。豆瓣在大众的印象中一直都是文艺青年的聚集地，大家在这里分享阅读和音乐等，在其他的社交软件都在强调社交，找朋友时，豆瓣则是明确定位"自我精神世界"，在互联网中与众不同。广告中无论是旁白还是摄影都在展现个人与世界的关系，可以说豆瓣对于自己的价值观是有着准确的把握的，同时，这样一则广告对于老豆瓣人来说是很触动内心，价值观的展现和输出无疑是准确的。

图2-31 豆瓣广告播放效果

敬，这就是一种展现豆瓣特色的手法，让人看到这一广告就感觉到文艺，感觉到豆瓣气息，同时有些隐喻手法和平淡的台词，都是一种文艺的表现手法。这样的表达方式迎合了豆瓣本身的价值定位——文艺，又更好地输出了自身的价值观。

（4）价值观的定位和输出。作为中国最特立独行的互联网公司，阿北和他的豆瓣都有自己的坚守。豆瓣十一年，见证了中国两波互联网大潮，见证了QQ音乐、大众点评、猫眼微票儿的迅速模仿和崛起，也见证了豆瓣人从弱冠到而立的成长。而豆瓣保持着谨慎并始终坚守广告与内容的分离，坚守着年轻一代的精神家园，尽管这让其失去了太多，但豆瓣在大众的印象中一直都是文艺青年的聚集地，大家在这里分享阅读和音乐等。在其他的社交软件都在强调社交、找朋友时，豆瓣则是明确定位"自我精神世界"，在互联网中与众不同。无论是广告旁白还是摄影，都在展现个人与世界的关系，可以说豆瓣对于自己的价值观是有着准确的把握的。同时，这样一则广告对于老豆瓣人来说是很触动内心，价值观的展现和输出无疑是准确的。不同于其他社交品牌在广告中一再强调社交的重要性，这样特别的"价值观"可以说是一股清流。在互联网大环境下，个人空间

第二章　豆瓣：我们的精神角落

也同样被需要。所以独特的价值观输出，往往能吸引住消费者的眼球，可以说准确的价值观定位能使豆瓣容易被更多人记住。

2. 缺点

（1）无法迎合任何一方用户。无论是新用户还是老用户，在豆瓣电影评价中，看到有一位老用户给了两星的评价，并写到"你的豆瓣，不是我的豆瓣"。如图 2-32 所示，这则广告中的价值观输出大体表达出来的是：我是豆瓣用户，我是文艺青年，我跟别人都不一样。但是，文化和艺术最重要的价值导向可以说是"允许多元化的存在"。这个价值导向是一种状态，一个方法论，绝不是一个人能够完成的结果，而这则广告里就描绘了一个运营团队心理的典型用户。但是真正内心热爱豆瓣所涉及的这个文艺领域的人，是思维独立，也是很怕被贴标签的。即使渴望精神角落，也不愿意被人仅仅加上"文艺"这一标签。在豆瓣，也并非只有"独自一人"的状态，也有分享与社交。而对于新用户来说，价值定位虽为文艺，过度隐喻却让人云里雾里。虽然广告中借鉴了许多经典电影的桥段，片子范儿很足，第一视角将许多真实的、虚幻的、书中的电影场景串联起来，这是很多用户使用豆瓣的具象化表现——在自己的精神角落中冒险。偶尔与人交流，不求共鸣，经历作为一个极其平凡的人原本难以得到的体验。但这对于潜在用户/新用户来说门槛太高，可能看完一头雾水，依然不知道豆瓣是什么。如图 2-33 所示，也许豆瓣只想留住老用户，顺便吸引更多的文艺青年进入社区，但这是远远不够的。

传播效果——评价（缺点）

1	无法迎合任何一方用户，无论是新用户还是老用户，在豆瓣电影评价中，我看到有一位老用户给了两星的评价，并写到"你的豆瓣，不是我的豆瓣。"这则广告中的价值观输出大体表达出来的是："我是豆瓣用户，我是文艺青年，我跟别人都不一样。"但是，文化和艺术最重要的价值导向可以说是"允许多元化的存在"。这个价值导向是一种状态，一个方法论，绝不是一个能够完成的结果，而这条片子里就描绘了一个运营团队心理的典型用户
2	虽然第一人称视角可以让广告的收看者有更加身临其境的体会，但是全片弥漫着一种恐怖气氛，让人看得不舒服。广告开头的主人公被穿上了精神病人才会穿的束缚衣，还有"婴儿"被母亲从楼上扔下去的镜头，教练拖着腿往前走，火车上的小屋，都给人以一种压抑感。不少没有玩过豆瓣的人在看时，都有着压抑感，甚至有被精神分裂的评价。在第一观感上给大部分人的印象并非正面。同时影片中小护士脱衣服及部分镜头都被人怀疑是歧视女性、物化女性，使女性成为色情化的客体和他者，都传递了不好的价值导向
3	这则广告本身的创意和质量水平其实并不低，但实际的商业影响力却微乎其微。在朋友圈里看到豆瓣的广告，所以广告的目的最大的可能是吸引更多新的用户加入豆瓣，这个广告能起到很好的效果吗？说实话，很难。因为这个片子是现有豆瓣用户的狂欢，而没有回答一个根本的问题：如果我之前不觉得有必要上豆瓣，现在为什么要上？因为豆瓣是"我们的精神角落"吗？让一个人开始使用一个产品，和让一个人爱上一个品牌是两回事。这可能是一条能让人爱上豆瓣的片子，但无法让他们开始使用豆瓣

图 2-32　豆瓣广告播放缺点

柏林苍穹下 看过 ★☆☆☆☆ 2016-02-16　　　　　　　　　　　　　　　　　　134 有用
你的豆瓣，不是我的豆瓣。

图 2-33　伊利马龙版广告之一

（2）虽然第一人称视角可以让广告的收看者有更加身临其境的体会，但是全片弥漫着一种恐怖气氛，让人看得不舒服。广告开头的主人公被穿上了精神病人才会穿的束缚衣，还有"婴儿"被母亲从楼上扔下去的镜头，教练拖着腿往前走，火车上的小屋，都给人以一种压抑感。不少没有玩过豆瓣的人在看时，都有着压抑感，甚至有被精神分裂的评价。在第一观感上，给大部分人的印象并非正面。同时，影片中小护士脱衣服，及部分镜头都有被人怀疑是歧视女性、物化女性，使女性成为色情化的客体和他者，都传递了不好的价值导向。从站在营销角度来看，产品要有自己鲜明的市场定位，但"我们的精神角落"是否个性过了头。豆瓣这一个广告片被不少网友戏称为"豆瓣——我的精神病院"。正因这些压抑的镜头，不少人觉得这不是他们心中的文艺。他们想要的文艺也应是积极向上的，而不是封闭极端。极端的表达形式或许并不能打动别人，为豆瓣带来新的用户。

（3）这则广告本身的创意和质量的水平其实并不低，但实际的商业影响力却微乎其微。在朋友圈里看到豆瓣的广告，所以广告的目的最大的可能是为了吸引更多新的用户加入豆瓣，这个广告能起到很好的效果吗？说实话，很难。因为这个片子是现有豆瓣用户的狂欢，而没有回答一个根本的问题：如果我之前不觉得有必要上豆瓣，现在为什么要上？因为豆瓣是"我们的精神角落"吗？让一个人开始使用一个产品，和让一个人爱上一个品牌是两回事。这可能是一条能让人爱上豆瓣的片子，但无法让他们开始使用豆瓣。全片充满着文艺气息，但直到最后才出现豆瓣——我们的精神角落。该广告只是给予了大众品牌形象，关联了用户的情感，却没有了品牌关联，完全可以再出现一个连接点去连接产品和价值观。但视频完全少了点明产品信息的关键点，使观众看到最后仍不知道广告产品是什么。如图 2-34 所示，在豆瓣上也有人评论道："看完短片，我有一个困惑：在木质阁楼里，我看到了书，看到旧电视，看到旧电话，看到旧的打字机，这些怀旧的物件，如同我灰尘落满的心灵，和不再年轻的脸。但是我没有看到电脑，哪怕是一部旧的电脑。可是没有电脑，他是拿什么登录豆瓣的？这是一个问题。"

芦哲峰 看过 ★★★★☆ 2016-02-16　　　　　　　　　　　　　　　　　　327 有用
看完短片，我有一个困惑：在木质阁楼里，我看到了书，看到旧电视，看到旧电话，看到旧的打字机，这些怀旧的物件，如同我灰尘落满的心灵，和不再年轻的脸。但是我没有看到电脑，哪怕是一部旧的电脑。可是没有电脑，他是拿什么登录豆瓣的？这是一个问题。

图 2-34　豆瓣广告观者评论

即你在很好地接受了这一价值观后,却在广告中无法知道这是哪个产品的价值观。产品关联度几乎为零,豆瓣的这则广告片缺少的正是产品的展现。

(三)舆论效果

1. 尽管在评价上豆瓣这一广告两极分化,但这恰恰证明这一广告也带来舆论的热议

对豆瓣来说,这是自我坚守的展现,是整个中国互联网大环境下,对于个人角落的坚守。豆瓣创立已有 11 年,是中国最特立独行的互联网公司。豆瓣未随波逐流参与到各种互联网热潮之中,对广告保持着谨慎并始终坚持广告与内容分离,坚持守望着中国用户的精神家园,尽管做了许多子产品,却一直只做一件事。豆瓣在十一年之后首次拍摄品牌宣传片,猜测是希望外界更理解豆瓣的坚守,并且认识到豆瓣新的价值——"文艺"这个标签已远远不能承载豆瓣现在的价值了。"精神角落"这一看上去形而上学的概念才符合今日之豆瓣。现在豆瓣注册用户已经超过 1.3 亿,豆瓣希望自己来说清楚"我是谁?"。做中国用户的精神家园,是豆瓣过去、现在和未来的使命。这样一个广告片无疑是在对整个互联网网民宣告,这是"你可以寻求的精神角落,这里永不改变"。

2. 对广告行业来说,小众拍摄手法登上主流视线

除了大热的 VR 对影视业带来的冲击之外,还有 Go Pro 等便携式相机的日渐普及。第一视角的广告片正在不断增多,阿里年货节广告、台湾 Singleton 春节广告《敬·理解》、摄像机男孩以及即将上映的《硬核大战》等,过去都是以小众试验为主的拍摄手法 2015 年都登上了主流视线,并且都取得了不错的效果。豆瓣的品牌宣传片也特意采取 Go Pro 摄影机拍摄,看上去更像王家卫御用摄影杜可风的手持摄影法。小众拍摄手法的兴起,源于当下人们信息爆炸下的审美疲劳,新意成为关键。第一视角不同于传统拍摄手法,人们都有代入感,也正因如此,才能更好地传递产品价值。综上,对于整个广告行业来说,如何求新是关键,Go Pro 和第一视角拍摄都可以成为新的选择与尝试。

3. 对于整个互联网网民来说,探讨"当下大背景下,我们是要社交,还是要独处"

21 世纪无疑是互联网时代,在信息大爆炸下,人们每天都接收到各种各样的信息,整个互联网产业也是不断地革新、变化。在这样的环境下,人与人之间的距离被迫拉近,网络社交成为了主流。但同时这些年,人们也在思考网络社交是否也变为新的负担,从原先的分享到现在的社交是否变味。豆瓣的广告也在不经意间给了网民一个问题——"我们的精神角落,需要吗?"当这一广告片在豆瓣出现时,"我们的精神角落"实实在在刷了一波屏,朋友圈中不乏人们对此的怀念。尽管人们批评其市场营销上并不能做到完美,甚至缺少品牌关联度,但是其却引起网民对于社交的讨论。无论怎么看,在互联网上是实实在在地刷了一波存在感。或许某一天,当人们想要一个思想休息独处时,豆瓣便是他们的精神家园。

四、经验总结

与其他宣传方式相比,广告片有着较强的冲击力及更广的覆盖面,能更形象地将企业产品展示,并以其独有的试听结合的宣传方式引起当代消费者的关注,让人们在一个娱乐的环境中去接受广告片。

(一)广告要点

如图 2-35 所示,广告片已经占据了整个市场。无论大街小巷、电视网络、还是在公交上,都可以看到广告片的身影。首先,要明确目的,是做促销还是参加展会,或是产品发布,这对广告片的要求都不同。在拍摄广告片之前,一定要对自身的情况做一个分析,明确自己拍摄广告片的用途以及目的。其次,要选择好拍摄时用到的场地。所有的场景都是用来衬托广告片的效果。不同的场景,既能够体现产品或企业的实力,也能表达企业的人文信息。再次,解说词配合得当。除了要简洁明了以外,解说词要跟广告片的创意相符合。对画面进行深入的解说,一切都以创意为主,不能任意添加一些不相干的话语。又次,要注意细节。细节决定成败,只有细节才能将画面、人物感情表现得栩栩如生,并起到画龙点睛的效果,才能给观众留下深刻的印象。最后,创意构思新颖,摒弃老套的格式,精心策划。只有新颖而又富有寓意的广告片,才能引发观众的关注和思考。一成不变的创意,只会造成观众的视觉疲劳。要吸引观众,必须要有创新性的东西出现。广告片制作,对于一些刚开始接触的企业来说,可能不是很顺手。说起来很复杂,其实很简单很容易,只要掌握三个关键:一是明确广告目标;二是找准达成目标的诉求点;三是围绕广告诉求这个中心,将诉求表现出来。

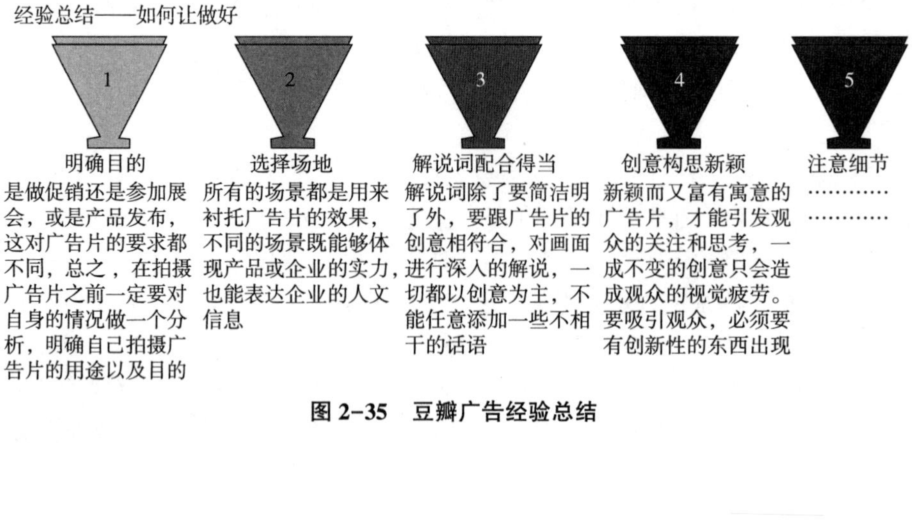

经验总结——如何让做好

1 明确目的
是做促销还是参加展会,或是产品发布,这对广告片的要求都不同,总之,在拍摄广告片之前一定要对自身的情况做一个分析,明确自己拍摄广告片的用途以及目的

2 选择场地
所有的场景都是用来衬托广告片的效果,不同的场景既能够体现产品或企业的实力,也能表达企业的人文信息

3 解说词配合得当
解说词除了要简洁明了外,要跟广告片的创意相符合,对画面进行深入的解说,一切都以创意为主,不能任意添加一些不相干的话语

4 创意构思新颖
新颖而又富有寓意的广告片,才能引发观众的关注和思考,一成不变的创意只会造成观众的视觉疲劳。要吸引观众,必须要有创新性的东西出现

5 注意细节
....
....

图 2-35 豆瓣广告经验总结

(二) 好的广告

什么样的广告才是好广告？如图 2-36 所示。

经验总结——什么才是好广告

01 内容是关键愉悦的体验
从原生广告角度思考出发，这样品牌在做广告时才更加清楚自己真正想做什么原生内容。通过内容如何才能影响到消费者

02 融入场景人人传播
品牌是通过广告与消费者进行沟通的。比如视觉感受、氛围的渲染、具体的人、物和时刻沟通要素。这些浓缩起来就是为了打造一种场景

03 消费者的行为匹配
把握匹配，是指尽量让传播的原生广告内容跟消费者的行为相匹配。尽量提升广告与消费者潜在的需求之间的相关度

04 广告本质的传播效果
广告的本质作用就是获得最大规模的传播效果。消费者越多越好，传播得越快越好。而原生广告具有很强的隐蔽性和带有价值的内容

05 花钱的学问和艺术
所以，一旦企业绩效不好，需要节约费用，第一要做的通常就是砍掉广告费！但是，这样做的后果往往是——知名度下滑、流量下降、渠道积极性受打击

06 好广告根本不像广告
设计的最高境界是无设计，不要让人看出设计的痕迹。广告的最高境界似乎也应如此——不着痕迹，尽显风流

图 2-36　什么才是好广告

1. 内容是关键愉悦的体验

如何通过内容才能影响到消费者，并利用这些二次传播扩散到更庞大的潜在消费群。好的内容和创意能够让消费者带来愉悦的体验，让消费者对广告内容有种身临其境，产生强烈的共鸣的感觉。豆瓣这则广告并不让人感到愉悦，相反使人感到十分压抑。同时，对于未体验过豆瓣的潜在用户来说，并没有产生共鸣，故而内容方面需要更多的注意。

2. 融入场景人人传播

品牌是通过广告与消费者进行沟通的。例如，视觉感受、氛围的渲染、具体的人、物和时刻沟通要素，这些浓缩起来就是为了打造一种场景。在新时代，各种社交媒体层出不穷，人人都是自媒体，人人都可以自传播。原生广告要让自己的广告内容变身为跟消费者息息相关的场景，让消费者在场景中记住品牌。而这种传播的力度明显与案例分析中的广告不符合，与第一点结合来看，这正是该则广告最大的问题。

3. 消费者的行为匹配

把握匹配，是指尽量让传播的原生广告内容跟消费者的行为相匹配。尽量提升广告与消费者潜在的需求之间的相关度。虽然原生广告具有一定的隐蔽性，如果这种方法频繁地出现，消费者对其的分辨能力会相应提高。那时，部分原生广

告的效果会受到影响。所以要尽量维持原生广告自然投放的匹配。发挥大数据的优势，使与消费者相关度比较高的原生广告自然地出现在人们的视野，这样效果更好。

4. 广告本质的传播效果

广告的本质作用就是获得最大规模的传播效果，而原生广告具有很强的隐蔽性和带有价值的内容。这种广告可以润物细无声地感染敏感的消费者，让他们最终对品牌产生好感、扩大销售。从根本上来说，广告宣传是一种传播品牌、提高品牌知名度并在大众心目中帮助定义和塑造品牌的手段。尽管对这则广告进行了大范围的投放，但收效甚微，可能是因为其本身的定位出现了偏差，从而没有达到预期效果。

5. 花钱的学问和艺术

品牌的账户其实不在企业，而是在顾客的头脑中。每一分广告费，都是把钱存在用户头脑中。零存整取，然后顾客的每次消费，都在偿还广告费的"利息"！这所谓的"利息"，就是品牌的溢价，就是销售的毛利。然而，这则广告制作精良，艺术手段深厚，甚至可以说是一部微电影，讲述一个故事，制作这样的广告需要耗费大量的时间与精力。无论结果如何，都敢于投资，期待收益。

6. 好广告根本不像广告

信息传达的目的并不是通过强烈的视觉冲击来吸引人们的注意，而是要慢慢地渗透到五官中去。在人们还没注意到其存在时，成熟、隐秘、精密、有力地传达已经悄然完成了。一个品牌如果贩卖的是生活哲学，它影响的将是消费者的精神和灵魂。故而，豆瓣对其定位是寻找人们的精神角落，这更像一个标语、一个号召、一个微电影、一段引人深思的小视频。

7. "形象"本身也是一种商品

做广告绝对不能为了艺术而艺术。豆瓣是一个社区网站，该网站以书影音起家，提供关于书籍、电影、音乐等作品的信息。无论描述还是评论，都由用户提供。网站还提供书影音推荐、线下同城活动、小组话题交流等多种服务功能，更像一个集品味系统、表达系统和交流系统于一体的创新网络服务，一直致力于帮助都市人群发现生活中有用的事物。豆瓣是文艺青年们精神的栖息地，是文学领域的聚集地，也是一个社交的地方。人们在这里交流思想、探讨人生。将广告处于文艺之中，看到豆瓣本身的形象定位。

（三）广告的基本功能就是认识功能

通过广告，能帮助消费者认识和了解各种商品的商标、性能、用途、使用和保养方法、购买地点和购买方法、价格等内容，从而起到传递信息、沟通产销的作用。俗话说得好，货好还得宣传巧。但在现实生活中，还有一些企业对广告的作用不十分了解，认为做广告花费大，得不偿失。因此，他们宁可到天南海北、坐火车轮船、辛辛苦苦到实地推销也不愿做广告。实践证明，广告在传递经济信息方面是最迅速、最节省、最有效的手段之一。好的产品借助于现代化科学手段的广告，其所发挥的作用不知比人力要高多少倍。而豆瓣的这则广告让人并不清楚其具体的使用方法和功能，反而让人疑惑不解。现代化生产门类众多，新产品层出不穷，而越分散销售，人们越难及时买到自己需要的东西。广告通过对商品知识的介绍，就能起到指导消费的作用。看了这则广告之后，对于根本问题"为什么要使用豆瓣"并不清楚。越看越不明白使用这个社交网站的意义在哪里，只是广告片尾那一句精神角落吗？假如只是如此的话，并没有十分能够吸引消费者的地方。

综上所述，豆瓣这则广告固然有亮点，但缺点也十分明显。在从事相关广告设计工作时，应当避免这些问题，以制作出精良且收效良好的优质广告。

思考题

1. 豆瓣的广告营销关键点是什么？
2. 豆瓣的品牌形象定位是什么？
3. 从品牌文化价值视角分析豆瓣广告营销策略的优缺点。

参考文献

[1] 许德娅. 豆瓣网——从现有的广告形式到未来的盈利模式 [J]. 东方企业文化, 2013 (12).
[2] 袁晓利. 探析豆瓣网广告营销策略 [J]. 现代营销（下旬刊），2017 (6)：119.
[3] 常倩. 豆瓣的"第一次" [J]. 广告主, 2016 (3)：53.
[4] 江琼, 贲柯. 社区网站的广告营销模式浅析——以豆瓣网为例 [J]. 西江月, 2013.
[5] 陈晓燕. 真实的豆瓣 [J]. 广告大观（综合版），2012 (10)：73-75.
[6] 王贞君. 豆瓣网的盈利模式及广告形式浅析 [J]. 商, 2015 (22)：199-200.
[7] 何梦楠, 秦岁明. 探析静态类广告在网站中的运用——以豆瓣网为例 [J]. 现代装饰（理论），2014 (10)：256.
[8] 齐蔚霞. Web2.0时代新媒体广告价值及在图书宣传领域的应用分析——以豆瓣网为例 [J]. 出版发行研究, 2011 (9)：38-41.
[9] 金晶. 社交网络广告营销的人文主义模式初探——以豆瓣品牌小站为例 [J]. 中国报业, 2013 (3)：94-95.
[10] 李昂. 豆瓣（网）盈利模式变化探究 [J]. 新闻传播, 2014 (17)：120.

第三章
999 感冒灵：世界不会那么糟

这则999感冒灵广告是为感恩节拍摄的，是由几个真实故事改编的小故事剪辑到一起构成。片名叫作"有人偷偷爱着你"。片子开始是几个看起来很糟糕的小故事，从视角的消极一面来看待世界，看待发生的故事，采用了低沉、消极、绝望的背景音乐；色彩方面以灰黑色为基调，体现前半部分人情冷暖、孤独绝望的感觉。首先，广告切入画面，有一个绝望的年轻女性想要自杀，于是用百度搜索"手上的动脉在哪里？越具体越好"。其次，以此为背景，体现了现代繁忙社会人们压力大，容易产生消极的情绪，人们之间感情的淡漠沟通交流仅通过网络。整个广告在新媒体平台上播出。前半段，以消极反面的视角看待生活中的故事，片面地展示故事内容，以灰黑色为主调，低沉消极的音乐为背景引导人的情绪。后半段，以积极正能量展示故事的另一面，世界有爱的一面，以明亮色彩为主调，轻松的音乐为背景引导人的情绪。最后，以品牌的宣传为结尾。

一、广告内容

如图3-1所示，不知从何时开始，我们仿佛得了一场重病，症状为主动向负能量靠拢。在应该面对时选择了逃避，在该坚持时选择了放弃，就因为听信了诸如逃避可耻但有用之类的话，之后便在失意中浑浑噩噩，嘴边碎碎念着这样也挺好……这个世界仿佛病了，我们不禁问自己，这个世界还会好吗？——这是999感冒灵在感恩节前夕推出的一支暖心短片，这个问题也许有了答案。大概是冬天太冷了，所以又有一支广告片来暖心窝子。这是999感冒灵推出的感恩节短片，广告片《有人偷偷爱着你》选取真人事件改编，以一段网络问答为线串联五个反转故事，反转前的文案非常直接无情地揭开了生活冷漠的一面。

（一）第一则小故事：抑郁症患者欲要割脉的发问

如图3-2所示，一名抑郁症患者坐在家里的飘窗上，静静的夜里在网上搜索"手上动脉的位置在哪里，越具体越好"，显得非常的寂寞与可怕的冷静。每个人都自顾不暇，没有人会在意你的感受，每个人都小心翼翼地活着，没有人在乎你的境遇，行色匆匆的人群里，你并不特别，也不会有人优待你的苦楚，你不过

第三章 999 感冒灵：世界不会那么糟

广告片选取真人事件改编
以一段文字问答为线
串联几个反转故事

反转前的故事
无情地揭开了生活冷漠的一面
好像一切的故事都告诉着我们
这个世界不会好了……

但当我们
按下暂停 换个角度
影片画风一转
世界全然不同
总有人在偷偷爱着你

图 3-1　999 感冒灵广告内容

是别人眼里的笑话，人心冷漠的世界里每个人都无处可逃。即使已经听惯了毒鸡汤，还是被这些话呕出一口血，大概是因为事实如此无法反驳吧，可是这个世界不会好了吗？

图 3-2　999 感冒灵广告——抑郁症患者镜头

资料来源：http://www.iqiyi.com/w_19rv161knp.html。

（二）第二则小故事：买杂志却被粗暴拒绝赶走的姑娘

如图 3-3 所示，一个年轻的女孩到一个报刊亭想要买一本《时尚芭莎》的杂志，跟她一起过来的有一个贼眉鼠眼的男性并且在假装看杂志。老板瞥了一眼那个男的，然后一边拿杂志一边轰女孩儿赶紧走"这一本是我给我女儿留的，快走吧，别烦我"。老板以一种不耐烦的语气，而女孩儿感觉很尴尬难过，有些失望。此时，插入了背景旁白："每个人都自顾不暇，没有人会照顾你的感受。总结了社会现状，大家都是独立的个体，没有人有时间顾及你的感受，别对世界对别人抱有什么太过美好的期待和希望。"

（三）第三则小故事：疲于奔波却又被交警拦下的白领

如图 3-4 所示，一个送货的司机被客户催，司机一边回答"您放心，我马上到马上到"，一边开着车，却被前方的交警拦了下来，司机以为是因为自己没系安全带，赶忙放下手机系上安全带，慌张地停下车等待接受交警的训斥与惩罚。当停下车后，交警过来，旁边的手机响了，显示"吴总"来电，而此时司

图3-3　999感冒灵广告——女职员买报纸镜头

资料来源：http://www.iqiyi.com/w_19rv161knp.html。

机已经无心接电话，只等着交警的处罚。旁白应声响起："每个人都在小心翼翼地活着，没有人在乎你的境遇。"意思就是，每个人都在活着，忙着自己的事，做好自己的事情，没有人会在乎你现在什么情况而理解你、同情你。

图3-4　999感冒灵广告——白领开车接电话镜头

资料来源：http://www.iqiyi.com/w_19rv161knp.html。

（四）第四则小故事：配送即将超时却被白眼赶下电梯的外卖小哥

如图3-5所示，一个外卖小哥骑着电动车送外卖，飞快地到达一座写字楼前停下，然后抄起外卖就飞快地往大楼里冲，迅速地跑进电梯里大舒一口气，然而旁边的人都捂着鼻子一脸嫌弃地看着他，冷漠而不近人情。同时，电梯警报器不合时宜地响了起来，表示超载了，外卖小哥看了看周围的人，都没有要下去的意思，并且一脸事不关己高高挂起的态度假装什么都不知道。无奈之下，外卖小哥只能选择走出电梯，转过头来看着逐渐关闭的电梯门，绝望而无助却没有任何的办法。此时旁白说道："行色匆匆的人群里，你并不特别也不会有优待，表示了大家都很忙碌，你忙碌赶时间并没有什么特别的。因为大家都是如此，所以你也不会受到什么优待，因为你不特别。"

（五）第五则小故事：深夜被陌生男子拍照的失意醉酒美女

如图3-6所示，下着大雪，一个穿着时尚的年轻女孩在大街上醉酒，然而后面的车只是晃着大车灯熟视无睹地超过她后很快地开走了。一个陌生的男子玩着手机看到了醉酒的女孩儿，却只是打开手机的相机，把女孩醉酒的行为照了下

图 3-5　999 感冒灵广告——外卖小伙儿挤电梯镜头

资料来源：http://www.iqiyi.com/w_19rv161knp.html。

来。女孩儿发现了说"你看什么看"，然后把手里的酒瓶子扔向男子，旁白道："你的苦楚，不过是别人眼里的笑话。再次体现了这个世界的冷漠，人与人之间感情的淡薄。你的伤心难过、悲痛只会被别人当作谈资，当作笑话而已，没有人会关心你。"

图 3-6　999 感冒灵广告——失意美女醉酒镜头

资料来源：http://www.iqiyi.com/w_19rv161knp.html。

（六）第六则小故事：剐蹭豪车后被骂的收破烂大爷

如图 3-7 所示，一个骑着三轮车的老人转弯时不小心剐蹭了一辆奔驰车，瘦骨嶙峋的老人或许只是个捡拾垃圾废品的，这时奔驰车的主人，一个强壮戴着黑色墨镜的男人从车里下来，一边检查车上剐蹭的痕迹，一边骂"你眼瞎了"，老人站在一旁无所适从。而旁边围观的人群却似乎只是在看笑话而已。老人赶忙道歉赔不是："老板，对不起，多少钱我赔。"声音颤抖而害怕。而奔驰车的主人吼了一句："一个破拉车的，你拿什么赔啊。"转身飞快凶狠地走到后备厢，拿出一个大铁棍好像要打老人的样子。而周围人除了感慨以外却没有阻拦，旁白："人心冷漠的世界里，每个人都无处可逃，展现了人心与人心不可跨越的鸿沟，这世界的冷漠，暗示着悲惨可怜的老人无法逃脱强悍的奔驰车主暴打，而周围人只是围观凑热闹的悲惨命运。"

图 3-7　999 感冒灵广告——老人三轮车剐蹭奔驰车镜头

资料来源：http：//www.iqiyi.com/w_19rv161knp.html。

（七）故事结尾

如图 3-8 所示，几则并没有结束的小故事之后，屏幕上弹出一句话：这个世界不会好了吗？一方面，对于前面消极世界观，消极看待事情的角度进行了总结；另一方面，提出了一个令人深省的问题，这个世界是怎么了，真的这么无情，不会变好了吗？引出后面的反转剧情。

图 3-8　999 感冒灵广告——旁白镜头

资料来源：http：//www.iqiyi.com/w_19rv161knp.html。

首先是描述了广告开始想要自杀的女人的后续。如图 3-9 所示，网友们进行了回复，但并不是人们所想的真的回复告诉她动脉在哪里的消极态度，而是"小可爱，你的动脉被我藏起来了，你笑一下我就给你看""买瓶脉动倒过来念就好了，傻瓜，比动脉好玩的事情多着呢，你是不是不开心了，我煮碗粥给你吃吧，我煮的粥可好吃了"。女孩深受感动，眼泪充满了眼眶。

图 3-9　网友安抚抑郁症患者

资料来源：http：//www.iqiyi.com/w_19rv161knp.html。

而关于报刊亭的故事则是开始没看到的画面，是陌生男子想要打开女孩子的包偷东西。因此，报刊亭的老头想要让女孩儿赶紧离开，防止东西被偷走，而轰她走才说"快走吧，别烦我"。如图 3-10 所示，男的凶狠地瞪老人，而老人开心地一笑，并不理会男的。

第三章　999感冒灵：世界不会那么糟

图3-10　小偷瞪眼报亭老板

资料来源：http://www.iqiyi.com/w_19rv161knp.html。

如图3-11所示，紧跟着切入到醉酒女孩儿的故事，男子拍下照片却是为了发到交警那里，通知警察"这大冷天的，你们赶紧过来吧"，是怕女孩儿一个人大雪天在街上不安全、被冻着，然而并不知道女孩儿家在哪儿，因而通知警察来帮助女孩儿到一个安全的地方。

图3-11　小伙儿拍醉酒美女发给交警

资料来源：http://www.iqiyi.com/w_19rv161knp.html。

随后是交警拦下司机的故事。交警拦下他说"你这油箱盖都不关就上路了"，是为了提醒他油箱盖没关，然后拦下他帮他把油箱盖关上，如图3-12所示，说"走吧，开车注意安全"。只是好心为了提醒他注意安全，而不是拦下他为了处罚他。然后，司机开心地上路了。

图3-12　交警帮白领轿车合上油盖

资料来源：http://www.iqiyi.com/w_19rv161knp.html。

063

如图3-13所示，画面再次切回到开始寻死的女孩那里，女孩看着手机里的回复感动地哭了，旁边打出了回复内容"这个你不用知道，医生知道就好，我们爱你""我爱你呀小可爱，你的动脉被我藏起来了，你笑一下我就给你看""在我心里呀"这些温暖的话。

图3-13　网友感动抑郁症患者

资料来源：http://www.iqiyi.com/w_19rv161knp.html。

然后是外卖小哥的故事。如图3-14所示，电梯门打开了，一个男的说"你快进去吧我走楼梯"，主动将仅有的一个人的位置让给了他。

图3-14　电梯乘客主动让外卖小伙儿先上

资料来源：http://www.iqiyi.com/w_19rv161knp.html。

紧跟着便是老人剐蹭豪车的故事。如图3-15所示，豪车车主拿着大铁棍并非是打老人，而是拿着大铁棍打了老人的车一下，然后说了一句"扯平了"。周围的人都发出了开心的笑声，车主也慢悠悠地离开了。车主采用了一种看似凶悍的方式，解除了老人心里愧疚不安的情绪，以此方式幽默而有效地解决了问题，也并没有向老人索取什么，体现了世界的温暖。

第三章 999感冒灵：世界不会那么糟

图3-15 奔驰车老板叫停老人三轮车

资料来源：http：//www.iqiyi.com/w_19rv161knp.html。

然后，黑幕白字"这个世界没有想象中的那么好，但似乎……也没那么糟"，画面在几个故事主人公中切换，大家都是面带笑容的。如图3-16所示，最后出现广告的名字主题"这世界，总有人偷偷爱着你"表现了看待世界视角的另一面——温暖美好。以网友回复动脉在哪里"别找了，我们爱你"，体现了温暖的主题。结局大反转的广告告诉大家，虽然说这个世界有太多的不完美，有太多人对你虚情假意，但还是有一些人在世界的某一个角落默默地爱着你。他们会在你问动脉在哪里时，告诉你我们爱你。

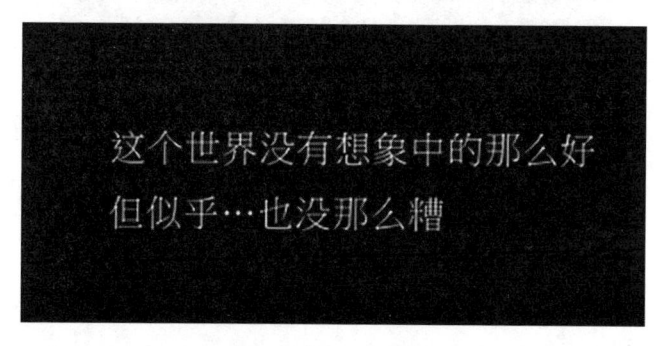

图3-16 广告片尾

资料来源：http：//www.iqiyi.com/w_19rv161knp.html。

最后，插入999感冒灵的广告。999感冒灵暖暖的很贴心，如图3-17所示，致生活中那些不平凡的小温暖。与整个广告的内容相呼应，也体现了感冒灵的功效，赋予感冒灵以人的特性。

065

图 3-17 广告角色都被感动了

资料来源：http：//www.iqiyi.com/w_19rv161knp.html。

二、广告背景

2017 年 11 月 21 日，凛冬将至，恰逢感恩节，999 感冒灵与人类实验室联合发布了一则广告。与其说是广告，不如说是看似波澜不惊的感恩节短片，毕竟全篇连 999 感冒灵的硬性植入都没能看到。除去最后大大的 LOGO 以外，仅凭借着视频，没有产品出现，甚至连招牌代言人周华健也没有提到，几乎不可能联想到这是一则 999 感冒灵的广告。视频全篇六个故事，六组人间形态，然而全部看完以后大家却都对 999 感冒灵印象深刻。999 感冒灵借助互联网的东风，蹭了一波感恩节热点，重新给自己的定位进行勇敢的尝试，凭借一个网络视频重回大众视野。

(一)营销史寻找情感共鸣一改再改，999感冒灵冲破固有形象建立品牌情感寄托

曾经号称是中西结合的999感冒灵冲剂，作为行业中的知名品牌，在初入营销时，其广告传播在若干年中屡次更迭，主题也数度换新。从其表面来看，似乎在印证999感冒灵活力十足，殊不知这恰是999感冒灵品牌传播紊乱和失策的体现。没有固定的深入人心的符号，999感冒灵在初入江湖时便铩羽而归。

如图3-18所示，十年前，999感冒灵请出了好男人周华健，并给自己的品牌赋予了"朋友"的内涵，似乎颇有深意，也让市场看到了新意。这几年来的事实证明，999感冒灵的确学到了一些皮毛，将周华健打造成了999感冒灵的捆绑形象。提到周华健，就想到感冒灵，一想到999感冒灵就想到周华健的代言。周华健本人也一举成为了999感冒灵的御用品牌符号。但是很多人可能已经记不清楚了，在同一年，999感冒灵也曾试图将朋友这个主题嵌入自身的品牌形象里。配合着周华健的一首《朋友》，999感冒灵的Slogan从"希望朋友在身边"，到"999感冒灵就是朋友"。接连的尝试，效果并不好，原因在于这种逻辑关系不仅牵强，而且对于在"朋友"概念与感冒之间很难建立相应的品牌消费联想，因为朋友也一定不是情感中的最核心因素。走入社会，当感冒生病时，家人和伴侣才组成了最核心的情绪共鸣。而且这一时期的999感冒灵"朋友"概念的切入，牵强得有点为了说而说的意味，仿佛就是硬往周华健的《朋友》这首歌上套，让人颇感生硬。999感冒灵"朋友"概念，除了能让人想起周华健，想起一首老歌以外，对于999感冒灵没有任何有益有效的情绪联想，可以说"朋友动人不动心"。反而是这份牵强的嫁接，淹没了999感冒灵应有的感情色彩与消费联想。

999感冒灵开始寻找自己的出路。直接放弃现有的"周华健+《朋友》"组合显然是自断双臂的做法，可抓住不放又如同鸡肋，食而无味。999感冒灵做出了一个现在看来极为正确的选择——放弃《朋友》。周华健还是那个暖男周华健，而背景音乐却悄悄变得温情。而广告的主题也从朋友同行变成了家人相伴。"暖暖的很贴心+暖男周华健"的组合变成了999感冒灵广告形态的第二波。这一次的尝试可以说是十分成功。现在提起999感冒灵，相信大部分人的脑海中都会蹦出这个组合，形象可以说深入人心，可999感冒灵需要有更多的突破。"00后"的一代即将来临，对于周华健，"95后"的共鸣都十分有限，更遑论"00后"的时代。如果不想被时代淘汰，999感冒灵需要甩掉周华健名人效应的这个拐棍，把品牌Slogan——"暖"字发扬光大。

图3-18 周华健999感冒灵广告

(二) 感恩节节日营销迫在眉睫，不惹反感暖心视频获好评

在物质需求已经基本满足的时代，在这个产能过剩到已成了问题的时代，对于情感的需求则成为每一个人的刚需，马斯洛需求层次理论说明了这一点。而广告传播理论告诉我们：可以借助物质来满足消费者的情感需求，只要传达的方式和内容能够契合这种情感需求。节日关乎情感，是做情感营销得天独厚的条件。一旦找好与消费者可以产生共鸣的"情感"点，你就能够与他们产生更深度的联系。而如何找到产品、品牌与节日情感的联系，就是考验营销人的重点所在了。

除了情感需求以外，节日一般与礼物相关。知道中国最大的造节运动——"双11"是靠什么做起来的吗？打折。那么节日营销最有效的一种方法是什么？送礼包。例如，妇女节就可以针对女性用户发送优惠券，或针对女性用品打折优惠。999感冒灵显然不能完全依赖于打折的路线，如何做好情感共鸣才是最重要的。节日营销是许多商家都会做的事情。在这羞于向亲密伙伴说"谢谢"的年代，品牌到底该如何借势，感恩节才能成功跳出干瘪情怀圈，将创意、品牌、有趣与感动融为一体？

(三) 互联网兴起，线上营销大热潮

互联网营销也称为网络营销，就是以国际互联网络为基础，利用数字化的信息和网络媒体的交互性来实现营销目标的一种新型的市场营销方式。如何定义网络营销其实并不是最重要的，关键是要理解网络营销的真正意义和目的，也就是充分认识互联网这种新的营销环境，利用各种互联网工具为企业营销活动提供有效的支持。这段话里面的关键是"充分认识互联网这种新的营销环境"，很多互联网营销看到的都是"工具"，而没有看到环境，没有看到互联网的本质。

那么，互联网的新营销环境是什么？互联网的本质是什么？马化腾说过，互联网的本质就是"连接"。互联网、移动互联网、物联网在做的都是使人们连接效率不断提升。那么互联网连接的是什么？是人。而产品只是企业和用户之间的连接载体。很多企业被"产品"所绑架，觉得营销就是建立"产品"和用户之间的"连接"。错了！营销是为了建立"你"和用户之间的"连接"。最早时，企业和用户根本不需要连接。因为那时生产为王，只要有货就能被卖掉，企业甚至直接在产品上打"零售指导价"。后来，企业和用户之间还是没有连接。因为用户直接被"渠道"绑架，企业不知道自己的用户是谁，不知道产品怎么被销售出去的。现在，企业和用户直接建立连接。在还没有任何产品的情况下，企业通过互联网和用户连接。在了解用户需求之后，企业可以直接给用户定制产品。然后，企业通过营销不断维持和用户的连接，以便用户需求改变时，产品做快速迭代。

所以说，互联网营销的关键不是基于销售产品本身的，而是基于和用户"连接"的。这也就是为什么现在社群这么火的原因。尽管企业还不知道产品是什

么，但是企业很容易把触及的用户群放在一起。通过和他们的讨论来建立自己的产品。产品可以变，但不变的是用户。产品、社区、粉丝的品牌是谁？——小米。一开始小米就是给用户提供 MIUI 的，后来到手机，再后来到电视机，现在到电饭煲……产品不断在变，而不变的是用户，以及与自己用户之间的连接方式。在"感恩节+互联网"营销的大背景下，结合 999 感冒灵自身的品牌情感的摸索。999 感冒灵在感恩节前推出了这款视频广告，恰逢该时间点上社交媒体和网络正处在负能量爆棚的时间，微博上到处都在痛恨社会的冷漠，大背景的冷酷反而可以衬托出广告的温暖。在这样的背景下，999 感冒灵的广告宣传视频《有人偷偷爱着你》就横空问世了。

三、广告效果

这个广告推出时间是在感恩节前后。而且故事以普通人的经历展开，很容易产生代入感，每一个人都像是身边随处可见的人，每一件事都是身边可能会发生的事。高互动、走心评论、点赞数高、自转率活跃，每一个都是这支视频的自带标签，一个好的广告除了良好的内容基础以外，更多的是看其能否直入人心，引起人性心底的情怀与思考。例如，999 感冒灵这支视频广告就勾出了人们记忆深处对收到陌生人温暖的回忆。而这样的正能量正是大众所愿意分享的，不经意间的分享又恰好与视频主题不谋而合，验证了视频的中心论点。999 感冒灵在众多感冒药品中的广告投入独领风骚，并由此形成了名牌产品在市场营销中的优势。尤其是合资企业以全新的品牌形象、大规模的广告投入、有力的促销手段等迅速抢占了该类药品市场的制高点，反映了现代的营销观念已由产品营销转向品牌营销。广告宣传所产生的品牌效应，不仅对医生和患者在感冒药品选择动机上产生了直接影响，形成了用药向知名品牌集中的趋势，而且对医生的用药频率和患者的用药选择也有很大影响。调查结果显示，医生们在用药上有倾向于知名品牌的趋势，选择意向趋于同化的态势也相当明显，应该说这与生产企业开展的名牌战略有着十分密切的关系。

营销大师菲利普·科特勒曾说："品牌即一个名称、称谓、符号、象征、设计或是它们的任意组合，是用来标识一个销售者或一组销售者的产品或服务，使之与竞争者区别开来。"但随着现代化企业与产品逐渐呈现为同质化竞争的趋势，已经开始进入了一个全新的广泛品牌概念的时代。这时期的品牌已经不再仅仅指企业及所提供的商品或服务的标识，还囊括了该商品的价值、文化等成分，使品牌成为了企业继物力、人力、财力之后的第四产业资本，以及商品继质量、功能、价格之后市场竞争的制胜法宝。999 感冒药品牌正是医药市场在经历了几十年的风雨考验才树立了良好的品牌形象：中西药结合、安全健康、适合不同人群……这些都是人们对999感冒药的基本印象。但如何继续保持该品牌在国人心目中的良好印象，或进一步提升该品牌在人们心目中的形象，成为999感冒药需要一直不断进行思考的问题。

(一) 不断升华品牌内涵

在OTC药品市场千篇一律的药品功能的宣传中，999感冒药率先打出了以品牌契合度为主题的营销模式，开始与消费者建立情感沟通。以家人、朋友、情人之间的关爱为核心理念，通过情感诉求的方式塑造品牌形象，从而体现999感冒药品牌关爱的理念，将感情牌打得恰到好处。不难看出，999感冒药其实更希望通过电视节目来向消费者传递品牌的情感内涵。观众通过收看节目获得欢乐和满足的同时，也收获了999品牌希冀给予消费者感受：健康、欢乐、可亲、值得信赖。这或许就是999感冒药希望通过广告最期望获得的价值。由此可见，选择合适的名人与品牌相关联不是单单为一个广告服务的。在品牌营销推广的理念中，名人应该充当着更为丰富的角色，甚至关乎整个品牌形象的树立、传播与提升，名人效应应该提升到一个品牌营销推广的战略层次，在充分地评定其适合度的情况下，还要考虑品牌持续生命力的问题。

(二) 消费者心理分析

马斯洛把人的需求分为：生理需求、安全需求、社交需求、尊重需求和自我实现需求五类，同时也认为尽管人存在多种需求，但在同一时间、同一地点条件下，总有一种需求占优势地位并决定着人的行为。

1. 影响消费者心理

因此，能否满足这种优势需要，直接影响到消费者对该商品的态度和购买行为。

(1) 情感诉求在感冒药广告中的应用。999感冒灵广告中采用前后强烈的对比极具戏剧效果。同时，心理层面一冷一热的反转，很容易让人瞬间受到感动，以达到与消费者的亲近感与心灵上的触动。

(2) 理性诉求在感冒药广告中的应用。由于每个人都追求安全健康的心理，对事关个人健康的信息是特别关注的。人的安全需要属于人类的基本需求。让人感觉到安全、被关爱照顾是广告创意的主流。以绿色、安全作为广告诉求点，能够赢得广大消费者的信赖。正是根据以上消费者心理分析，999感冒灵的广告幕后团队制作了这个围绕着真实的广告宣传片。999感冒灵希望做一支有自传播力的短片，那么从故事入手就是一个很好的切入点。故事的灵感主要是来自于微博、论坛和知乎让大家分享的暖心故事。有些故事用文字来表达的力量会比拍出来更大，这种就不适合影像化。片子里出现的六个故事，人物关系不复杂，流程短，就很适合拍摄。

2. 故事平衡

原故事和改编之间的平衡，主要有两点：

（1）补充人物设定。丰富故事里的人物，期望观众看了会觉得：对！这就是我身边的人。

（2）增加戏剧冲突。广告把每个故事的时间都压缩在几十秒内。总结起来就是：丧的部分更丧一点，暖的部分更暖一点。

（三）广告中的"真"

虽然由真实故事改编的广告会越来越多，但是不会成为一个趋势。广告主对每条广告的需求不同，有些落在卖货上，有些落在品牌形象上。不同的需求是有相应的广告表达方式的，都一窝蜂地扎进真实故事的可能性不大。而真实故事改编的注意点，这个词本身就是答案。最终呈现出来的东西只有"真"，才能打动观众。虽然有时故事是真的，但拍出来让观众觉得很矫情，离生活很远，那就很难有走心的效果了。然而，999感冒灵广告的这种"真"也存在一些致命的缺陷，品牌在做广告片时，脱离了产品本身去讲故事。999感冒灵的《有人偷偷爱着你》就是脱离了产品本身去走煽情的故事路线，片末才展开植入产品广告。到最后观众被广告片情节感动了一把，却对产品印象模糊。如果品牌能在广告片中进行产品植入，就能在有传播量的情况下又有转化率，从而一举两得。

四、传播效果

999感冒灵广告引起了广泛的传播。

（一）广告受众的接受转变

1. 接受环境复杂化

随着社会生活节奏的加快、流动人口的增加及人们的生活方式和生活形态的愈发多样化，为受众接受广告提供了更为复杂的环境，但新媒体的发展创造了一种交互性的环境优势。不仅扩大了电视节目的播映平台，而且也增强了电视节目的感染力和影响力。受众参与感凸显，使群体收视的效果增强，电视节目变得更容易引发话题，聚集收视群体，也带动着其中广告的传播效力。

2. 接受手段多样化

在互联网时代，新媒体技术的发展创造了多渠道的品牌传播环境。通过互联网这个新载体，把原来单纯的电视机播放的节目，搬到了各种笔记本电脑、台式电脑、智能手机等上面，受众接受电视节目的手段多样化，同时意味着受众接受电视节目中附带商品品牌推广的手段多样化。这样在无形中增加了人们观看电视节目的次数，广告随之被保存、被重复播放和收看，增加了广告传播的频率，也扩大了广告传播效果。

3. 接受态度主动化

随着各种电视节目的丰富性、生动性的提高，生活在大量信息环境中的人们，注意力开始集中，信息搜索的灵敏性和接收程度都增强了，电视受众由"土豆式"变成"猎狗式"。电视受众这种接受态度的主动化转变，为附着在电视节目之上的商品品牌推广提供了便利。经过人们自主选择收看的节目，不仅节目的播出效果增强，其广告注意力也会随之提高，这样品牌推广的效果就必然加强。

（二）UGC效应

用户原创内容（User Generated Content，UGC），是随着以提倡个性化为主要特点的Web2.0概念而兴起的。如图3-19所示，UGC并不是某一种具体的业务，而是一种用户使用互联网的新方式，即由原来的以下载为主变成下载和上传并重。随着互联网运用的发展，网络用户的交互作用得以体现，用户既是网络内容的浏览者，也是网络内容的创造者。

图3-19　微博网友评论广告

UGC指用户生产内容。简而言之，这种模式就是调动网民的积极性去参与视频创作的热情，一般是企业通过活动，征集与企业相关的视频作品。在UGC模式下，网友不再只是观众，而是成为互联网内容的生产者和供应者，体验式互联网服务得以更深入地进行（如图3-20所示）。

随着互联网普及程度的提高，上网人数的迅速增长，网络已经成为人们获得信息的一种常见手段。作为一种信息传播载体，网络越来越受到广告主的重视，很多广告主开始逐渐把网络纳入自己的广告战略和媒介组合范畴，网络逐步成为一种重要的广告媒介。如表3-1所示，随着视频网站的发展，视频播放前的广告时间使得人们能更好地接触产品信息。作为一种重要的新兴广告媒体，网络广告优势之一是能够有效地吸引目标受众的注意。一般来讲，只要点击进入企业

图3-20　网友留言

主页进行浏览的受众都是对广告产品有兴趣的潜在消费者。网络广告另一个最大的优势是能够和消费者互动，直接获得消费者的反应，和消费者建立一对一的关系，这对于产品的开发、服务的升级及下一次的广告活动都具有非常重要的现实意义。

表 3-1　2017 年我国品牌力指数感冒药品牌排名细分指标

2017排名	排名变化	品牌	品牌发源地	C-BP得分	品牌认知 第一提及（%）	品牌认知 未提示（%）	品牌认知 有显示（%）	品牌关系 品牌联想（%）	品牌关系 品牌忠诚（%）	品牌关系 品牌偏好（%）
第1名	—	999感冒灵	广东	531.2	34.0	78.7	86.9	61.0	51.2	31.5
第2名	—	白加黑	江苏	488.4	25.7	73.6	84.0	60.9	52.9	21.8
第3名	—	新康泰克	美国	442.1	16.6	69.6	81.2	60.1	50.3	16.0
第4名	—	感康	吉林	379.5	6.9	57.9	78.3	58.4	50.4	7.1
第5名	—	泰诺	上海	354.1	4.2	43.9	66.4	61.8	55.5	5.1
第6名	—	快克	海南	319.5	2.3	37.2	61.7	57.6	52.5	3.0
第7名	—	感叹号	吉林	283.8	1.4	26.3	52.1	59.9	48.2	1.7
第8名	—	百服宁	美国	283.2	1.2	21.6	44.0	63.4	53.3	1.5
第9名	new	感冒通	北京	255.7	1.2	17.9	41.2	57.6	48.0	1.4
第10名	—	仁和可立克	江西	254.7	0.6	12.5	34.9	53.8	51.1	1.2
第11名	—	康必得	北京	254.3	0.6	15.2	39.9	61.0	48.8	0.8
第12名	—	三精牌柴连口服液	黑龙江	249.4	1.2	17.7	41.1	59.9	43.1	1.8
第13名	—	白云山板蓝根	广东	224.7	0.5	7.4	23.0	60.8	48.5	0.9
第14名	—	川贝止咳糖浆	广西	209.0	0.4	10.2	31.0	54.0	39.9	0.6

如图 3-21 所示，中国品牌力指数研究院数据显示，2017 年我国感冒药品牌力指数得分排名第一的是 999 感冒灵，C-BPI 得分达到 531.2。

如表 3-1 所示，据数据分析，34% 的消费者首先提到 999 感冒灵，品牌联想度达到 61%；C-BPI 得分排名第一的 999 感冒灵比最后一名的川贝止咳糖浆超出 154.16%。

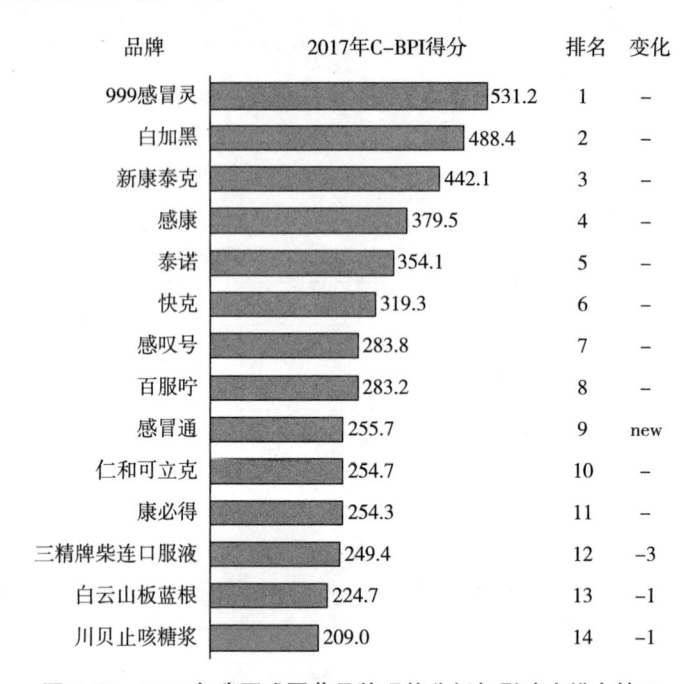

品牌	2017年C-BPI得分	排名	变化
999感冒灵	531.2	1	—
白加黑	488.4	2	—
新康泰克	442.1	3	—
感康	379.5	4	—
泰诺	354.1	5	—
快克	319.3	6	—
感叹号	283.8	7	—
百服咛	283.2	8	—
感冒通	255.7	9	new
仁和可立克	254.7	10	—
康必得	254.3	11	—
三精牌柴连口服液	249.4	12	−3
白云山板蓝根	224.7	13	−1
川贝止咳糖浆	209.0	14	−1

图 3-21　2017 年我国感冒药品牌现状分析与影响力排名情况

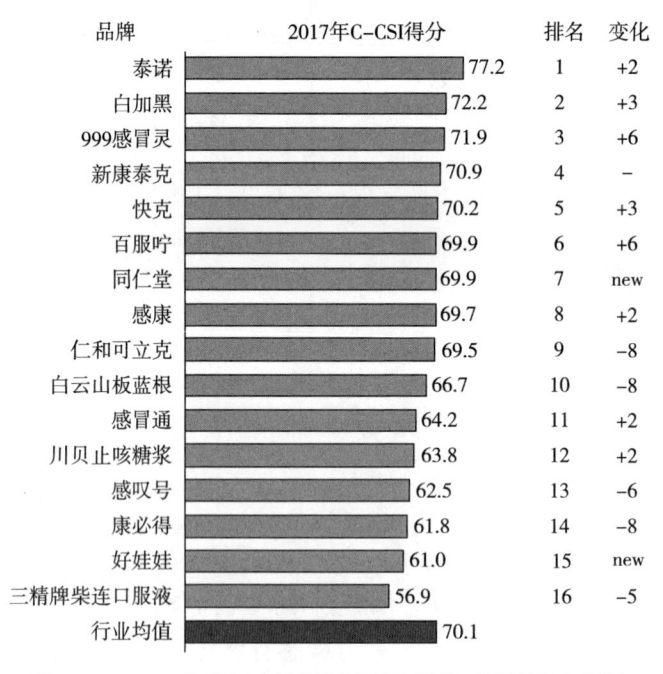

品牌	2017年C-CSI得分	排名	变化
泰诺	77.2	1	+2
白加黑	72.2	2	+3
999感冒灵	71.9	3	+6
新康泰克	70.9	4	—
快克	70.2	5	+3
百服咛	69.9	6	+6
同仁堂	69.9	7	new
感康	69.7	8	+2
仁和可立克	69.5	9	−8
白云山板蓝根	66.7	10	−8
感冒通	64.2	11	+2
川贝止咳糖浆	63.8	12	+2
感叹号	62.5	13	−6
康必得	61.8	14	−8
好娃娃	61.0	15	new
三精牌柴连口服液	56.9	16	−5
行业均值	70.1		

图 3-22　2017 年我国感冒药品牌顾客满意度指数排名情况

如图 3-22 所示，根据 Chnbrand 数据，2017 年我国感冒药 C-CSI 得分排名第一的是泰诺，达到 77.2，同比上年提升 2 个名次；客户忠诚度达到 82.1，与 C-CSI 最后一名三精牌柴连口服液相比超出 35.67%；感冒药 C-CSI 均值达到 70.1。

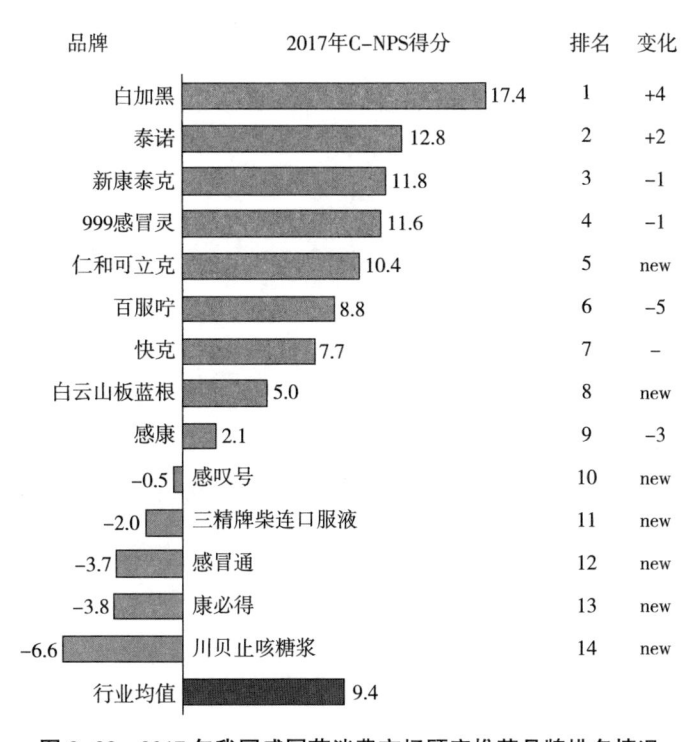

品牌	2017年C-NPS得分	排名	变化
白加黑	17.4	1	+4
泰诺	12.8	2	+2
新康泰克	11.8	3	−1
999感冒灵	11.6	4	−1
仁和可立克	10.4	5	new
百服咛	8.8	6	−5
快克	7.7	7	−
白云山板蓝根	5.0	8	new
感康	2.1	9	−3
感叹号	−0.5	10	new
三精牌柴连口服液	−2.0	11	new
感冒通	−3.7	12	new
康必得	−3.8	13	new
川贝止咳糖浆	−6.6	14	new
行业均值	9.4		

图 3-23　2017 年我国感冒药消费市场顾客推荐品牌排名情况

思考题

1. 根据上述案例，分析 999 感冒灵品牌价值是如何植入到暖心广告内的。
2. 试说明 999 感冒灵广告营销是如何与现代新媒体相结合的。
3. 你认为 999 感冒灵从传统电视广告走入新媒体广告会遇到的最大障碍在哪里？为什么？

参考文献

[1] 王少春. 人性的沟通，决定广告的边界——专访 999 感冒灵产品经理赵成昆 [J]. 中国广告，2018（6）.

[2] 孟丽君.999感冒灵：广告远了，感动近了[J].现代广告，2011（6）：58-59.

[3] 原京.大剧营销助力999感冒灵抢占市场先机[J].声屏世界·广告人，2010（12）：35.

[4] 马文倩.999感冒药品牌成功推广案例分析[J].金田，2014（6）.

[5] 李卓伦.浅谈999感冒灵颗粒在《何以笙箫默》中广告植入的优劣[J].新闻传播，2017（9）：34-35.

[6] 金志立.三九："亲子泡泡跑"掀亲子健康狂潮[J].声屏世界·广告人，2017（9）：84-85.

[7] 任文鹤.第一个吃螃蟹的三九胃泰广告[J].市场观察，2008（12）：32.

第四章
支付宝：钱包"无束缚"

随着商品经济的发展，市场经济由"卖方市场"向"买方市场"转化。市场竞争日趋激烈，争夺消费者和增加市场占有份额成为企业成败的关键。随着科学技术的进步、广告手段日益科学化、现代化，运用广告来开拓市场、争取消费者成为企业开发市场、扩大商品销售的重要手段。由于广告活动的范围日益扩大，广告活动的形式越来越丰富多彩，广告业务不断增加，专业广告组织也开始出现。对广告理论和广告策略的研究，也日益为人们所重视。支付宝公司从2004年建立开始，始终以"信任"作为产品和服务的核心。旗下有"支付宝"与"支付宝钱包"两个独立品牌。自2014年第二季度开始，支付宝成为当前全球最大的移动支付厂商。截至2014年底，支付宝实名用户超过3亿，支付宝钱包活跃用户超过2.7亿，单日手机支付量超过4500万笔，超过2013年"双十一"创造的单日手机支付4518万笔的全球峰值纪录。2014年"双十一"全天，支付宝手机支付交易笔数达到1.97亿笔。支付宝稳健的作风、先进的技术、敏锐的市场预见能力及极大的社会责任感，赢得了银行等合作伙伴的广泛认同。

一、企业简介

（一）支付宝现状分析

如图4-1所示，支付宝（中国）网络技术有限公司是国内领先的第三方支付平台，致力于提供"简单、安全、快速"的支付解决方案。

图4-1 支付宝LOGO标识

目前，支付宝已经跟国内外180多家银行以及VISA、Master Card国际组织等机构建立了深入的战略合作关系，成为金融机构在电子支付领域最为信任的合作伙伴。主要功能：①支持余额宝，理财收益随时查看；②支持各种场景关系，群聊群付更方便；③提供本地生活服务，买单打折尽享优惠；④为子女父母建立亲情账户；⑤随时随地查询淘宝账单、账户余额、物流信息；⑥免费异地跨行转账，信用卡还款、充值、缴水电煤气费；⑦还信用卡、付款、缴费、充话费、卡券信息智能提醒；⑧行走捐，支持接入 iPhone 健康数据，可与好友一起健康行走及互动，还可以参与公益。

（二）支付宝"无现金周"活动简介

如图 4-2 所示，支付宝的《无束缚》广告与其"无现金周"活动同时推出，广告本身一定程度上是为了该活动的宣传推广，与产品活动形成了整合营销效应。支付宝"无现金周"从每年 8 月 1 日开始，持续到 8 日。根据此项活动，8 月 1~8 日，支付宝打出的口号是"付款有奖励，天天抽黄金"。在活动期间，用户每天到店消费使用支付宝付款满 2 元以上，当日第二、第三、第四笔付款都有资格参与抽黄金活动。1~8 日，每天 88 万人随机分黄金 18888 克。其次，还有奖励金，同样到店付款满 2 元，即可获得奖励金：抢幸运金额 1.88 元、8.8 元、88 元到 4888 元奖励金。这也是支付宝第一次发起"无现金周"活动。

图 4-2　支付宝广告片头

实际上，"无现金"并不是支付宝首创。在 2015 年，微信支付首次发起"无现金日"，定于每年 8 月 8 日，这是全球首个移动支付节日。此后，马云声称"中国将在 5 年内进入无现金社会"，使得"无现金"活动得到更大推广。2015 年 4 月，无现金联盟在杭州成立，联合国环境署、蚂蚁金服作为理事。无现金联盟首批有 15 家联盟成员，主要目标在于一起倡导低碳运营、提升商业效能，加速从现金到无现金支付的转化。无现金周的初衷很简单，现在很多消费者希望带一部手机就能出门，但很多地方还不支持移动支付。支付宝希望打造一场移动支付的体验活动，让越来越多的普通人感受到移动支付的便捷，让越来越多的商家伙伴共享消费升级时代的红利，让越来越多的城市离移动智能更近一步。

二、媒体介绍

（一）《中国有嘻哈》节目分析

如图 4-3 所示，《中国有嘻哈》（以下简称《嘻哈》）是由爱奇艺自制的音乐选秀节目，由爱奇艺高级副总裁陈伟挂帅总制片人，爱奇艺上海制作中心总经理、《蒙面歌王》总导演车澈联手制作。2017 年 5 月 2 日，在北京举行发布会，吴亦凡、张震岳＆热狗、潘玮柏，以明星制作人身份集体亮相，并确定加盟《嘻哈》。这是爱奇艺推出的中国地区首档 Hip-Hop 音乐选秀，节目于 2017 年 6 月 24 日开始在爱奇艺独家播

图 4-3　中国有嘻哈综艺节目

出。2017 年 9 月 9 日，《嘻哈》正式收官，GAI 与 PG One 并列双冠军，艾福杰尼拿下季军，Jony J 则为第四名。2017 年 12 月，获"2017 中国综艺峰会匠心盛典"年度匠心剪辑、年度匠心视效、年度匠心品牌营销、年度匠心编剧、年度匠心导演、盛典作品等奖项。

（二）投入 2 亿汇集"综艺梦之队"

2017 年爱奇艺《嘻哈》以超 2 亿的投资规模刷新了中国网络综艺史的规格标准。节目由中国金牌制作人陈伟、《蒙面歌王》系列总导演车澈、《跑男》三季总编剧岑俊义、《跨界歌王》总导演宫鹏等金牌制作团队组成的"综艺梦之队"保驾护航，打通爱奇艺全站资源鼎力加持，由当下年轻人最喜欢的三组中国 Hip-Hop 音乐人担纲明星制作人。谈及推出这档节目的原因，爱奇艺创始人兼 CEO 龚宇博士直言就是要"创新"。所谓的创新不是试水，而是大手笔的投入。至于具体如何"创新"，爱奇艺首席内容官王晓晖给出答案："作为首档大型 Hip-Hop 音乐选秀节目，《嘻哈》以投资金额超过两亿的规模，成为爱奇艺 2017 年唯一一档'S+'级重点自制综艺节目，更是爱奇艺有史以来投资最大的网综头部节目。传达最有年轻人态度和价值主张的《嘻哈》将成为最具差异化、最具创新力的一档超级网综节目。"并在现场透露 12 期节目将会有 12 场不同的舞美，绝对不会用相同的舞美。总制片人陈伟放言，"《嘻哈》在制作理念和交互技术上，是领先于这个时代其他同类节目的，这是一种'升维打击'，必将秒杀 2017 年夏天所有的网综节目"。

（三）超级明星加盟节目组"执教"风格不一

吴亦凡、潘玮柏、张震岳 & 热狗（MC Hotdog）以明星制作人身份集体亮相，当场表示要为嘻哈正名。现场，吴亦凡表达了对于嘻哈文化的见解，"嘻哈音乐在国内是小众的文化，同时嘻哈音乐经常会被误解，认为有负面情绪，只是单一的说唱而已。其实嘻哈拥有丰富的文化，这里有很多非常美妙的音乐，同样Beat-box 也可以是嘻哈"。吴亦凡希望通过《嘻哈》能够找到更多优秀的嘻哈音乐人，通过大家的努力，一起让中国的嘻哈音乐在世界上大放异彩，让更多的朋友了解到嘻哈这种文化。发布会上，吴亦凡、潘玮柏、张震岳 & 热狗（MC Hotdog）以"明星制作人"身份亮相，各自分享了他们对嘻哈的热爱与坚持，并无形之中展现出了各自的"执教"风格。带着黑超（明星很喜欢的黑色很大很酷的墨镜）登场的潘玮柏大打亲民牌，鼓励参赛的选手真实做自己，"音乐有各种各样的风格，除了说唱之外还有其他一些诠释歌曲的方式，我也希望大家突破刻板印象，有各式各样的呈现"。而携手"执教"的张震岳 & 热狗一上台就放狠话，"对选手们来说，遇到我们，你们要倒大霉了，你们的皮最好绷紧一点，表现不好的，我见一个骂一个"。爱奇艺还将与新浪微博等多个合作伙伴进行联动，挖掘 IP 生态的潜力，发挥 IP 的最大规模效应。看过《嘻哈》的人都知道，从海选时的争议、被 Rapper 写歌 Diss，到全民打 Call、选手爆红、口碑狂奔，《嘻哈》经历了如同过山车般的起伏，从 Freestyle 到一场《嘻哈》的万众狂欢。关于《嘻哈》在这几个月中的起伏这里不用再过多赘述，所幸在这个过程中有惊无险，反而倒逼并创造出了很多新鲜的、反套路的玩法。

(四)"IP 生态"模式

作为一个综合视频平台，除了如何"玩好"广告，通过"一鱼多吃"的商业化模式，爱奇艺将广告、付费内容、直播、IP 衍生等多个领域相互融合，从而实现内容产品商业价值的最大化，是他们正在努力发展的模式。就《嘻哈》而言，现阶段网综的变现能力依然主要依赖广告，而广告的预见性和先导性也让第一季《嘻哈》的广告商更容易成为直接赢家。但对于拥有"大苹果树"商业模型的爱奇艺来说，《嘻哈》的野心不止于传统广告销售。除了赚取过亿广告费，爱奇艺更通过推出多个 VIP 用户专享内容、奇秀直播互动、《嘻哈》授权合作的衍生品类（覆盖服饰、配饰、3C 数码、食品、酒水）等全 IP 产业链的开发。《北京商报》就曾指出，《嘻哈》是爱奇艺近两年"IP 生态"模式的集中爆发。可以说，《嘻哈》已经开拓出全新的且极具代表性的商业模式。另外，对于网络内容而言，高热度是一切商业运作的前提。爱奇艺在整个运营策略中，更实现全平台为《嘻哈》打 Call 的资源投注。2017 年，爱奇艺高级副总裁耿聃皓曾透露，在《嘻哈》的整个运营过程中，包括从节目在站内外的宣传、推广、策划，到总编室、综艺频道、娱乐中心等实现多部门联动，共同助力节目热度的持续发酵和释放。

三、广告内容

如图 4-4 所示，支付宝的该则广告邀请了 2017 年正在热播的选秀节目《嘻哈》两位参赛选手——欧阳靖和 TT，并运用了说唱歌曲的形式作为广告主体。支付宝正是充分利用了《嘻哈》的高热度的话题效应，帮助自己的广告迅速走红。

图 4-4 支付宝广告镜头之一

资料来源：http://www.iqiyi.com/w_19rvgaatj5.html。

(一) 所涉及演员：欧阳靖，TT

如图 4-5 所示，欧阳靖（MC Jin），1982 年 6 月 4 日出生于美国迈阿密，华裔饶舌男歌手、影视演员。欧阳靖 19 岁开始说唱和花式饶舌表演。

2002年，在美国黑人娱乐电视台的音乐节目《106 & Park》中，力压黑人说唱歌手连续7周获得"Freestyle Friday"环节的冠军，登上该节目的名人榜。2003年，签约美国拉夫·莱达斯娱乐公司，成为第一个被美国主流唱片公司签约的华裔说唱歌手。2004年，首张个人专辑《The Rest Is History》登上Billboard "200大专辑排行榜"（Billboard Top 200 Albums Chart）第54位，成为首位进入美国Billboard Top 200大唱片排行榜的华裔歌手。2006年，演唱的歌曲《Open Letter to Obama》登上My Space的"Barack Obama's Top8 List"。

如图4-6所示，2008年欧阳靖赴香港发展，单曲《ABC》（American-Born-Chinese）获得叱咤乐坛流行榜颁奖典礼"专业推介·叱咤十大——第六位"。2011年，凭借警匪剧《潜行狙击》中刑事情报科卧底"立青"一角，夺得万千星辉颁奖典礼飞跃进步男演员奖。2012年，出演警匪剧《雷霆扫毒》。2015年，参演环球影业出品的竞速动作片《速度与激情7》。2017年，参加中国内地Hip-Hop音乐选秀节目《嘻哈》，赢得3-PASS晋级。

图4-5 支付宝广告镜头之二

资料来源：http://www.iqiyi.com/w_19rvgaatj5.html。

图4-6 支付宝广告镜头之三

资料来源：http://www.iqiyi.com/w_19rvgaatj5.html。

如图4-7所示，Tizzy T，本名谢锐韬，1993年出生，优秀的Hip-Hop音乐制作人和饶舌歌手，代表作《你的男孩》等。爱奇艺《嘻哈》全国6强，吴亦凡战队成员。2017年8月，以一首《大一岁》进入《嘻哈》全国前六强。

（二）广告分析

如图4-8所示，歌曲名称：无束缚

舞曲：DJ小站

歌手：欧阳靖/Tizzy T

歌词：欧阳靖/Tizzy T

图4-7 支付宝广告镜头之四

资料来源：http://www.iqiyi.com/w_19rvgaatj5.html。

你有 Freestyle 吗这个问题最近打破宇宙/亲戚朋友都会问我这是什么来头/

你的生活是你的 Flow 正在任何状况/好好唱出你的故事总是仅限原创/

我的生活没有束缚每天都是 Freestyle/那么多的生活方式我有自己那一套/

我的衣服 Oversize 手机不带外壳/这种无束缚的感觉 So free like a bird/

图 4-8 支付宝广告镜头之五

资料来源：http://www.iqiyi.com/w_19rvgaatj5.html。

成长了的我其实不想再那么浮躁/讨厌被束缚出门我从来不带钱包/
生活的负重要放松把它当作玩笑/钱包的沉重 一克也会拼命甩掉/
不想带 不想带 多余的都不想带/来靠近扫我二维码依旧每天做买卖/
不想带 不想带 我的钱包不想带/我请你吃饭拿出手机买单让我来/
打开我的支付宝 你我之间的符号/过来扫我支付宝 你想要的能得到/
看看我的支付宝 收入不断在提高/这是我的支付宝 Alipay yeah that's my style/
打开我的支付宝 你我之间的符号/过来扫我支付宝 你想要的能得到/
看看我的支付宝 收入不断在提高/这是我的支付宝 Alipay yeah that's my style/
Say money on my phone/钱赚了就要用/如同让圣诞老公公把你的购物车清空/
约 Honey 见个面/带她去逛商店/我手机里有支付宝这生活太方便/
做个中国人很骄傲大家心有数/从纽约到香港我简直好似执到宝/

行街睇戏食饭方便生活最美好/埋单等我方便用手机扫一扫/

辛勤工作在 All day/我时间超宝贵/保持最好的状态/让数字翻几倍/付款时候扫一扫/

收钱不用找一找/我从来不想被束缚/酷到谁都比不了/

如图 4-9 所示，We got the whole spot jumpin'/And all I have to say/

Is hello thank you Alipay keep troubles all away/It's poppin' out in China innovations everyday/

High speed rails/Online shopping/

图 4-9 支付宝广告镜头之六

资料来源：http://www.iqiyi.com/w_19rvgaatj5.html。

Bikes to share and Alipay/打开我的支付宝 你我之间的符号/

过来扫我支付宝 你想要的能得到/看看我的支付宝 收入不断在提高/

如图4-10所示，这是我的支付宝 Alipay yeah that's my style/打开我的支付宝 你我之间的符号/

过来扫我支付宝 你想要的能得到/看看我的支付宝 收入不断在提高/

这是我的支付宝 Alipay yeah that's my style/

图 4-10 支付宝广告镜头之七

资料来源：http://www.iqiyi.com/w_19rvgaatj5.html。

1. 广告学与经济学和市场学

广告学是市场经济发展到一定阶段的产物，广告学随着市场经济的发展而不断完善与成熟。经济学和市场学中揭示的许多规律，广告学照样适用，也必须遵守。广告现象又是市场经济中存在的重要现象，服务于市场经济，推动着市场经济的发展。经济学和市场学的研究成果可直接用于广告学，而广告学理论的发展又影响到经济学和市场学的理论演变，每一次广告学理论的突破都对社会经济产生了重大影响，促使经济学和市场学对新问题、新现象的研究。

2. 广告学与传播学

广告学与传播学的联系最为密切，甚至在许多研究成果中，都把广告学视为传播学的一个重要组成部分。但是，广告学不同于传播学。第一，广告学以广告现象为自己研究的出发点，传播学以信息传播为自己研究的出发点。广告的目的是通过传播广告信息而诱导社会公众，传播学中信息传递的目的是与公众进行交流。第二，广告的媒体是大众传播媒介；而传播的媒体既可以是大众传播媒介，也可以是自身传播媒介和组织传播媒介。第三，广告讲究突出重点信息，强化形象，可以采用多种艺术形式进行形象塑造和文案设计；传播讲究的是信息的完整性、准确性。第四，广告追求广告效果，注重投入产出效应；而传播追求的是信息到位。第五，在约束机制上，广告信息传播受到广告法规的限制和保护，广告信息一旦失真、失误，就要受法律制裁；一般的信息传播不受什么约束，即使失真、失误也往往并不负任何责任，法律也并不追究。

3. 广告学与管理学、公共关系学

广告活动作为一种社会活动、经济活动和传播活动的综合，在其活动中必然要求以管理行为来计划、组织、指挥、协调和控制。广告学借助于管理学的理论和方法指导广告工作，以达到完善广告学的理论体系并指导广告实务。在现代信

083

息社会中，广告和公共关系都是运用一定的传播媒介，宣传自身、树立形象。广告学与公共关系学既相互联系又有一定区别，各自具有本学科存在的质的差异性和规定性。

4. 广告学与心理学、美学、文学和艺术

广告作为说服社会公众的艺术，与心理学有着密切的关系。心理学提供了人的心理构成机理和心理活动的特点和性质，广告借助于心理学的理论和规律才能达到说服的目的。一则广告从确立主题、构思内容到选择媒介，无不体现广告学与心理学的结合。甚至一则广告的版面设计、文字语言多少、词义准确度、刊播媒体、背景材料等都要求心理学理论体现于其中。广告要利用各种文学和艺术手段来达到广告的目的，与文学和艺术有着不可分割的关系。如图 4-11 所示，文学和艺术可以通过其特有的形式去影响、传达、感染，甚至支配人们的感情，有时甚至改变着人的观念和行为。广告作为一种特殊意义的艺术形式，正在吸收美学、文学和艺术的理论方法，逐步形成自己独特的艺术方式和规律，不断推动广告美学理论、广告艺术和广告活动的发展。

图 4-11 支付宝广告镜头之八

资料来源：http：//www.iqiyi.com/w_19rvgaatj5.html。

（三）网络广告优缺点分析

如图 4-12 所示，《无束缚》作为一个网络广告，其优缺点既有网络广告优缺点的普遍性，又有其自身的特殊性。

图 4-12 支付宝广告镜头之九

资料来源：http：//www.iqiyi.com/w_19rvgaatj5.html。

1. 优势

随着网络的高速发展及完善，网络广告日渐融入现代人的工作和生活。对于现代营销来说，网络媒体是媒体战略重要的组成部分，其主要特点有：

（1）受众范围广、交互性强、网络广告不受时空限制，传播范围极其广泛。通过国际互联网络 24 小时不间断地把广告信息传播到世界各地。只要具备上网条件，任何人在任何地点都可以随时随意浏览广告信息。交互性是互联网媒体的最大优势,其不同于其他媒体的信息单向传播,而是信息互动传播。在网络上,当受众获取他们认为有用的信息时,厂商也可以随时得到宝贵的受众信息的反馈。网络广告目标群具有明确的针对性,由于点阅信息者即为感兴趣者,所以可以直接命中目标受众,并可以为不同的受众推出不同的广告内容。在互联网上可通过权威、公正的访客流量统计系统,精确统计出每个广告的受众数,以及这些受众查阅的时间和地域分布。作为新兴的媒体,网络媒体的收费也远低于传统媒体,若能直接利用网络广告进行产品销售,则可节省更多销售成本。

(2) 感官性强、多维。网络广告的载体基本上是多媒体、超文本格式文件,广告受众可以对其感兴趣的产品信息进行更详细的了解,消费者能亲身体验产品、服务与品牌。这种图、文、声、像相结合的广告形式,将大大增强网络广告的实效。网络广告具有交互性和纵深性。强交互性是互联网媒体的最大优势。不同于传统媒体的信息单向传播,而是信息互动传播。通过链接,用户只需简单地点击鼠标,就可以从厂商的相关站点中得到更多、更详尽的信息。另外,用户可以通过广告位直接填写并提交在线表单信息,厂商可以随时得到宝贵的用户反馈信息,进一步缩短了用户和厂商的距离。同时,网络广告可以满足进一步查询产品信息的需求。

(3) 网络广告拥有最具活力的消费群体。互联网用户70.54%集中在经济较为发达的地区,有64%的家庭人均月收入高于1000元,85.8%的年龄在18~35岁,有83%的人受过大学以上教育。因此,网络广告的目标群体是目前社会上层次最高、收入最高、消费能力最高、最具活力的消费群体。该群体的消费总额往往大于其他消费层次之和。网络广告的投放更具有针对性。通过提供众多的免费服务,网站一般都能建立完整的用户数据库,包括用户的地域分布、年龄、性别、收入、职业、婚姻状况、爱好等。这些资料可帮助广告主分析市场与受众,根据广告目标受众的特点,有针对性地投放广告,并根据用户特点作定点投放和跟踪分析,对广告效果做出客观准确的评价。另外,网络广告还可以提供有针对性的内容环境。不同的网站或者是同一网站不同的频道所提供的服务是不同性质的,且具有明显的类别差异,这就为密切迎合广告目标受众的多样化兴趣提供了条件。

(4) 网络广告制作更改灵活,统计方便,价格有优势。网络广告制作周期短,即使在较短的周期进行投放,也可以根据客户的需求很快完成制作,而传统广告制作成本高,投放周期固定。另外,广告在传统媒体上发布后很难更改,即使可以改动,往往也须付出很大的经济代价。而互联网广告能够按照客户需要及时变更广告内容。这样,经营决策的变化就能及时实施和推广。同时,网络广告能自行完成效果的统计工作。"无法衡量的东西就无法管理"。通过监视广告的浏览量、点击率等指标，广告主可以统计出多少人看到了广告，其中有多少人对广告感兴趣，进一步了解广告的详细信息。因此，较之其他任何广告，网络广告使广告主能够更好地跟踪广告受众的反应，及时了解用户和潜在用户的情况。获得同等的广告效应，网络广告的成本远远低于传统广告媒体。一个广告主页每年的费用大致为几千元人民币，而且主页内容可以随企业经营决策的变更随时改变，这是传统广告媒体不可想象的。

（5）网络广告的受众关注度高。据资料显示，电视并不能集中人的注意力，电视观众40%的人同时在阅读，21%的在做家务，13%的在吃喝，12%的在玩赏其他物品，10%的在烹饪，9%的在写作，8%的在打电话。而网络用户55%的在使用计算机时不做任何其他事情，只有6%的在打电话，5%的在吃喝，4%的在写作。广告主在传统媒体上进行市场推广一般要经过三个阶段：市场开发期、市场巩固期和市场维持期。而互联网将这三个阶段合并在一次广告投放中实现：消费者看到网络广告，点击后获得详细信息，并填写用户资料或直接参与广告主的市场活动，甚至直接在网上实施购买行为。网络广告传播范围广、不受时空限制。通过国际互联网络，网络广告可以将广告信息24小时不间断地传播到世界的每一个角落。只要具备上网条件，任何人，在任何地点都可以阅读。网络广告具有可重复性和可检索性。

2. 缺点

那么，网络广告存在哪些缺点呢？

（1）普遍性的问题，例如网络带宽、网络终端、安全、结算等。

（2）监管滞后。我国还没有专门的政府相关机构或专业的管理监督手段来对网络广告进行从制作到发布的全程透彻地跟踪和监控。

（3）无序竞争。网络广告价格的透明化势在必行。

（4）强迫性广告过多。现在网民想躲开强迫性网络广告，浏览一个干净的网页越来越难了。而网民主动搜取的分类信息在网络广告中所占的比例却一直不大。

（5）网络广告专业人员缺失。目前的网络广告大多是由网络技术人员来完成，受本身专业的限制，使网络广告缺乏与行销、传播、美术设计等专业广告要素的契合，从而让网络广告的效果大打折扣。

（四）支付宝《无束缚》广告的优缺点

对于广告来说，既有不少优点，也有其自身缺点的特殊性，以下就其优缺点进行相关分析。

1.《无束缚》广告的优点

（1）广告播出时抓住了《嘻哈》节目的热度，增加了广告的影响力。如图

4-13 所示，支付宝的这次视频广告的推出，正值《嘻哈》节目大热的时期，作为当时中国最火的网络选秀节目，其受众数量极为庞大。嘻哈风潮在 2017 年的暑期席卷了中国年轻人的社交网络平台。支付宝该广告在《嘻哈》刚火起来的时候就能及时推出，很好地利用了社交网络上的话题热度，借势给自己宣传，达到了事半功倍的效果。此外，《嘻哈》节目的主要受众为年轻人，支付宝此举贴合了本次广告的主要受众群体，符合了目标受众的兴趣爱好，能够更好地达到品牌推广的效果。

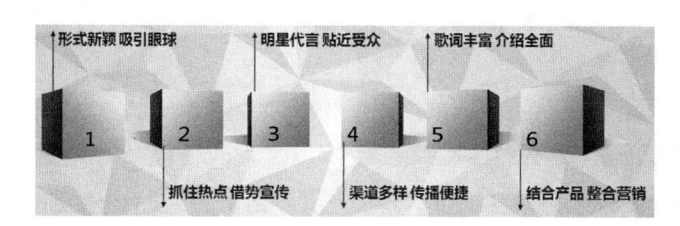

图 4-13　支付宝广告优势

资料来源：http://www.iqiyi.com/w_19rvgaatj5.html。

（2）广告形式新颖，具有新鲜感，能够吸引受众眼球。该则视频广告以 MV 的形式呈现，用一首 Rap 将所要传达的信息表现出来，形式新颖。Rap 的意思为说唱，即有节奏地说话的特殊唱歌形式，发源于纽约贫困黑人聚居区，以在机械为节奏声的背景下，快速地诉说一连串押韵的诗句为特征。这种形式来源之一是过去电台节目主持人在介绍唱片时所用的一种快速的、押韵的行话性的语言。这种歌曲形式迎合了当今年轻人的喜好，容易引起当今大部分年轻人的主动关注。如图 4-14 所示，这首说唱歌曲曲风节奏明快，歌词朗朗上口，能够引起年轻消费群体的关注的同时，更能让他们反复观看，并在社交媒体上进行转发，甚至达到传唱的效果，产生二次传播的效应，更好地达到传播效果。

（3）广告邀请嘻哈明星欧阳靖和 TT 代言，非常贴近受众。该则视频广告邀请了《嘻哈》参赛选手欧阳靖和 TT 进行代言并作为广告歌曲的主唱。欧阳靖作为已经早有名气的嘻哈明星，曾在 2002 年美国黑人娱乐电视台的音乐节目《106 & Park》中，力压黑人说唱歌手连续 7 周获得"Freestyle Friday"环节的冠军，登上该节目的名人榜。2006 年，演唱的歌曲《Open Letter to Obama》登上 My Space 的"Barack Obama's Top8 List"，并曾在 2015 年参演环球影业出品的竞速动作片《速度与激情7》。欧阳靖在参加节目之前，作为中国嘻哈第一人，其个人就具有极强的明星效应，影响力不言而喻。而 TT 作为自节目播出以来，最受观众欢迎的选手之一，人气也是一路上涨，曾多次在微博等社交媒体中成为大家讨论的焦点。此外，两人的主要粉丝群体均主要为中国年轻消费者，十分贴合该广告的受众群体。如图4-15所示，支付宝本次邀请这两位嘉宾做代言，充分利用了两人当时极高的话题热度以及其自带的明星效应，通过他们的粉丝群体可以进一步产生二次传播的效应，在社交媒体上引起话题，达到更好的传播效果。

图4-14 支付宝广告镜头之十
资料来源：http://www.iqiyi.com/w_19rvgaatj5.html。

图4-15 支付宝广告镜头之十一
资料来源：http://www.iqiyi.com/w_19rvgaatj5.html。

（4）歌词朗朗上口，内容丰富，较为全面地介绍了支付宝的优势以及应用。该则视频广告用一首说唱歌曲作为广告主体，说唱音乐本身就是在机械的节奏声的背景下快速地诉说一连串押韵的诗句为特征，能够在短短一首歌中向听众传达大量的信息。如图4-16所示，支付宝的这首广告曲由多位专业嘻哈音乐人谱写，不管是背景音乐还是歌词内容都具有极高的水准。歌词中基本涵盖了支付宝的主要功能及优势，并以幽默风趣的方式加以大量的押韵表达出来，让人感觉并不枯燥乏味而且能够朗朗上口，也有助于听众记住支付宝所想要传达的信息，并进行传唱。此外，歌词中除了普通话，还有英语以及粤语的元素，可以看出支付宝为了照顾不同地区的受众群体。在广告曲的歌词上也有所设计，方言的加入增添了广告的独特性，三种语言的混合表达也是贴合了年轻受众群体多元化的特点，帮助支付宝该则广告吸引受众的眼球，达到更好的传播效果。

（5）广告观看渠道多样，传播便捷。支付宝的该则视频广告首先在网络视频平台如腾讯视频、爱奇艺等上线，在PC端、移动端都可随时随地进行观看。得益于移动互联网的不断发展，现在人们已经可以在多个平台上观看视频，而且随着社交媒体的发展，人们可以便捷地将视频进行分享，也可以不受限制地观看别人分享的视频内容。如图4-17所示，支付宝的该则广告正是利用了移动互联网所带来的优势，几乎消除了人们观看广告所可能有的障碍，有助于广告本身的传播及扩散，以便收到更好的成效。

第四章　支付宝：钱包"无束缚"

图 4-16　支付宝广告镜头之十二
资料来源：http：//www.iqiyi.com/w_19rvgaatj5.html。

图 4-17　支付宝广告镜头之十三
资料来源：http：//www.iqiyi.com/w_19rvgaatj5.html。

（6）广告能够结合产品，进行整合营销。如图 4-18 所示，支付宝的本次广告推广，其目的之一是为了推广当时支付宝"无现金周"的活动。支付宝在广告推出的同时，在其软件平台上就开始了相关活动的宣传与推进，将线上的视频广告与产品活动紧密结合，把各个独立的营销综合成一个整体，以产生协同效应。整合营销是一种对各种营销工具和手段的系统化结合，根据环境进行即时性的动态修正，以使交换双方在交互中实现价值增值的营销理念与方法。在业界，整合营销一直被誉为是社会经济高速发展的产物，从 USP（独特销售主张）、定位等传统的世界性营销理论演变而来，

图 4-18　支付宝广告镜头之十四
资料来源：http：//www.iqiyi.com/w_19rvgaatj5.html。

在营销手段和方式越来越对企业产生重要影响的背景下受到关注和重视。尤其是互联网大潮影响下，企业营销手段更加多样化，而对营销工具的整合也成为企业面对市场竞争的一种必然选择。总而言之，支付宝本次线上广告与推广活动相结合，用整合营销的方式将宣传与实际进行关联，产生协同效应，能够帮助支付宝在这一波的品牌宣传中取得更加显著的效果。

2. 支付宝《无束缚》广告的不足之处

（1）广告的受众群体具有一定局限性。支付宝该则广告以嘻哈元素为主题，结合了时下热点《嘻哈》选秀节目进行推广，这一设计确实容易让广告引起大部分年轻受众群体的注意。然而，正因为这一过于年轻化的整体风格，使广告真正的主要受众人群局限于《嘻哈》节目的粉丝和喜欢嘻哈文化的年轻人群体，广告的影响力因其形式风格的确立大大减弱。该则广告并不能很好地引起其他不

关注嘻哈文化人群的注意。所以，由于该则广告的风格，导致受众群体有限是其不足之处之一。

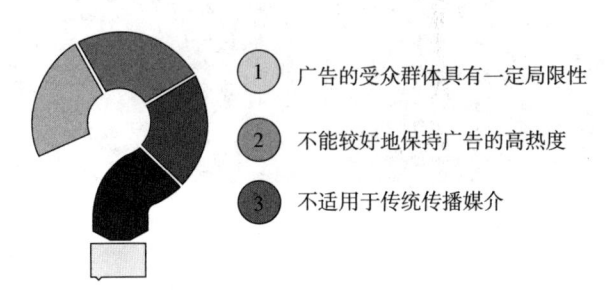

图 4-19　支付宝广告缺点

（2）广告不能较好地持续保持热度。支付宝的该则广告在刚推出时正值嘻哈文化在中国年轻群体中盛行，所以借着《嘻哈》节目的势头迅速达到了较高的热度。但随后的几个月，随着嘻哈浪潮的退去，《无束缚》广告的热度很快便随之消退，人们对于该广告的关注度迅速下降，这体现出了其时效性不足的缺点。该则广告过于依赖于嘻哈音乐的浪潮及其代言明星的粉丝效应，一旦热度不在，便没有了可以依附的话题对象，使其不能持续地保持广告的高热度。

（3）广告不适用于传统媒介。支付宝的该则广告以 MV 的形式呈现，时长超过三分钟，其传播平台主要通过移动互联网在各视频网站及社交平台进行传播。但该则视频广告如果想在如电视等这类传统媒介上传播，可能就无法实现了。电视广告一般时长都在几十秒以内，由于其时长限制，导致支付宝该则广告只能在网络平台让受众自主选择观看。如果一则广告能适用于多种传播媒介进行推广，其覆盖人群以及传播效果一定达到更好的效果，多种传播媒介的联动传播也有利于品牌形象的多次宣传，提高传播成效。

四、效果评价

"'你有 Feestyle 吗？'这个问题最近打破宇宙。"一档综艺节目带火了一众说唱歌手，也向众多品牌展示了年轻化路线的另一种可能。2017 年 8 月 1 日上午，支付宝官方微博首发最新品牌形象 MV，邀请到了《嘻哈》的人气说唱歌手 MC Jin 欧阳靖和你的男孩 Tizzy T。该作品迅速在社交网络上引发关注，成功为支付宝 8 月 1 日至 8 日的无现金周活动造势。截至下午 5 点，秒拍视频播放量已达到 133 万，微博转发量破 7000，引发了不错的讨论效果。借用嘻哈元素演绎生活中的支付场景，仅用 5 天时间打造出"洗脑神曲"。如图 4-20 所示，支付宝这支品牌形象 MV 名为《无束缚》，涂鸦随处可见，全片充满嘻哈街头感。欧阳靖和

TT 通过歌词表达了当代年轻人的消费观念——清空购物车、赚钱就要用、不爱带现金、出行要自由。

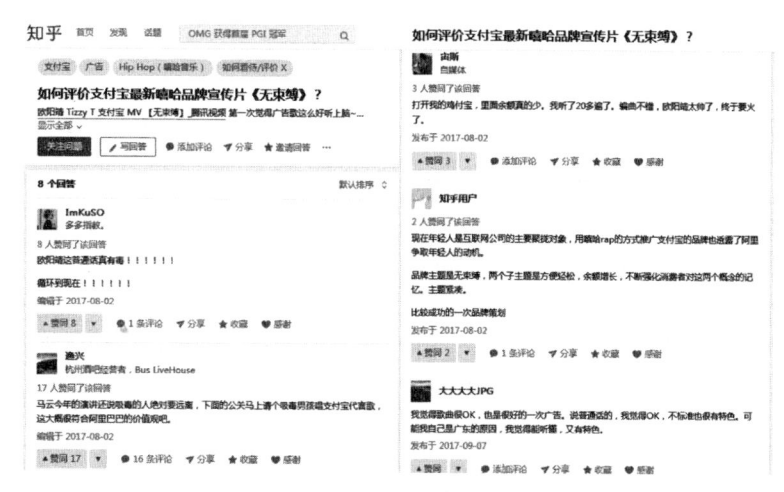

图 4-20　知乎评价支付宝广告

支付宝二维码已成为现代人彼此交流的符号。如图 4-21 所示，支付宝还在之后放出几段幕后花絮进一步放大这部 MV 的巨大影响。作为非节目赞助商，并没有借助除此两人之外的任何明星，支付宝成为这波借势中的最大赢家。

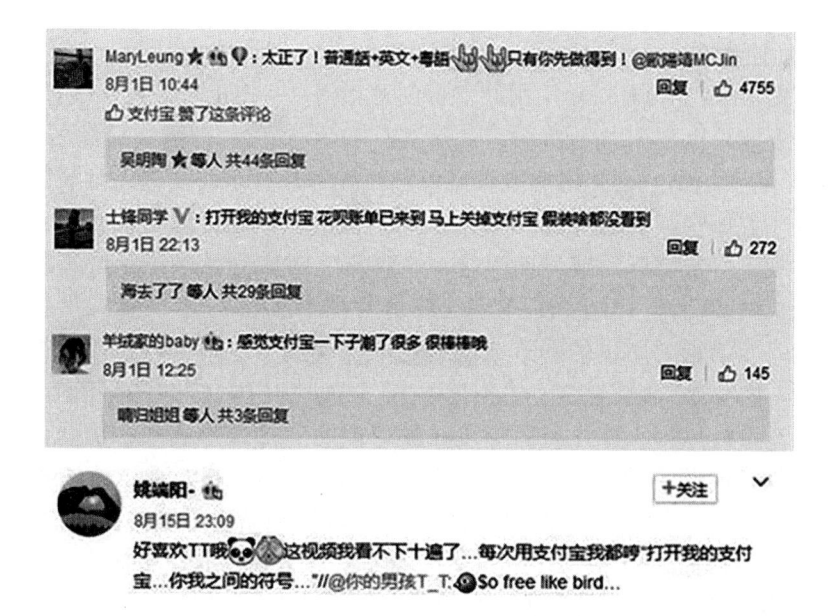

图 4-21　微博评论

基于对该广告优缺点的分析，如果想要做出好的广告，就应该有自己的创意并考虑到影响广告的多方面因素，应该具备以下几点：

（一）简单性

的确，消费者一见广告，就避而远之。消费者根本不会琢磨广告说的是什么意思？为什么那么说呢？因为广告这个针对消费者记忆的营销活动必须简单，让他人接触的一瞬间就有感知。怎么简单呢？只说一件事。每个广告就那么点时间或空间，不可能装进太多的东西。当年，罗斯福总统就职演说时长篇大论，可多年后，人们只记住了其中一句话，"我们唯一要恐惧的是恐惧本身"。获得1997年戛纳国际广告节平面广告全场大奖的奔驰SKL"刹车痕"篇甚是简洁有力：在城市小街道上停了辆惹目的奔驰SKL跑车，刹车胎的痕迹清晰可见。这个没有标题的广告准确无误地告诉消费者奔驰SKL的刹车制动性能极棒。倘若罗列了一大堆奔驰SKL的优势，则会分散消费者的注意力，效果反而不好。

要用形象、生动的载体。虽然广告做到了"只说一件事"，但若干干巴巴地说，也会影响消费者的记忆。VOLVO（富豪）素以"安全"为广告诉求，数十年不变。这也成了其品牌耳熟能详的个性。VOLVO的广告如何形象、生动地表达"安全"？1996年，以"安全别针"的单纯创意获戛纳广告节平面广告全场大奖。广告在空白版面中用大型安全别针曲成汽车的外形，大标题是"你可信赖的汽车"。1997年，又见VOLVO戛纳获奖的力作：一位面露微笑，神情安然自怡的婴儿躺在母亲硕大的双乳间。"安全感"油然而生。

（二）独特性

著名的DDB公司有一套实用的广告创意指南——ROI，其中O代表独创性，要求广告要能跳出窠臼，不落俗套。著名广告人大卫·奥格威对此的认识是："大部分广告人的结论是：向消费者讲各种品牌的共有东西是毫无意义的，于是他们专注于说那些微不足道的不同之处"。这里的"微不足道"的提法，看似平凡，却体现了广告创意的独创性。这一"素质"对大创意来说是必需的，别人都用过的形式或题材，再生搬硬套只会麻痹消费者的视觉，广告效果可想而知。

当然不是说别人用过的形式或题材绝不能再用了，用也行，但要创新。像"条形码"形式的广告就较多，力作也不少。麦肯为中国台湾1994年时报金像奖的甄选活动设计海报，是几只鸟穿梭在极"严明"的条形码间，怡然自得，寓意为呼唤创意自由、"创意无条码"的评选宗旨；中国台湾电通公司1996年获奖的公益广告作品以实际的森林形象为画面，每棵树上贴满了黑白相间的条形码，视觉感受"触目惊心"；在第五届（1997年）中国台湾广告展中获奖的一则公益广告也强调珍惜有限的森林资源，画面是由一根根木头组成的条形码形象，广告标题：每年、每月、每日它们以极快的速度被出售。

（三）关联性

广告创意要和产品之间建立自然而然的联系，不能风马牛不相及。要以产品和目标顾客之间为轴，以其利益为基。这要求创意必须能说清楚产品给予消费者的利益，而消费者一看就能明白。比如网球明星美少女库尔尼科娃为某文胸做的广告是她指着自己的胸部说："This ball is the springest。"（这个球有弹性）。本身代言人与球有关联，这样幽默一说目标受众不仅记得牢，而且很自然就明白该文胸给她的利益点就是"弹性十足"。

由上海麦肯光明广告公司创作的邦迪创可贴《朝韩峰会篇》的画面为朝韩两国首脑举杯的照片，广告词为"邦迪——没有愈合不了的伤口"，人们大都惊叹作者的创意。然而这种创意的背后，恐怕只有对邦迪多年以来在全球推行的"创伤可以愈合"的理念相当准确的理解上。广告人都知道，一个品牌下面都会有一个产品，而每一个产品却不一定都会有品牌，广告的作用就是帮助产品建立、强化、深化广告品牌。邦迪广告的创意者巧妙地把2000年夏季朝韩峰会这一引起全世界关注的话题引申为"再深、再久的创伤也终会愈合"的品牌理念，使得创意与品牌相得益彰。

（四）戏剧性

"牛仔之父"李奥·贝纳说："每件商品，都有戏剧化的一面。我们的当务之急，就是要替商品挖掘出其特点，然后令商品戏剧化地成为广告里的英雄"。其实，戏剧性寓于生活中，即能够引起观众感情反应的生活片断。戏剧性要巧妙地描述生活中的戏剧化冲突因素，以引起观众的紧张情绪，增强其对品牌的关注，加深广告印象。

广告要有戏剧性，有所谓的"桥段"（戏剧中的冲突），以产生记忆点。戏剧理论认为，如果戏剧第一幕的墙上挂了一把剑。终场之前，剑一定要出鞘。广告亦同此理。广告同样要舍弃一切不相关的因素，突出主题。富于戏剧性的广告传播力强、记忆度高。有两个戏剧性的广告佳作欲和诸位仁兄分享之———一场命案，富商被谋杀，两个嫌疑犯，都是富商的情人，一位年轻，一位已经步入中年，唯一的证物是富商手中的一根头发。谁是凶手？就靠化验头发成分。由于头发的年龄非常年轻，不到30岁，于是"误导"了警方，把那位中年的魅惑女子给释放了。这样一个"闻香女人香"的广告杰作，剧情片的表现方式，引人好奇的悬疑推理，加上商品的消费利益在其中成为关键，莫不让人会心一笑，甚至拍案叫绝。这可以说是中国台湾2000年下半年度最受欢迎的广告之一。宝洁家族推出的采妍洗发精，就是靠这一则《采妍——谋杀篇》广告，在很短的时间里打响了名号。据调查，播出6周即达72%的知名度。

五、经验总结

互联网的流行趋势，一股风潮到来时永远是来势汹汹，比如"有 Freestyle 吗""我觉得 OK"等流行语，一夜之间占领了中文互联网，大数据不会骗人。百度指数显示，随着 2017 年夏《嘻哈》的热播，"嘻哈"一词的热度迅速超过了火爆多年的"摇滚"和近年爆红的"民谣"，达到了近 6 年来的峰值。从这个层面来讲，"嘻哈"确实是火了。在《嘻哈》火爆的当时抓住热点并随之推出相关联的广告，是个非常明智的决定。另外，在总决赛前后、"嘻哈"达到搜索峰值的时候，双冠军之一的选手热度是"嘻哈"的近 10 倍，连因受嘻哈歌手钟爱而爆火的、价格不菲的时尚服装潮牌"Supreme"，热度都是"嘻哈"的近两倍。从数据中可以看出，因为该节目，带动了周边诸多元素的火爆。而支付宝此举贴合了本次广告的主要受众群体——青年群体，符合了年轻人的兴趣爱好，达到了推广品牌的目的。品牌的主题是"无束缚"，而歌词主要提到方便轻松、余额增长。不断强化消费者对这两个概念的记忆，主题也较为紧凑，这是一次非常成功地抓住热点的广告设计。但是，嘻哈本身曾经是一场北美社会里"下克上"的"文化造反"：源于贫民阶层的艺术形式，最终成功"倒灌"富人阶层，实现了文化输出中"自下而上"的"逆袭"。

嘻哈在 20 世纪六七十年代诞生于美国贫民区街头，尤以非裔及拉丁裔青年群体为核心人群，作为一种文化潮流，不仅包括《嘻哈》展现的说唱歌曲，也包括街舞、涂鸦、DJ 打碟等元素，以及与之匹配的一系列衣着、语言习惯、行为举止等。随后这种文化迅速在全社会阶层蔓延开来，最终令富裕阶层的人们开始模仿着"穷人"的衣着、"穷人"的言行、"穷人"的音乐和艺术。一方水土养一方艺术。早期的黑人嘻哈中，动辄爆粗口、怒斥社会不公、露骨地寻求财富，是因为受教育程度低、被歧视对待。贫穷本来就是当时黑人生活环境的一部分。这样的歌词从这样的人口中说出是发自内心、源自生活的，包括其中涉及的帮派兄弟、枪杀、毒品等暴力元素，也绝不是为了"酷"而增加的噱头，而是扎扎实实地来自当时黑人的现实生活。嘻哈艺术"匪气基因"的一个缩影：舞刀弄枪，流血送命，人家是动真格的。而如果作为一个富家纨绔子弟，开着一辆兰博基尼却唱着"想要一辆法拉利"就会显得莫名其妙。在中国的环境下也是同理，在治安良好的大城市中唱着"你不要不服气，你看看我身后的兄弟"，也会产生类似的违和感。

正是因为嘻哈文化不是土生土长的文化，属于舶来品，没有文化根源就会导致"装腔作势"，而且已经失去了嘻哈文化的对抗性传统。事实上，即便在嘻哈晋升为主流文化、顶级的说唱艺人成为社会收入金字塔尖的美国，像埃米纳姆、

Jay-Z 这样殿堂级别的说唱歌手，依然喜谈自己早年的窘迫生活，并视之为艺术人生的起点，新晋歌手也往往以"贫民窟出身"的"血统"为荣。对高度商业化的嘻哈文化而言，草根意识依旧是写在基因里。而中国的嘻哈——至少通过《嘻哈》给观者的体验，是并不"草根"的。事实上，能玩得起这种"舶来文化"的，往往也不是"草根"。而且在《人民日报》的点名批评下，嘻哈文化的水土不服的毛病显示了出来。特别是舶来的嘻哈文化并不特别贴合本国的文化和国情，只能吸引小部分的消费者关注，风潮褪去时也是风卷残云。随着总决赛"双冠军"引起最热烈的一波舆论风波后，《嘻哈》的热度迅速让位给最新的娱乐圈八卦，不过一两周时间，在热搜上已经难觅踪迹。这则广告虽然存在局限性，但是在抓住热点、邀请嘻哈明星利用其明星效应、吸引年轻人眼球上瑕不掩瑜，并进行了二次传播。歌词也是青年群体极为喜欢的形式，并且较为全面地介绍了支付宝的优势，达到了宣传的目的。总的来说，还是有不少可圈可点之处，不失为一则较好的互联网视频广告。

思考题

1. 支付宝的营销关键点是什么？
2. 支付宝的品牌形象定位是什么？
3. 支付宝与《嘻哈》综艺节目相结合的营销策略优缺点是什么？

参考文献

[1] 吴泽华. 从信任到托付——谈支付宝的品牌理念 [J]. 青年与社会（下），2014（7）：154-155.

[2] 刘忠涛. 新媒体时代支付宝的大众传播策略分析 [J]. 新媒体研究，2018（8）.

[3] 孙童. 浅谈现代消费文化下的支付宝营销 [J]. 新闻传播，2017（5）：114.

[4] 宁创. "无现金"支付全面来临 [J]. 宁波经济（财经视点），2017（10）：46.

[5] 王倩. 支付宝强行接入社交需要一个正确的姿势 [J]. 商学院，2017（1）：31-33.

[6] 徐雯. 浅析支付宝的营销策略 [J]. 现代经济信息，2017（5）：335.

[7] 魏文君. 企业网络营销活动研究——基于支付宝网络营销案例 [J]. 商场现代化，2017（8）：65-67.

[8] 周晓宇. 支付宝"圈子"媒体营销策略分析 [J]. 新闻研究导刊，2017，8（19）：54-55.

[9] 魏文君，陈曦，夏优等. 企业网络营销探秘——解析支付宝一个网络营销案例 [J]. 企业研究，2017（6）：37-40.

[10] 张潇，孙文宇. 支付宝的商业模式与营销策略 [J]. 环渤海经济瞭望，2018（2）.

第五章
戴瑞（Darry Ring）：定制属于你的真爱

戴瑞 DR（Darry Ring）戒指是一个浪漫求婚钻戒品牌，隶属深圳市戴瑞有限公司。自品牌诞生之日起，始终以"一生仅一枚"的独特定制模式，诠释"一生·唯一·真爱"的品牌理念，为每位恋人提供至臻完美的钻石戒指定制。在戴瑞 DR 戒指的定义里，"一生仅此一枚"恰如其分地传递了对真爱唯一的爱情信仰。也正是这种对真爱的严苛追求，令每个男士的求婚都充满令人荡气回肠的柔情。戴瑞 DR 独特的真爱意义引领着时尚求婚文化。在求婚的仪式背后，女性不仅是需要寻找被珍视的浪漫，也渴望得到一份戴瑞 DR 式的"一生·唯一·真爱"。求婚，可以说是爱情里一个不可或缺的神圣仪式，是每个女性心中最美好的幻想期待，也象征着两个人婚姻生活的开启。从形式上看，求婚戒指需要男士以单膝跪下的形式，恳请与她共度一生，女士才会欣喜戴上的唯一珠宝。戒指，意味着权利与信任的交接，是爱情与婚姻的承诺。万千女性期待着一枚戴瑞 DR 钻戒，不仅仅只是一枚象征着步入婚姻的求婚戒指，而是一份一生唯一承诺的最高誓约。

一、产品介绍

（一）浪漫服务

1. 最浪漫印记绑定身份 ID

如图 5-1 所示，每位来此定制戴瑞 DR 钻戒的男士，均需提交身份证 ID，与所购买戒指的唯一戴瑞 DR 编码一一对应，确保一生仅能定制一枚真爱戒指，赠予此生唯一挚爱之人。只要输入身份证号，即可查询购钻信息。如果已经购买过戴瑞 DR 钻戒，则查询结果会显示出相应的购买信息与赠送信息，显示出购买者为爱人制作的专属页面，作为勇敢表达一生唯一真爱的证明，接受亲朋好友的见证与祝福。

图 5-1　戴瑞 DR 钻戒海报

2. 真爱协议

购买戴瑞 DR 钻戒前，须签订一份真爱协议，证明将此一生唯一的承诺给予最爱的一人。一旦签订，购买记录与赠予人姓名将被记载，承诺此生真爱不变。此真爱协议将随戴瑞 DR 钻戒一同赠出，可供恋人收藏或装裱展示，让每份幸福与承诺得以隽永流传。一份真爱协议承载的意义绝不亚于一份结婚证书一张纸张的分量。一生里最神圣的契约在此刻生效，需要相爱之人终生信守承诺，呵护至极。

3. 专属空间

在成功定制戴瑞 DR 钻戒之后，戴瑞 DR 会在官网上为恋人打造浪漫专属空间，记载下独一无二的幸福时光。如图 5-2 所示，在这里，恋人可以记载这枚极富意义戒指的信息，写下一段动人的真爱宣言，并上传与心爱之人的每个浪漫瞬间，分享甜蜜的婚纱照、生活照，让全世界都可以见证每一份真爱所带来的喜悦和感动。

图 5-2　戴瑞 DR 社区

（二）设计理念

如图 5-3 所示，雕刻的不只是钻戒，还有一生真爱时光。有的人迷恋戴瑞 DR 戒指"一生·唯一·真爱"的寓意。爱情该是唯一的、永恒的。而一枚钻石有了这些真挚动人的理念，将无法再用金钱来衡量。因为钻石凝聚的一个男士至高承诺的念想，是一份对真爱的神圣信仰。这正是一枚戴瑞 DR 戒指所独立追求的个性浪漫，品格理念是其他品牌所无法替代的。有的人痴迷于戴瑞 DR 戒指对珠宝工艺的完美执着追求。这些巧夺天工的技艺，在经验具有十年以上的工匠们手中用心诠释。他们专注于每颗钻戒精艺下那些独特的灵魂，日复一日地打磨着手中那一枚具有特殊使命意义的戴瑞 DR 戒指。天然的珍稀钻石，在戴瑞 DR 戒指工匠们的眼中，都是艺术最本质的基础来源。有了精心挑拣的世间珍宝，再加上

图 5-3　戴瑞 DR 戒指

工匠们精湛绝伦的工艺,细细琢磨着每个细节、每个切面,让一枚钻石无论从哪个角度看都焕发着清澈璀璨的光芒。一枚好的钻戒,不只是与生俱来的价值,更有着工匠大师们把心心念念都灌注到手中之物的心血。这样的钻戒才有了丰富的灵魂内涵,有了足够摄人心魄的美。

(三)顶尖工艺

戴瑞 DR 戒指的工匠都拥有精湛的手艺,以独具匠心的设计,一丝不苟地对待手中每一枚来之不易的宝石。工艺大师倾注心血雕琢每颗钻石,用自己毕生的经验去琢磨钻石的身姿和灵魂,他们用最精确的手艺将每一枚戴瑞 DR 戒指都变成了富有灵魂与生命力的载体。工匠们执着于完美,每颗钻石都是戴瑞 DR 对珍宝精益求精的不懈追求,让一件作品都能够经得起时间的考验,永世流芳。一枚钻戒经历了繁多的工序,从黯淡无光的地底开采出来,直至精雕细琢成为无名指尖上的绮丽动人的爱情信物,这期间耗费了工艺大师无数的时间精力。他们对于钻石有着与生俱来的精妙把握以及满腔热情,用超高的钻石 4C 标准、独具匠心的手艺将钻戒的美演绎得淋漓尽致、无与伦比。如图 5-4 所示,戴瑞 DR 戒指巧工能匠总能寻找到精确无误的切割线,舍弃稍有瑕疵的部分,在一分一毫间,竭力让每颗钻石都能够成为一枚独一无二的瑰宝。

图 5-4 戴瑞 DR 钻戒做工

(四)经典系列

1. My Heart 系列

My Heart 心形钻戒系列是戴瑞 DR 工艺大师的灵魂之作,寓意"把心交给你",是戴瑞 DR 最富有意义的作品之一。My Heart 灵感起源于希腊爱神厄洛斯,传说只要被爱神幸运射中的恋人,便会留下箭锋上的心形宝石印记,让这对幸福的恋人坠入爱河,倾心交付彼此。心形钻戒将戴瑞 DR 的真爱理念诠释得淋漓尽致,是世间神奇而极致梦幻的形状,在诞生之际就注定成为爱情和浪漫的化身。

2. Love Line 系列

Love Line 系列源于欧洲中世纪的绑手礼,寓意走进婚姻的两人不离不弃、忠贞不渝。意大利顶尖设计师安东尼奥以此为灵感,将极具特色的"爱情丝带"

绕在钻戒上，以精致玫瑰金相绕，犹如恋人交织的奇妙缘分，代表系住恋人一生的幸福。爱情里最珍贵的是相爱此生。从此两人紧紧缠绕，永不分离。

3. Endless Love 系列

Endless Love 系列设计灵感源于无穷符号"∞"，象征着恋人之间无限的浪漫真爱。Endless Love 系列以纯净铂金勾勒，简约鲜明的优美弧线一气呵成，就如同一条永不停歇的爱情之路，一旦开始，便会和相爱的人一起走下去。无论岁月如何更替，对恋人的爱永不停歇，恒久而绵长。

4. Marry Me 系列

戴瑞 DR 戒指 7 款珍稀宝石系列钻戒，以相伴与色彩为主题，赋予了深刻而美好的爱情蕴意。其中，Marry Me 系列中的粉钻更是恋人表达挚爱的至臻之选。粉钻是大自然宝石的一个绝妙的奇迹，稀有而珍贵，为世间罕见的稀世珍宝。戴瑞 DR 以最严格的要求挑选钻石，将粉钻精心挑选收集，并将之与白钻相伴一起，成为设计上的一大亮点。

5. Darry Ring 对戒系列

Darry Ring 对戒系列以简约高贵的黑白钻作为设计主基调。黑钻为戴瑞 DR 男戒的灵魂象征，承载着男士兑现"一生·唯一·真爱"的承诺，是对爱情至高完美的最好交代。黑钻是来自外星球的罕见珍宝，蕴含着宇宙中神秘的力量，具有着魔幻真爱的魅力象征，是世间不可多得的瑰宝。黑钻沉寂、内敛、浑厚的特质，恰如男士对真爱的一生的付出和责任。黑钻与白钻有着与生俱来的致命吸引，是浑然天成的一对。

6. True Love 系列

自 14 世纪钻石成为求婚戒指以来，圆钻成为了沿用最恒久的造型，见证了女人对爱情永恒的渴望，以及对婚姻圆满的追求。圆形钻是世上最为融和隽永的真爱见证，象征着包容、恒久、完美之爱。戴瑞 DR 戒指以圆钻完美恒久为主导风格，热烈深情地诉说着属于一对恋人完美纯粹的浪漫真爱。

7. Just You 系列

Just You 系列为正面夹镶设计，侧面以优雅的线条打造出两颗完美的心形，并紧紧嵌住闪亮的钻石，这正是爱人彼此之间共同守护的永恒约定。交错扭臂，如恋人间交叉的双指，诉说缠绵的爱情。用设计诠释最动人的言语，一生有你，便已足够。

8. I Swear 系列

比利时国王在女儿出嫁时，专门为公主打造了一枚独特而神秘的正方形钻石，四个棱角分别代表着疼爱、心爱、珍爱、情爱，这便是盛行于欧洲大陆的"公主方钻石"，闪烁的光芒象征着幸福的火焰；I Swear 系列方形台面宽大，四爪镶嵌，将钻石托得更高，棱角分明，个性化的线条突出女人刚柔并济的气质；洗练俊朗的直线，自信时尚，展现女人的非凡魅力和内涵。

9. Princess 系列

在爱里，每个女孩都是美丽的公主，等待与心中的白马王子相遇、相知、相爱。Princess 系列充满了小女孩的情怀，以流线排钻，钻石的大小、色级、净度必须高度一致，如同真爱必须一心一意。浪漫的设计，充满梦幻的公主风格，将女孩的纯真体现得淋漓尽致。

10. Forever 系列

Forever 系列六爪经典，传承欧洲皇室王冠镶嵌工艺，象征王室的尊贵与端庄。唯有百年经典赞颂之作，才足以承诺"一生·唯一·真爱"。如图 5-5 所示，六爪是至今最牢固，也是最能凸显钻石璀璨光泽的镶嵌方式。戒托犹如埃菲尔铁塔的底座，将钻戒高高托起，让光线可以充分进入并全部反射出去，呈现出梦幻美妙的光芒。

图 5-5　戴瑞 DR 产品目录

（五）地址

戴瑞 DR 实体店的选址向来以极具浪漫气息而为人津津乐道。在一座城市最浪漫或最有文艺气息或最具地标性之地建立新店铺。甚至会邀请著名设计师亲自设计店面，立志满足每一位到店顾客的视觉体验，让其可以在极为轻松而美好的环境里，挑选出此生仅此一枚的最美钻戒。

如图 5-6 所示，目前，戴瑞 DR 实体店已经覆盖国内的主要一二线城市，包括香港、北京、上海、深圳、广州、南京、苏州等各大城市。戴瑞 DR 深圳店落址于独特的世界之窗欧陆风情街，童话般的欧式建筑，悠闲的露天广场，不远处遥相辉映的埃菲尔铁塔，为深圳店染上几分巴黎式浪漫，令人流连。戴瑞 DR 上海店落址于著名的红坊，繁华中的宁静，水泥森林间的绿意。而国际著名设计大师、恩爱伉俪罗灵杰和龙慧祺的倾情设计，更让浓郁的爱情气息在空中氤氲。这对神仙眷侣取灵感于数学符号"∞"，以"无穷"之意，给予有限时空里的恋人以无限真爱。那丝带般绵延的无限符号，祝福着到店的恋人爱意无穷，浪漫永恒。戴瑞 DR 北京店落址于京城极具名气的银河 SOHO 中心，气势宏大的建筑群，优美流畅的设计，让北京店大气却不失时尚。店内典雅而浪漫，以圣洁无瑕的白色为主色调，玫瑰金点缀出浪漫格调。戴瑞 DR 实体店从钻戒柜台到沙发与灯饰的精心甄选，从墙面壁纸到图片设计的每一处完美细节，无不透露出戴瑞 DR 对至臻至美的追求，一切只为在古城中的时尚之地，见证真爱的永远鲜活，也见证真爱的永恒浪漫。

图 5-6　体验店

戴瑞 DR 力所能及让每位到店的客户都能感受优质专业的服务，并得以切身体会到戴瑞 DR 动人的真爱理念。在戴瑞 DR 实体店内设有可供客人休憩的舒适沙发，隔开的座位让客人享受 VIP 式的私人专享待遇，并提供一对一的悉心购钻咨询服务。戴瑞 DR 实体店内环境典雅而浪漫，以白色和玫瑰花为主色调，让恋人可以在惬意的环境里，慢慢挑选自己心仪的钻石戒指。

二、广告内容

（一）寓意"一生只爱一人"

如图 5-7 所示，每位男士凭身份证，一生仅能定制一枚戴瑞 DR 钻戒，寓意"一生只爱一人"。如表 5-1 所示，从形式上来看，求婚戒指需要男士以单膝跪下的形式恳请与他共度一生，

图 5-7　戴瑞 DR 钻戒广告镜头

101

女士才会欣喜戴上的唯一珠宝，意味着权利与信任的交接，是爱情与婚姻的承诺。万千女性期待着一枚戴瑞 DR 钻戒，不仅是一枚象征着步入婚姻的求婚戒指，也是一份一生唯一承诺的最高誓约。

表 5-1　戴瑞 DR 钻戒客户名单

姓名	年龄	老伴年龄	婚期
肖金莲……女	82	86	60
杨玉雪……女	76	保密	40
张桂新……男	68	66	45
吴庆芝……男	76	72	46
徐少英……女	70	保密	50
袁东初……男	86	82	60
陈广胜……男	63	63	40
史桂香……女	80	保密	50
张保安……男	65	64	40

戴瑞 DR 很好地抓住了大众的心理，万千女性都希望得到对方携手一生到白头的承诺，但那些承诺是缥缈的，碰不到，也摸不着。而戴瑞 DR 钻戒就把这种承诺变成了一枚戒指，一份证书，是切切实实看得到、抓得住的。这样，这些女性不仅得到了对方口头上的许诺，也得到了实质上的证明。相当于为他们的爱情和婚姻上了双重保险，这些女性也会更有安全感。

（二）柔情故事

随着消费者日益挑剔的品位，广告已经从过去那种毫无情感可言的硬广，转变为以创意和情感制胜的软广。但是，认真观看众商家的软广之后就会发现，大多数的软广不是云里雾里不知所云，就是兜兜转转让人忘记了重点，又或者是华丽丽的宣传效果掩盖了核心内容，结果就是大手笔制作最终却连本儿都换不回来。

如图 5-8 所示，在 2017 年的情人节，浪漫求婚钻戒品牌——戴瑞 DR 钻戒（Darry Ring）做了一件特别有意思的事情——拍摄了真实感人视频《当你老了，是否依然爱 TA》，带大家去看看真正过了一辈子的老夫老妻的样子，而执子之手、与子偕老又是怎样的一种体验。"遇见一个喜欢的人，把日子过成诗，是你我的梦想。但是你和我都知道，爱情并不只是甜蜜，一路走来难免有分歧，有纷争。在那个时刻，心底是否也浮起一朵疑云：这辈子能不能走到头？不妨看老人们讲述那些青春往事，那些苦楚和遗憾，那些温暖和陪伴，甚至谈到了生死分离

第五章 戴瑞（Darry Ring）：定制属于你的真爱

的话题等，或许你已经哭红了眼眶"。

见证了千千万万份令人感动的真爱之后
DR记录下这些老人最真实的感人爱情

当你老了，是否依然爱Ta如初？

图5-8 戴瑞DR钻戒广告片头

在快时代，看看戴瑞DR钻戒"一生只爱一人"的爱情。《当你老了，是否依然爱TA》广告中分别以7个问题采访了九位老人，用他们真实的故事填满了这则广告，这个广告里面没有缤纷多彩的场景，也没有用特别高级的拍摄手法，也没有在后期运用滤镜或者调色，只有每位老人的特写，从背景也能看出，他们受访的地点就在他们自己的家中，虽然简单，但充满温馨，毕竟家里才是和老伴一起度过时间最长的地方。如图5-9所示，说起对方是什么样的人的时候，有的老人对老伴不吝称赞，有的笑着说着对方的缺点，不管是好话还是坏话，当说起和自己一起过了将近一生的人的时候，眼中都充满了爱意。

图5-9 戴瑞DR钻戒广告镜头之一

资料来源：http://v.pptv.com/show/qWhS0fs5puRHxS0.html。

虽然结婚至今已有半个世纪，但他们仍清楚地记得第一次见面时对方的样子、梳的什么头发、穿的什么衣服，大概只有真的是把对方放在心上才会时隔这么久还清楚地记得吧。如图5-10所示，想起一起经历过的事，有苦也有甜，这些爷爷奶奶在那个年代受了不少苦，有过争吵和矛盾，但他们一直记得对方为自己做的一些感动的事，一位爷爷因为对方一直让着自己，包容他的脾气感觉很对不起对方。

还有一位奶奶腿脚不太好，她的老伴每天为她推轮椅，她一直觉得很感动，虽然在别人看来可能是天经地义的事，但她对这件事一直充满了感激。对一些爷爷奶奶来说，在那个纷乱的年代，没有举行过一场正式的婚礼对他们来说是一个

图 5-10　戴瑞 DR 钻戒广告镜头之二

资料来源：http://v.pptv.com/show/qWhS0fs5puRHxS0.html。

遗憾。而对里面有三位老伴已经不在人世的奶奶来说，最大的遗憾就是对方不能再陪着自己了，就算照顾生病的老伴很辛苦，她们也希望能多陪陪对方，老伴过早地离开对这些奶奶来说大概是此生最大的遗憾了吧。如图 5-11 所示，无论经历了多少困难，度过了多少难熬的日子，就连之前一脸不喜欢地说着对方缺点的那位爷爷，但当制作组问他们下辈子是否还愿意选择对方的时候，他们都坚定地回答"愿意""当然可以""那肯定的""我认定这个人""是他的时候还是嫁给他""非她不娶""来世我还要娶她"。

图 5-11　戴瑞 DR 钻戒广告镜头之三

资料来源：http://v.pptv.com/show/qWhS0fs5puRHxS0.html。

在广告中，唯一能看到的外景就只有在结尾的时候，这些爷爷奶奶在外面旅行合影的照片。希望照片能保存得久一点，颜色掉得慢一点，能让这些爷爷奶奶多看几次，回忆起当时快乐的样子。而且在广告中，使用的背景音乐也只有一首，是由杨宗纬演唱的"一次就好"。没有使用古典浪漫的钢琴曲，而选用了当时在网络上流传十分广泛的中文歌曲，歌名和歌词的意义都十分贴切广告内容和品牌理念，中文的歌词也会让观众产生共鸣。在长达 5 分钟的广告中，背景音乐只出现在了广告的最后，并只使用了副歌部分，这样，也不会因为过度使用而让观众产生审美疲劳。

没有当红小鲜肉，没有知名小花旦，没有道具，没有特效，有的只是真诚的

第五章 戴瑞（Darry Ring）：定制属于你的真爱

语言和镜头。戴瑞 DR 钻戒爱情短片拍摄的主角，是征集招募到的每一位戴瑞 DR 族的爷爷奶奶，或自己上戴瑞 DR 门店购买钻戒的暮年老人。只为在他们风风雨雨几十年之后，为他们的爱情做一个还原他们真实心声的爱的记录。看着戴瑞 DR 情人节暖心视频中的那些老人笑着说："我们风风雨雨几十年，下辈子我还想娶你"抑或是"老头，我们一起活到一百岁"。如图 5-12 所示，这难道不正是人们一直向往的白头到老的爱情吗？"我爱你"说出来很简单，难的是走了一辈子，初心不变。这些老人，用一生时光去坚守爱情，执子之手，与子偕老，让爱情回归到纯粹的本质。让人看了为之动容、落泪。

图 5-12　戴瑞 DR 钻戒广告镜头之四

资料来源：http://v.pptv.com/show/qWhS0fs5puRHxS0.html。

现在的世界变化太快，人心浮躁，快餐爱情泛滥。离婚率飙升，人们容易对爱情失望，也曾怀疑过"真的有一生不变的爱情吗"。戴瑞 DR 钻戒品牌，让温情和真爱回归。通过这个纪实视频，戴瑞 DR 想告诉大家：一生的爱情依旧存在，如此美好，依然值得期待和追求。在戴瑞 DR 情人节暖心视频的结尾，戴瑞 DR 钻戒打出了主题"爱若唯一，一次就好"，而正是戴瑞 DR 一直在坚持传达的爱情观。从一枚戴瑞 DR 求婚钻戒开始，戴瑞 DR 在全球创下"男士一生仅能定制一枚"的浪漫规定，寓意"一生只爱你一人"。至今，仍然在坚守。

这些爷爷奶奶的故事也契合了戴瑞 DR 钻戒的品牌理念"一生·唯一·真爱"，这是一则全国性广告，用这些真实的故事来向大众传播戴瑞 DR 的品牌文化，而且是一个感性诉求广告，以广告中各位主人公的爱情为基础，让观众把这种感情于戴瑞 DR 品牌结合起来，从而让观众对此产生深刻的印象。这则广告选择的是通过互联网进行传播，因为戴瑞 DR 的消费和受众群体比起电视或者其他媒介，对互联网会有更多关注。如图 5-13 所示，在这个广告中没有出现任何该品牌的产品，通过这些爷爷奶奶的故事来表现出该品牌的个性，是一则好的品牌广告。

广告虽然是以访谈的形式来进行，但是没有出现主持人，广告中的主人公正

105

新媒体广告营销案例集（第二辑）

图 5-13　戴瑞 DR 钻戒广告镜头之五

资料来源：http://v.pptv.com/show/qWhS0fs5puRHxS0.html。

对着镜头说着他们的故事。所以，当人们看着这则广告的时候，就好像广告中的主人公正在同你谈话，能更快地吸引注意力并让受众投入其中。如果受众也有那些经历，当看见广告中出现问题的时候，可能会在心里默默回答，或者会想起之前和对方一起经历过的事，能更好地将受众带入其中。这则广告的一个优势就在于受众群体十分广泛，不论男女老少，或者处于什么年龄阶段，他们都会被这则广告影响，从而改变他们选择不同品牌的同一种产品顺序。比如，在看这则广告之前，他们选择钻戒的时候会先挑选其他品牌。而当看了这个广告之后，被广告中传播的理念所影响，从而把戴瑞 DR 钻戒放在了挑选钻戒品牌的第一顺位。

虽然广告中没有出现任何产品，但仍然会激发顾客的购买欲望，因为他们会觉得能用这些钱买到一个对对方一生的承诺，他们获得的利益大于付出的费用，自然会想要买这个产品。戴瑞 DR 钻戒的这则广告没有去回避这个万千情侣都将会面对的现实问题。但是，这则广告却以品牌营销的核心内涵巧妙地化解了这个难题。广告中出现的爷爷奶奶也算是用自己的亲身经历告诉了现在的年轻人，其实和一人共度一生虽然不简单，但是也并不困难，他们经历了那些战乱的年代、社会动荡的时期，经历了比现在的年轻人更艰辛的困难，但他们仍守住了"一生唯一"。

在广告的最后出现了戴瑞 DR 的品牌广告，但观众们心中没有对广告植入的埋怨，反而多了一种深入心底的暖意。戴瑞 DR 钻戒这次的广告没有故意去切中时尚潮流的热点，更没有刻意去追求高大上的华丽场面，而是让内容归于平凡，记录一些许多人都会经历或者将来会碰到的事情，让套路变成了真情流露，让观众在看完广告之后对品牌有了更深刻的认识，在内心也建立了对品牌的信任。这种内化于心的感召力，正是戴瑞 DR 钻戒这次广告营销最大的成功。

（三）引起共鸣

唯有引起人群共鸣的作品，才能不断被转发、分享，获得超高的流量。戴瑞 DR 钻戒的这支广告凸显了一种创意。故事内容不仅仅是爱情，而是拓宽延伸到人们的日常生活。有爱情，也有亲情。说教式的广告早已经被淘汰，最新的营销广告新模式已然冒头。有感情有思想，是戴瑞 DR 钻戒这则广告成功的一个重大因素。通过爷爷奶奶们的讲述，演绎出至深的爱情和深情。听听那些共同携手走过几十年的老人，他们对爱情的理解和诠释，无须装饰。只是简单的记录和倾听，便已足够触动人心，唤出真爱力量。提醒人们不忘爱的初心，一爱到底。"执一人之手，陪一人终老，是我做过最正确的一件事。其实，谁都不敢承诺。这辈子相爱了，生活就只有甜蜜和欢笑。现实的风浪，总会朝我们涌来，但好在，我们都不曾想过放弃彼此。一生很长，长到我们一起经历了那么多的风风雨雨；一生很短，短到我们还没来得及享受时光就白了头。几十年的吵吵闹闹，相濡以沫，回过往，始终觉得你好。一次就好，我陪你走到天荒地老。好的爱情，就是我爱你年轻时的面孔，也爱你年老时的皱纹"。戴瑞 DR 的这波广告打得漂亮，打得直击人心！

三、传播效果

（一）传播效果

如图 5-14 所示，戴瑞 DR 抓住时代痛点，引发真爱风潮。首日点击即逼近千万，网友纷纷分享到朋友圈。一些大 V 也变成了自来水，掀起接力般的转发热潮，有网友表示：每一次点开，都有不一样的感受，都会感动落泪。这个情人节，戴瑞 DR 钻戒（戴瑞 DR）的一条催泪广告视频《爱若唯一，一次就好》刷爆了朋友圈。但奇怪的是，这

图 5-14　戴瑞 DR 钻戒 Slogan 品牌口号

次这波狗粮大家几乎是吃得一点脾气都没有！2017 年情人节，当其他品牌都在怂恿用户去勇敢告白爱的时候，戴瑞 DR 钻戒选择用镜头记录下数十位老人的真实走心故事。情人节做广告，并不一定要聚焦在你侬我侬的年轻情侣上，听听那些共同携手走过几十年的老人的故事，他们对爱情的理解和诠释，无须装饰，只是简单的记录和倾听，便已足够触动人心，唤出真爱力量。提醒人们不忘爱的初心，一爱到底，这才是这个节日最大的意义。

用镜头记录下相伴几十年的老人的真实爱情，感动了千千万万人。如图 5-15 所示，播出后短短一小时内，这个感人戴瑞 DR 情人节暖心视频在各大平台上被用户疯狂转发，连续在微信朋友圈、微博、视频网站各平台刷爆，单秒拍平台 2 小时内播放量超过 500 万次，半小时内点赞破万，首日点击破千万，引发广泛热议。一些明星大 V 也变成了自来水，掀起接力般的转发热潮。如图 5-16 所示，网

图 5-15　网友评论

图 5-16　网友微博评论

友表示：每一次点开，都有不一样的感受，都会感动落泪。而戴瑞 DR 钻戒的粉丝群体更是将戴瑞 DR 式"一生只爱一人"的爱情推崇到了极致，将其视为爱情信仰，并自发形成了戴瑞 DR 族，在微博上、微信、贴吧、空间等平台已超过600W 粉丝群体。其中，更不乏一些明星名人大咖。在 2016 年，"东华上仙"钱泳辰吕一夫妇、陈紫函戴向宇夫妇、乒乓球奥运冠军许昕姚彦夫妇等，越来越多的明星先后加入戴瑞 DR 族，他们以一枚戴瑞 DR 钻戒承诺此生真爱不变。在这个出轨率居高不下的娱乐圈中，更是显得勇气可嘉。甚至每个敢于使用戴瑞 DR 钻戒去兑现真爱的明星，都成为了圈内的热点和话题。

没有当红小鲜肉、没有知名小花旦、没有道具、没有特效，有的只是最真诚的语言和镜头。如图 5-17 所示，戴瑞 DR 钻戒爱情短片拍摄的主角，是征集招募到的每一位戴瑞 DR 族的爷爷奶奶或自己上戴瑞 DR 门店购买钻戒的暮年老人，只为在他们风风雨雨几十年之后，为他们的爱情做一个最还原他们真实心声的爱的记录。显而易见，戴瑞 DR 钻戒是想将这则情感实录，同时也是一封用一生时光写成的"情书"送给时下的年轻人。调查显示，超过 80%的"80 后""90 后"单身男女有"恋爱恐惧症"，多数的人没有真正意识到自己的需求，不知道自己真的想要什么，也常常怀疑爱情。在他们心里，"一生只爱一人"如天方夜谭一般。尽管如此，人们对真爱的渴望和追求却从未停歇。戴瑞 DR 抓住时代痛点，引发真爱风潮。

图 5-17　戴瑞 DR 钻戒广告镜头之六

资料来源：http：//v.pptv.com/show/qWhS0fs5puRHxS0.html。

作为一个求婚钻戒品牌，戴瑞 DR 一直坚持"一生·唯一·真爱"的理念，在这个很多人不敢说真爱的时代，鼓励了千千万万的戴瑞 DR 族相信真爱并勇敢追求真爱。此次广告"爱若唯一，一次就好"的主题将品牌理念完美融合，再一次向世人传递了一生只爱一人的真挚爱情。"无论何时何地都要真诚"，这是营销上非常重要的一点，有时候再好的创意都比不上一次真诚的展示。戴瑞 DR 自品牌创立以来，始终带着"让爱情更美好"的强烈使命感去经营品牌，去影响每一个人。同理，戴瑞 DR 的广告营销一直都是以真情、真诚为第一位，正如其所倡导的"一生·唯一·真爱"理念一样，用真心去打动人，用真情去说服人。

一直以来戴瑞 DR 钻戒主打品牌广告，树立产品的品牌形象，以提高品牌的市场占有率，突出传播品牌的个性以塑造品牌的良好形象。如图 5-18 所示，戴瑞 DR 钻戒这个品牌以一句"男士一生只能定制一枚"的广告词闯入人们的视野，近年来备受广大消费者的青睐。如今的珠宝产业内部已经出现了双轨前

图 5-18　戴瑞 DR 钻戒 Slogan

行的现象：老牌珠宝商转型艰难，营业额下降；新兴珠宝品牌营业额爆发增长。年轻一代趋于个性化，意味着设计美感强、品牌有内涵的珠宝首饰市场份额将逐步提升，消费升级与年轻化成为珠宝品牌发展的一个新趋势。年轻一代中产阶级消费人群呈现了新的消费特征：从从众化同质消费到自我化个性表达消费，从追求性价比到追求高品质，从炫耀到悦己。业内人士称：许多传统品牌的珠宝款式大部分毫无设计美感可言，珠宝款式基本一个样子，老板一听说谁家有爆款就搞过来改一改，打上自己的 LOGO 就成了自家东西了。现在年轻中产阶级，脱离了简单粗暴的炫富消费，更在乎品牌的内涵和协调性，从而更好地表达自己。宝格丽、卡地亚、戴瑞 DR 钻戒等，都是在产品设计上追求美感，在品牌内涵上下功夫。

戴瑞 DR 钻戒大受欢迎，是因为懂得年轻人的心。设计上符合新中产阶级的审美，并且沉淀品牌内涵，塑造可以个性化表达自己的产品。戴瑞 DR 钻戒全球首创"一生只爱一人"概念。戴瑞 DR 将戒指与身份证 ID 号进行绑定，也就是说：男士凭借身份证，一生只能定制一枚，送给一生唯一真爱的人，且必须先购买求婚钻戒才能购置其他纪念日礼物。广告诉求是商品广告宣传中所要突出强调的内容，也就是人们口中的"卖点"，体现了整个广告的宣传策略，是广告成功的关键。倘若广告诉求选定得当，会对消费者产生强烈的吸引力，激发起消费欲望，从而促使其实施购买商品的行为。感性诉求广告，直接诉诸消费者的情感、情绪，如喜悦、恐惧、悲哀等，形成或者改变消费者的品牌态度。在这类广告中，消费者首先得到的是一种情绪、情感的体验，是对产品的一种感性认识，得到的只是产品的软信息。这种软信息能够在无形中把产品的形象注入消费者的意识中，潜移默化地改变消费者对产品的态度。感性诉求广告以消费者的情感或社会需要为基础，宣传的是广告品牌的附加价值。

如图 5-19 所示，戴瑞 DR 这次的情人节广告，作为一则感性诉求广告，采用了感性的表现形式。以相濡以沫结婚数十年的爱情为基础，对广大受众诉之以

情，激发人们对爱情的向往，并使之移情于广告物。从而使广告物在受众的心智中占有一席之地、对广告中出现的产品产生好感，最终发生相应的行为变化。

图 5-19　戴瑞 DR 钻戒专属空间

（二）戴瑞 DR 钻戒其他广告宣传

不是花重金去邀请大牌明星，而是细心研究最能打动人心的广告文案，始终如一地坚持品牌理念不动摇大概是戴瑞 DR 钻戒如今在广大消费者心中占据一席之地的撒手锏。

以用户需求为导向，打造戴瑞 DR 族信仰社交。戴瑞 DR 钻戒通过在官方社交媒体平台，发布当季首饰流行元素及趋势信息，发起以情感需求为主的讨论话题，鼓励粉丝互动，获取粉丝对款式、材质、设计元素和理念的选择与偏好，从而公司确立设计方向与主题，最终发布与粉丝需求强相关的产品。经营品牌的官网、官微以及微信公众平台，积累了大量的忠实粉丝。在线客服实时回复答疑、搭建 "戴瑞 DR 族感情分享社区" 为粉丝搭建在线沟通分享的平台，戴瑞 DR 钻戒就是这样一步一个脚印地稳中求进，保证现有客户的品牌忠诚同时又吸引越来越多慕名而来的消费者。

而戴瑞 DR 钻戒的粉丝群体更是将戴瑞 DR 式 "一生只爱一人" 的爱情推崇到了极致，将其视为爱情信仰，并自发形成了戴瑞 DR 族，目前戴瑞 DR 钻戒微博粉丝 386 万，微信粉丝 80 万，加之 QQ 空间等其他渠道，粉丝总体数量过千万。粉丝数量、互动率为珠宝行业之最，并在 2016 年企业品牌微博排行榜中排名前十。这种美好的爱情理念也吸引了不少名人明星踊跃加入戴瑞 DR 族。如图 5-20 所示，2016 年以来，"跳水女皇" 吴敏霞、"国乒名将" 许昕、"体操吊环

111

王"陈一冰等一批奥运冠军,以及娱乐圈诸多一线艺人,如吴京谢楠、李承炫戚薇、戴向宇陈紫函、吕一钱泳辰等都不约而同地选择了戴瑞DR钻戒作为求婚钻戒,成为明星真爱一族的典范。

图5-20 戴瑞DR钻戒客户故事

如果以为戴瑞DR只有线上广告就错了,事实上该品牌的线下广告更是夺人眼球。如图5-21所示,2017年七夕,铺满粉色的地铁10号线整列车厢印满了数百句甜蜜而虐心的求婚宣言,扫描旁边的二维码,还能看真人求婚视频。不少人驻足观看,更是有人看得哽咽落泪。

如图5-22所示,面对消费升级带来的冲击,珠宝产业内部已经出现了双轨前行现象:一边是老牌珠宝周大福、周生生,面临转型数据不甚理想:周生生2016年全年财报显示,营业额为160.925亿港元,同比大跌15.6%。周大福珠宝集团对外公布的2016年、2017年财年报告显示,公司在2017年上半年营业额为215.26亿港元,同比下滑23.5%。另一边却是疯狂的爆发增长。珠宝品牌宝格丽、卡地亚等,在中国连续多年销量逆势增长;戴瑞DR钻戒的市场亦取得迅猛扩张,业绩增长明显。

第五章　戴瑞（Darry Ring）：定制属于你的真爱

图 5-21　戴瑞 DR 钻戒广告地铁

图 5-22　戴瑞 DR 钻戒百度资讯

究其原因，是"80 后"一代中产阶级将成为珠宝消费的主力。这意味着，珠宝品牌需要准确把握这一群体未来的价值需求与行为特征。如图 5-23 所示，年轻一代趋于个性化，意味着设计美感强、品牌有内涵的珠宝首饰市场份额将逐步提升，消费升级与年轻化成为珠宝品牌发展的一个新趋势。现在年轻中产阶级，脱离了简单粗暴的炫富消费，更在乎品牌的内涵和协调性，从而更好地表达自己。宝格丽、卡地亚、戴瑞 DR 钻戒等，都是在产品设计上追求美感，在品牌内涵上下功夫。

事实上，自戴瑞 DR 首创性提出"一生仅能定制一枚"之后，不少品牌也仿效其创意提出"全世界仅此一枚"等相似宣传标语。但始终无法撼动戴瑞 DR 钻戒推出的首创性及其在大众心目中的地位。如图 5-24 所示，当其他钻戒品牌的广告还在花重金请明星代言或者宣扬其钻石品质抑或抄袭仿效戴瑞 DR 品牌创意的时候，戴瑞 DR 更多的时间则用在挖掘打动人心的爱情故事与广大潜在消费群体共同探寻爱情真谛，缔造出更受欢迎的珠宝以适应消费市场。

图 5-23　戴瑞 DR 广告点击量

图 5-24　戴瑞 DR 钻戒专属证书

戴瑞 DR 钻戒大受欢迎，是因为懂得年轻人的心。设计上符合新中产的审美，并且沉淀品牌内涵，塑造可以个性化表达自己的产品。戴瑞 DR 钻戒全球首创"一生只爱一人"概念。看似严苛的购买规定，其实正好击中了年轻中产通过产品表达自己个性的诉求。通过这个产品设定，戴瑞 DR 钻戒塑造了"一生只爱一人"的品牌内涵。这样的设定，触动了许多年轻人的内心。如图 5-25 所示，在现代社会，金子、房子、车子等物质条件裹挟着年轻人的感情，戴瑞 DR 钻戒是市场上少有能关注到年轻人内心情感诉求的珠宝品牌,被赞誉求婚钻戒第一品牌。戴瑞 DR 钻戒,让许多信仰爱情是唯一,愿意承诺"一生只爱一人,执子之手,与子偕老"的人,找到了表达自我的方式。

看哭3亿人,DR钻戒神广告又双叒叕火了!
2017年11月4日 - 今天,广告圈营销圈各大市场人的朋友圈全部被DR钻戒(Darry Ring)创意神作《她的爸爸不要我》刷刷刷屏了。▼不同于方太广告的慢叙述情感路线,DR...
mini.eastday.com/mobil... ▼ - 百度快照

DR钻戒真人秀广告,制作太烂却看哭千万人! 搜狐娱乐_搜狐网
2017年6月8日 - 最近,网上的一部DR求婚钻戒视频火了。这部没有明星大腕,没有知名导演,连拍摄都是手机自拍的真人秀在网上火爆的一塌糊涂... 这被广告业内...
www.sohu.com/a/1472905... ▼ - 百度快照

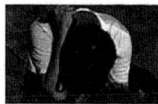

同样是刷屏级营销,为什么DR钻戒可以成功转化?
当现在DR钻戒这场freestyle营销成功后,我们不得不问:同样的叙事模式,同样是刷屏...其实很多人之所以说百雀羚广告是次失败的营销来自于一点:大量曝光并没有带来真正...
baijiahao.baidu.com/s?... ▼ - 百度快照

图 5-25　戴瑞 DR 钻戒广告的百度资讯

戴瑞 DR 钻戒在内容营销方面主要做符合未来新中产人群调性的情感营销。通过一系列不同恋爱属性,例如,大学生毕业季、异地恋、跨国恋、金婚爱情等,强调爱情的唯一性和求婚的重要性。在娱乐营销方面,通过粉丝层喜欢的娱乐方式进行传播,例如,戴瑞 DR 直播、影视剧植入、明星求婚等,注重将营销模式年轻化,迎合新中产阶级的个性化需求。娱乐化精神对新消费升级的转化,是一股强大动力。从这个意义上来看,戴瑞 DR 钻戒也是一家内容创作公司、娱乐公司。抓住品牌及产品受众的戴瑞 DR,一步一步在发展的道路上走得更加稳健,新媒体广告在其营业额增长方面功不可没。每次戴瑞 DR 推出新的品牌广告都会引发热议,抢占头条荧屏,备受大家的关注。

四、结论启示

随着互联网的迅速发展,新媒体技术得到各行各业的普遍推广与应用,越来越多的营销手段层出不穷,为营销者带来了可观的经济效益。如今在快速发展的营销行业,纪录片广告的出现,让营销的口碑度和传播速率再次加快。纪录片广告既是加长版的广告也是精华版的电影。广告同时传递了剧情。在受众紧张的生活节奏中,纪录片广告快速地、如同快餐一样满足了受众的某种精神需求,其迅速火爆再次将营销的模式变得温情而抢眼。戴瑞 DR 纪录片广告的成功不仅顺应了全媒体时代的广告传播方式，也为广告传播行业开辟了新天地，这将成为广告传播的新趋势。只有准确定位、挖掘纪录片内涵，才能打开纪录片广告传播更广阔的天地。

（一）准确定位受众，挖掘广告市场

准确定位是有效进行纪录片广告传播、进一步挖掘市场的必要前提。一般来说，消费行为过程包括：①确定需求上，年轻群体的需求层次不高，突出的是个性需求，追求自我个性与品牌特性的统一，通过品牌或产品来彰显自身的个性与独特——只要喜欢就买。②收集信息上，从问卷数据中可以看出该群体平均每天上网 5 小时，网络成为他们接触最多的媒体，由于缺乏购买经验，受意见领袖和舆论环境的影响很大，依赖同学、同事、网友的口碑交流。③评价方案上，年轻群体在评估备选方案时都有一些内在需求，如品牌、视觉享受（款式、色彩等）、听觉享受（他人的评价），抓住首要内在需求是关键。④购买决策上，年轻群体的购买决策偏向于品牌文化内涵丰富、舆论影响力强、曝光率高以及符合自身个性的产品。⑤购后行为，年轻群体具有主动、活跃的个性，使他们乐于尝试新鲜、追求刺激，喜欢在各种品牌中选择，品牌忠诚度低，缺乏主动传播购买和使用经验的积极性。

（二）表现品牌核心理念，深度整合娱乐与广告

纪录片广告必须将娱乐与广告深度结合，表现品牌的核心理念。在纪录片广告与其他传统广告的传播效果感知上，约 45% 的被调查者表示纪录片广告因其极具吸引力的形式比其他广告形式更有优势，能更好地传达品牌文化，并且容易将好感转移至产品或品牌上。纪录片广告虽然作为商业传播的一种媒介和手段，但不能单一地视作广告宣传片，其吸引观众的地方在于动人的情节、新颖的拍摄手法和贴近现实的内容、恰到好处的时长等。如果纪录片广告商业化太明显，专注于展示产品的价格、制造商等信息，不仅无法达到既定的营销效果，还容易引起受众的反感情绪，给品牌形象造成负面影响。纪录片广告创作不仅要娱乐观众，还要能引导观众。这种引导，可以是推销产品、传播品牌形象，也可以是组织形象、行业形象，甚至是经营理念、组织精神、社会价值观。此时，纪录片广告营销的可能是产品广告、企业形象广告、行业广告、公益广告等。在营销化叙事中以娱乐为名，营销为实，将产品、组织形象、价值观、正能量等潜藏于纪录片广告叙事当中，让观众随着叙事的发展，潜移默化，逐渐接受某种产品、形象或者某种理念、价值观。

（三）通过虚实结合，打通线上线下的营销渠道

新媒体营销不仅要做到多屏整合，达到对消费群体的全方位覆盖，还要综合考虑消费者之间不同的消费行为和消费习惯，避免仅限于网上营销使消费者陷入

"形式主义"的陷阱。大多消费者在网上虽然常常接触产品，但并不意味着有接触就会发生相应的消费行为。新媒体技术为消费者定制精准化服务和针对性营销，但只在网上单一进行营销并不能达到最终目的，因为消费者无从得知产品的品质是否值得发生消费行为，而且线上的营销也需要得到线下活动的支持。经营者必须建立互联网思维模式，使线上线下销售进行有效的整合对接。经营者必须意识到物流和实体销售对新媒体的影响力，将销售的重点放在线下产品的品质提升上。只有在此基础上进一步完善网络平台营销，才能真正达到互联网思维下的新媒体营销。

（四）微小叙事，个性诉求

微小叙事使得广告主必须运用广告营销中的差异化策略。广告差异化是营销差异化的重要组成部分，广告诉求的精髓就在于差异。什么样的差异能使受众产生兴趣？不会是微不足道的细小差异，也同样不会是对消费者无关紧要、不起重要作用的差异。利益至上是广告差异化策略的最高原则。这些利益包括多个方面，可以大致分为物质利益和心理利益。前者指消费品牌所能带来的物质、经济层面的享受、好处，后者主要指该品牌所能产生的心理上的愉悦感、满足感。真正有价值的差异在于能给消费者带来不同利益和好处，这才是广告诉求所要寻找的卖点。因此，广告传播差异化策略是很重要的。品牌文化价值差异难以被模仿和超越，可以作为品牌广告传播最核心的竞争力量。由于技术进步和创新，产品品质、功能会被赶超，而且即使暂时不被人追上也会出现产品趋同现象，导致差异不再存在，同样经济价值差异也容易被人跟踪模仿，竞争对手同样可以使用。但是文化价值差异却很难模仿，可以形成无形资产长期占有。在纪录片营销叙事中对广告产品做单一的、个性化诉求，这样才能使人们通过纪录片记住产品特征。

思考题

1. 戴瑞 DR 钻戒纪录片广告是怎样体现公司产品价值的？
2. 戴瑞 DR 钻戒是如何在纪录片广告中营造顾客体验氛围的？
3. 戴瑞 DR 钻戒通过老人叙事来感动年轻人的原因是什么？

参考文献

[1] 王红缨，葛苑菲. 微纪录片广告的心理效应解析 [J]. 新疆职业大学学报，2017（4）.
[2] 阴樱. 新媒体时代品牌微博营销的注意力经济视角解读——以 DR 钻戒成都春熙路大熊猫求婚为例 [J]. 传播与版权，2017（9）：142-143.
[3] 门铃. 一生只爱一人，你敢吗？[J]. 芭莎珠宝，2016（4）.

［4］陈奇武．浅论感性诉求广告的特点及应用［J］．新闻传播，2012（6）：128．

［5］张星．纪录片频道的广告价值——高端品牌形象广告是其主要方向［J］．和田师范专科学校学报（汉文版），2011，30（4）：123-125．

［6］孟佳．纪录片背后的"营销金矿"［J］．广告主，2012（7）：39．

［7］陶晓雯．新媒体广告的传播方式及营销策略研究［J］．传播力研究，2018（13）．

［8］周丽玲，陶如意．新媒体广告效果测量：问题、趋势与成因［J］．教育传媒研究，2018（1）．

第六章
北冰洋：老北京的追忆

北冰洋汽水广告充满着老北京的气息，对于北京人来说是再熟悉不过的了。但是，对于其他地区的消费者来说是十分陌生的，外地人对于该品牌的汽水并不认可。从最近几年拍摄的北冰洋汽水广告来看，北冰洋汽水一直主打怀旧风，并没有在产品形象、市场定位上有太多的改变。根据产品生命周期理论来看，产品生命周期分为四个阶段，即投入期、成长期、饱和期和衰退期。在投入期阶段，北冰洋汽水由于是经过"雪藏"后重新进入市场，有一定的顾客基础。此时为了扩大知名度，增加销量需要投放大量的广告来吸引消费者。同时只针对有一定认知度的北京地区消费者进行投放，可以减小风险，为产品的下一步推广做打算。北冰洋汽水的几支广告都强调了怀旧风，与消费者建立了密切的情感联系，使得产品迅速发展。进入成长期，这也是北冰洋汽水目前所面临的阶段。消费者对该产品已经熟悉，消费习惯也已形成，销售量迅速增长，而老顾客重复购买同时带来了新的顾客，销售量激增，企业利润迅速增长。但是此时北冰洋汽水的消费群体为北京地区的消费者，市场范围狭窄，且在传播中一直强调怀旧，引起部分消费者的反感，削弱了消费者对产品的忠诚度，进而可能会导致部分用户的流失。这些问题限制了北冰洋汽水的进一步发展，限制其扩大市场。

一、产品简介

（一）品牌简介

如图 6-1 所示，北冰洋（北京）饮料食品有限公司是橘汁汽水、橙汁汽水、苏打水、枇杷汁汽水、乌梅汁汽水等产品专业生产加工的公司，其前身为 1936 年的北平制冰厂，后于 1949 年收归国有。一年后，"雪山白熊"商标图案问世，并相继推出冰棒和雪糕。1985 年，北京市北冰洋食品公司成立，北冰洋迎来历史的辉煌时期。1985~1988 年，北冰洋公司产值超过一亿元人民币，利润达到 1300 多万元，牢牢占据着京城冷食、汽水领域的主导地位。

1994 年，随着招商引资大潮，北冰洋食品公司开始同外商合作，"北冰洋"汽水被分配给其中之一的百事—北冰洋饮料有限公司生产。遗憾的是，外资并没

图 6-1 北冰洋品牌标识

有给老字号带来活力。百事一门心思发展自己的产品,陆续将诸多碳酸饮料成功打入中国市场,但北冰洋汽水却遭到"雪藏",直至停产。在当时政策的鼓励下,百事可乐收购了北京北冰洋。本想借外资扩大经营,却使北冰洋汽水逐渐淹没在一股又一股的百事热、可口热的浪潮中,拱手让出了中国汽水市场。2007年,中方开始和百事公司艰难交涉,并于 2011 年收回"北冰洋"。现在的北冰洋隶属于北京一轻食品集团,开始了其回归之路。

　　经过不断的尝试,北冰洋将自己的市场定位在北京地区,作为北京地区"80后""90 后"儿时记忆深刻的北冰洋,对于产品的销售是十分有利的。在北京人的记忆里,北冰洋的品牌形象是清爽可口,是儿时在炎炎夏日中最为期待的消暑食品。童年的记忆是最为珍贵的,对于已经长大的"80 后""90 后"来说,期望再一次找到童年的记忆,体验一次当年在烈日下喝北冰洋汽水的清爽感。在品牌个性方面,北冰洋一直是忠实、可靠的代表,北冰洋最为经典的橘汁汽水一直是采购大量橘子,熬制成橘子酱制成汽水。与市面上采用香精勾兑的汽水完全不同,品质上的保障给消费者留下可靠的印象。如图 6-2 所示,近几年来,弘扬传统文化成为时代精神的重要部分,老字号一时受到大量的关注。作为北京人的回忆,重出江湖的北冰洋并没有受到冷落,北冰洋汽水在 2011 年 11 月一回归便创造了第一批 10 万箱(一箱 24 瓶)的销售量。2014 年夏天,北冰洋的日均销售量已达 2 万箱,即每天有 48 万瓶的北冰洋被一抢而空。其中,玻璃瓶装的北冰洋销量已超过同样包装的可口可乐和百事可乐在北京地区的销售总量。同时北冰洋经典的双棒儿冰棍由于更换为高品质的原料,也由原来的两三元涨到八元,北冰洋旗下的冰棍开始向中高端冰棍发展。北冰洋自成立以来,起起落落数十年,现在成为了一个享誉北京地区的老字号。

　　如今的北冰洋旗下产品在汽水方面推出了橘汁汽水、橙汁汽水、苏打水、枇杷汁汽水、乌梅汁汽水,在冰棍方面推出了奶油味双棒儿冰棍、小豆冰棍、袋儿淋等。这些产品都是北冰洋在辉煌时期曾推出过的产品,很好地还原了那个时代的记忆,受到北京地区消费者的追捧。如今,在北京地区大大小小的餐馆里都能够看到北冰洋汽水的身影。

图 6-2　北冰洋产品

（二）产品分析

1. 产品

市面上最常见的北冰洋汽水为橘汁口味的汽水，这也是餐馆、大型超市中最常供应的一种，其他口味的北冰洋汽水比较少见，一般只能从老字号总店或网上购买。如图 6-3 所示，在包装方面，北冰洋汽水有玻璃瓶装和易拉罐装两种包装，玻璃瓶包装的北冰洋汽水一般二氧化碳比较充足，喝下去有沙口之感，在口感上更为刺激。由于玻璃瓶不方便携带，且面临着退瓶子，缴纳押金的问题，所以北冰洋针对这一情况，又推出了易拉罐装包装的北冰洋汽水。由于技术上的问题，易拉罐装的二氧化碳没有玻璃瓶的充足，与可口可乐等其他碳酸饮料在口

图 6-3　伊利马龙版广告之一

感上类似。所以玻璃瓶装的北冰洋汽水一般在餐馆售卖，不牵扯到退还瓶子的问题，易拉罐装的北冰洋汽水一般是家庭或者外出活动时购买。

2. 价格

由于成本的原因，如图6-4所示，北冰洋汽水的价格比市场上同类型的碳酸饮料价格要高。在玻璃瓶装的汽水中，排除掉玻璃瓶的押金后，可口可乐的市场定价为2~3元，而北冰洋的定价为4~5元。在易拉罐装的汽水中，可口可乐每罐的价格约为3元，而北冰洋汽水的价格为4元左右。从以上比较中可以看出，北冰洋汽水的价格比其他碳酸饮料的价格更高。

图6-4 北冰洋汽水价格

3. 渠道

如图6-5所示，对于北冰洋汽水的销售主要有三种分销渠道：

（1）北京地区餐馆的销售。在北京的一些老字号，例如，馄饨侯、小肠陈等都可以看到北冰洋汽水，这也是北冰洋汽水的主要销售渠道。

（2）在大小型超市里销售。在小型超市中主要售卖的是玻璃瓶装的北冰洋汽水，这是由于小型超市可以退还瓶子，返还押金。而在大型商超中由于无法解决瓶子押金的问题，主要售卖的是易拉罐装的北冰洋汽水。

（3）网上购买。由于网络的发展，越来越多的消费者选择网购。两种包装的北冰洋汽水均有售卖，但由于玻璃瓶装的不易于运输，会有玻璃瓶破损的现象发生，消费者满意度不高，更多的消费者会选择购买易拉罐装的北冰洋汽水。

图 6-5　北冰洋汽水摊位

4. 促销

北冰洋汽水在线上采用的是广告宣传，在电视和各大视频网站上播放广告，主打怀旧风格，勾起北京消费者的童年回忆，以吸引消费者注意。如图 6-6 所示，在线下主要是出现在一些老字号餐馆里，吸引到一些食客的关注，在线下形成热点，产生口碑效应，更多人开始关注到北冰洋汽水的重新出现。

图 6-6　北冰洋汽水体验店

二、广告技巧

（一）广告内容分析

1. AIDA 原则在广告中的运用

AIDA 模式也称"爱达"公式，是国际推销专家海英兹·姆·戈得曼（Heinz M. Goldmann）总结的推销模式，是西方推销学中一个重要的公式，其具体含义是指一个成功的推销员必须把顾客的注意力吸引或转变到产品上，使顾客对推销人员所推销的产品产生兴趣，这样顾客欲望也就随之产生，尔后再促使采取购买行为，达成交易。AIDA 是四个英文单词的首字母。A 为 Attention，即引起注意；

I 为 Interest，即诱发兴趣；D 为 Desire，即刺激欲望；最后一个字母 A 为 Action，即促成购买。

AIDA 广告模式推销过程中的四个发展阶段是相互关联、缺一不可的。应用"爱达"公式，设计好推销的开场白或引起顾客注意；继续诱导顾客，想办法激发顾客的兴趣，有时采用"示范"这种方式也会很有效；刺激顾客购买欲望时，重要一点是要顾客相信，他想购买这种商品是因为他需要，而他需要的商品正是推销员向他推荐购买的商品；购买决定由顾客自己做出最好，推销员只要不失时机地帮助顾客确认，他的购买动机是正确的，他的购买决定是明智的选择，就已经基本完成了交易。

AIDA 模式是广告心理效应最常用的反应模式，其广告信息的反应过程是：注意→感兴趣→产生欲望→购买。情感诉求方式是广告诉求策略的重要方式之一，广告诉求的方式直接影响着说服的客观效果，富有情感色彩或人情味的广告更有感染力，更容易吸引消费者的注意并激发消费者的兴趣。广告活动的最终目的是把产品推销出去，然而广告能否达到这一目的，则取决于广告能否对消费者产生深刻的影响。因此，在 AIDA 模式中情感诉求无疑具有举足轻重的作用。

如图 6-7 所示，北冰洋于 2016 年上线一款主打产品北冰洋汽水的营销广告，广告中采用了京韵大鼓，后海和胡同的传统景象，刻画了北冰洋在北京人生活中扮演的是伴随成长的角色，用情感诉求打动消费者。通过勾画出老北京人对于北冰洋汽水的童年美好回忆，通过回忆作为切入点吸引消费者注意，调动起消费者对于北冰洋汽水的兴趣，吸引消费者想要重新回顾往昔而产生的购买欲望，实现北冰洋汽水的销售。

图 6-7 北冰洋汽水广告镜头之一

资料来源：https：//v.youku.com/v_show/id_XMTU4NTY5MzM3Mg==.html?。

2. 情感诉求在广告中的体现及运用

如图 6-8 所示，在广告中，所谓情感诉求就是从消费者的心理着手，抓住消费者的情感需要，诉求产品能满足其需要，从而影响消费者对该产品的印象，产生巨大的感染力与影响力。人在广告与营销环境下的情感倾向，具体表现在对营销事件、广告行为或品质的肯定或否定的评价，以及由此而引起的各种精神状态或生理、心理反应上。广告可以通过吸引人们的视线去关注其宣传的产品或服务，通过情感诉求，影响其内在的情感和价值观念，劝说他们在消费中扮演着特定的角色、指引着他们承担特定的义务等，进而影响他们的消费决策与消费行为。

图6-8　北冰洋汽水广告镜头之二

资料来源：https：//v.youku.com/v_show/id_XMTU4NTY5MzM3Mg==.html？。

如图6-9所示，广告中所说的人类具有情感作用，是指人在广告与营销环境下表现出有某种情感上的倾向，这种情感上的倾向有利于提高人的情感体验。因而人们对"刺激"情感的东西（如广告），总会产生有情感性的倾向。如果这一倾

图6-9　北冰洋汽水广告镜头之三

资料来源：https：//v.youku.com/v_show/id_XMTU4NTY5MzM3Mg==.html？。

向在人们生活中具有意义，特别是有象征性意义，这时情感体验就被唤起，进而影响消费者决策与行为。在广告与营销中"情感"常作为一种体验，用来概括人们在对一些真实或想象的事件、行为或品质的高度肯定或否定的评价，以及由此而引起的各种精神状态或生理、心理反应。北冰洋汽水在广告中通过画外音不断向消费者谈及北冰洋和童年回忆之间的联系，并在画面中着重刻画了老北京的风貌和生活，对于拥有北冰洋童年回忆的消费群体来说，势必会产生一定的情感共鸣，这一具有象征童年意义的北冰洋汽水，就会刺激并激发出对于童年生活的怀念和向往，促使消费者产生购买的情感倾向和欲望。

3. 情感诉求在广告中运用的意义

马斯洛的心理需求层次理论中指出，情感的需求和自我实现的需求是人类心理五种层次的需求。大多数成功的广告都善于向人们的心灵深处挖掘，以满足人们心灵深处的渴求与祈盼。因此，对情感的满足、对人的价值肯定、对和平安宁和幸福美满的向往等都成了现代广告表现的新主题，充分显示了人类对自身价值的一种诉求。北冰洋汽水广告中主要展现了北京人曾经和北冰洋汽水的共同生活经历，串联成一幅日常生活的情节画卷，勾起北京人对于童年回忆的向往和怀念，从而产生消费行为。感性怀旧的情感诉求无论对于哪一代北京人来说，都是非常重要的心理需求之一。人们对于过往的美好时光和物资贫瘠年代里作为生活调剂品的北冰洋汽水总是感怀在心的。因此广告要抓住这种情感心理，给消费者以感性怀旧的刺激和引导。感性怀旧也就成为感性诉求广告的一个切入点。如图6-10所示，广告制作人针对这一需求，再现各种老北京生活景象，渲染一种复古气氛，从而感染消费者，使消费者为之心动而最后达到广告的目的。

图 6-10　北冰洋汽水广告镜头之四

资料来源：https://v.youku.com/v_show/id_XMTU4NTY5MzM3Mg==.html?。

但值得注意的是，北冰洋汽水广告中过多的甚至是整个篇幅，都是用来描述北冰洋和老北京人的情感联系。短片中出现大量后海与胡同的街景，色调故意调到了怀旧的既视感，显得有些过于刻意追求凸显老北京情怀。过度的情感营销不仅令北京人感到疲倦无味，难以调动更多的后续消费动力，也让北冰洋汽水很难得到其他地区消费者的认同，此举势必会影响北冰洋在其他地区开辟市场，打开知名度。如图6-11所示，另外北冰洋主打的"情怀牌"恰好对应了当下消费主力群体的情感需求，他们都曾经在童年产生过与北冰洋汽水的美好回忆。所以在北冰洋汽水消失多年后重返市场，都会因为对于童年的向往而去购买产品。但是随着时间推移，"情怀牌"对于没有经历的人来说几乎不具备吸引力，这也是北冰洋需要在广告中需要创新的方面。一味地依赖情感诉求与情怀效应，北冰洋汽水的广告传播效果只会越来越差，从而无法对产品的销售产生任何作用。

图6-11 北冰洋汽水广告镜头之五

资料来源：https：//v.youku.com/v_show/id_XMTU4NTY5MzM3Mg==.html？。

（二）北冰洋广告艺术技巧分析

影视广告在表现形式上，吸收了装潢、绘画、雕塑、音乐、舞蹈、电影、文学艺术等特点，运用影视艺术形象思维的办法，使商品更富于感染力、召唤力。影视广告按自身的性质而言，是商品信息的传递，但在表现形式上又与其他种类的广告不同，是以艺术的手段来制作的。因此说，影视广告是信息传递，又是应用艺术手法来表现的。如图6-12所示，北冰洋汽水的广告也不例外地将传统戏曲元素融入到广告内容中，增强了广告的感染力和情景感。

图6-12 北冰洋汽水广告镜头之六

资料来源：https：//v.youku.com/v_show/id_XMTU4NTY5MzM3Mg==.html？。

1. 音乐

在广告的听觉上创意独特，会令观众感到新奇有趣从而产生兴趣，产生更加强烈的视听震撼。同时音乐理应与广告内容和风格相统一，才能奠定短片的独特魅力。就同一个主题不同的风格创意表现出来的感觉也都是不一样的。这里需要注意的是，镜头和镜头之间的风格要一直这样，观者会有统一风格的感觉。北冰洋汽水就利用了特殊音乐效果来展现。这则广告充满了传统的中国风韵，广告开篇以充满京味儿的京韵大鼓《风雨归去》为背景音乐，一开头就将观众拉入老北京风情中，再辅以北京后海，胡同的传统景观和微黄偏暗的色调，为观众构建了20世纪老北京的独特风貌，勾起消费者怀旧的心绪，引发购物欲望和消费热潮。音乐是无国界的、人类共同的语言，歌曲具备很强的感性煽动力元素，流行音乐和古典戏曲是流行与经典的写照。对于北京青年来说，他们的成长经历是传统与时尚交接共存的时代。所以，北冰洋广告中开篇就引入的戏曲元素和后半部分动感的流行音乐都能够触动消费者的情感。旋律简单、易学易记的流行音乐和意蕴悠远的戏曲音乐加深了消费者的记忆，促进了广告的传播。

2. 画面

北冰洋汽水广告的画面情节设计采用了散点式手法，多种情节片段组合的方式，通过不同人物在不同场合的言行片段来演示同样的怀旧主题，展示不同场景的某种现象或行为，将其有机的排列或者循序渐进。画面中展示了儿童在后海和胡同等老北京标志性地点玩耍嬉闹的场景和随后出现北京青年纵情欢聚，挥洒青春的场景结合起来。最后用"你喝的是汽水，我喝的是北冰洋"一句作为结束语，总结了北冰洋汽水和老北京人童年回忆的紧密联系。与之前的画面情节互相呼应，凸显了怀旧主题，同时又强调了北冰洋不仅是汽水，更是一种童年回忆的象征的深层含义，为北冰洋汽水赋予情感诉求意义，让许多观众在观看广告后勾起了对往昔的回忆与向往思绪。

如图6-13所示，片头或是广告在整段视频中应该掌握好节奏感，有的部分是舒缓的、也有部分是强烈快节奏的。在短的广告中，也有强弱强的节奏感也就是开篇出现最强音，一些广告开篇就要迅速上升达到最强音。然后转下到叙述具体内容这个部分画面，节奏也要放慢放平缓。在结束的部分要再次拉高，节奏加快最后定格在最强的画面。视频的整体节奏感把握好的话让观者不会感觉到乏味，

图6-13　北冰洋汽水广告镜头之七

资料来源：https：//v.youku.com/v_show/id_XMTU4NTY5MzM3Mg==.html？。

加之音乐的配合，观者很容易融入其中。北冰洋广告中开头以舒缓的戏曲带入，将老北京的情思蕴意缓缓诉说。广告中间接入激情澎湃的流行音乐，展现了老北京人活力青春的生活场景，寓意着老北京人虽然生活在不断飞速的发展，但是北冰洋汽水仍将是记忆里无法抹去的情思这一思想。

3. 画外音

这段时长仅为一分钟的广告，没有过度地展示介绍北冰洋汽水的口感优良，也没有着力展现安全生产过程，只是通过对一个问题"北冰洋是什么"进行了阐述。北冰洋汽水在广告中通过画外音阐述了"对我来说，它是童年的渴望，是自由凉爽的风，是青春的汗水和心跳，是街头的肆意和迷茫，是奋不顾身的勇气，是不计后果的疯狂。没错，你喝的只是汽水，我喝的是北冰洋"的广告语。由一个人讲述了北冰洋汽水对于老北京人来说不只是汽水饮料，更是童年美好回忆寄托的象征意义。广告词与画面中在老北京胡同里奔跑玩耍的儿童，后海欢聚畅饮和街道上恣意张扬的青年相互呼应，印证了北冰洋汽水伴随"80"后北京青年成长过程中的点滴记忆。北冰洋的存在见证着北京青年的成长历程，广告的内容深刻地触动消费者内心深处久远的记忆，消费者通过北冰洋汽水可以回望旧时，怀旧心绪引领购买风潮。

4. 摄影手法

如图 6-14 所示，北冰洋汽水广告运用了蒙太奇的拍摄手法。蒙太奇手法是一种有意涵的时空人地拼贴剪辑手法，最早运用在电影中，北冰洋汽水广告中儿童在后海玩耍的画面和青年在街头恣意张扬、街道上的婚礼等场景，每个场景都是拼接而成，直接切换，场景之间没有直接的联系。通过这种方式来表现老北京人和北冰洋汽水的密不可分。

图 6-14 北冰洋汽水广告镜头之八

资料来源：https://v.youku.com/v_show/id_XMTU4NTY5MzM3Mg==.html?。

（三）广告语

如图 6-15 所示，北冰洋 2016 年新广告中的文案为"北冰洋是什么，对我来说，它是童年的渴望，是自由凉爽的风，是青春的汗水和心跳，是街头的肆意和迷茫，是奋不顾身的勇气，是不计后果的疯狂。没错，你喝的只是汽水，我喝的是北冰洋"。本段广告语围绕着"北冰洋是什么"的主题，运用排比句式，符合广告文案准确规范、点明主题、简明精练、言简意赅、生动形象、表明创意、动听流畅和上口易记等要求。感情色彩鲜明强烈，立足于北冰洋黄金时期的社会风貌，配合视频中流转的画面，明确展现了北冰洋产品自身特性。

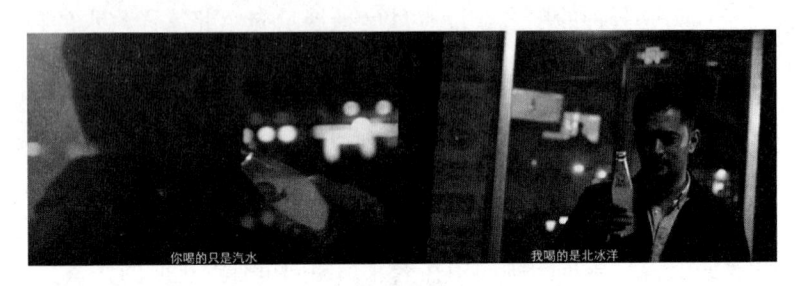

图 6-15　北冰洋汽水广告镜头之九

资料来源：https://v.youku.com/v_show/id_XMTU4NTY5MzM3Mg==.html？。

北冰洋广告语的亮点在于突出自身产品文化内涵，利用广告发生作用的行为主义与认知学习的原理，竭力唤起广告受众潜藏心中的情感。AIDA 理念认为，广告要想取得良好的宣传、促销效果，就必须引起公众的注意、引导公众产生兴趣、激发公众产生消费欲望并促成公众产生相应的消费行为。后来又有人对此法则进行补充，增加了增强记忆（Memory）、产生信任（Conviction）、感到满意（Satisfaction）等内容，从心理学角度构建更完善的广告运作模式。

仰着脑袋的北极熊、玻璃瓶金属盖儿、"呲呲"的气泡响……对于出生在 20 世纪 80 年代前的"老北京"来说，北冰洋是童年唯一的带色饮料，更是难以忘怀的青春回忆。因此，在北冰洋广告文案中，"它是童年的渴望，是自由凉爽的风，是青春的汗水和心跳，是街头的肆意和迷茫，是奋不顾身的勇气，是不计后果的疯狂"巧妙描绘了北冰洋汽水在北京消费者童年回忆中的感觉与形象从而增强记忆（Memory），努力向消费者追忆青春的精神需求靠拢从而产生信任（Conviction），最后通过"没错，你喝的只是汽水，我喝的是北冰洋"，彰显产品与众不同的个性魅力，从而使广告受众感到满意（Satisfaction），引导人们的视线去注意广告的主要部分、对广告中诉求的内容产生渴望，帮助主要诉求内容容易被记忆及引起预期的联想和购买动机。

"你喝的只是汽水，我喝的是北冰洋"是北冰洋广告文案中的点睛之笔。北冰洋借此广告语运用创造性思维对广告主题反复提炼和精心策划，重新赋予其新颖独特的意义，将所掌握的有关广告信息的符号元素，转换成消费者认同的形象或意念。以广告主题为核心、以广告目标对象为基准、以新颖独特为生命、以情趣生动为手段、以形象化为主线。根据 USP 理念，北冰洋广告语明确表达了自身汽水传递情怀与众不同的主张。该主张独具一格，是竞争对手没有提出的理念。广告语围绕该主张，内容力图能感动顾客，能够有效地引起顾客的注意，引导顾客购买，同时围绕青春与怀旧的主题凸显 ESP（Emotion Selling Proposition）情感销售主张。

北冰洋广告语同样强调了北冰洋广告的定位理念。宣扬情怀与个性的广告语注重通过广告让商品在潜在顾客的心理占有合适的位置、留下特定的印象，获得一个据点，巩固北冰洋汽水在同类产品中应有的独特位置。另外，在更深层次上，北冰洋广告语向广告受众传递了歌颂青春与生命、追求美好与活力的积极向上的价值观。作为改革开放前风靡北京全城的经典饮品，北冰洋汽水认为，自身是那个时代精神风貌的标志和代表，承载了北京一代人的成长记忆。因此在广告语中，用"对我来说，它是童年的渴望，是自由凉爽的风，是青春的汗水和心跳，是街头的肆意和迷茫，是奋不顾身的勇气，是不计后果的疯狂"大力渲染恣意随性的青春心路，赞颂 20 世纪 80 年代的纯真鲜活和年代魅力。

该广告价值观十分符合该汽水产品的品质与历史特点。"你喝的只是汽水，我喝的是北冰洋"则向广告受众传递自身自信个性、独树一帜的价值，从而建立产品社会价值链，例如，生命、友谊、爱情等和建立产品的主观价值链，进一步强化广告主题。广告语所体现的价值观还增强了北冰洋汽水给广告受众的温情怀旧的感觉，塑造北冰洋汽水青春活泼的性格，赋予产品作为潇洒自由的"老北京"青年的个人象征，进而挖掘北冰洋汽水产品潜在价值、创造产品新价值、唤醒消费需求、创造消费需求。

（四）主线

北冰洋 2016 年新广告以"北冰洋是什么"为鲜明主线，向广告受众群体清晰展示产品性质。根据广告学所学知识点，围绕"北冰洋是什么"，北冰洋广告发挥的功能：

（1）告知（Informing），即通过宣传介绍有关产品的信息（名称、特征、好处等）影响人们的认知。"北冰洋是什么，对我来说，它是童年的渴望，是自由凉爽的风，是青春的汗水和心跳，是街头的肆意和迷茫，是奋不顾身的勇气，是不计后果的疯狂。没错，你喝的只是汽水，我喝的是北冰洋"，宣传北冰洋代表的特定时代回忆，在广告受众的认知中强调北冰洋的情怀与内涵。

（2）说服（Persuading），即通过艺术化的表现手法感染、激发人们的购买热情和愿望。广告围绕"北冰洋是什么"通过极具老北京气息的画面和音乐展现北冰洋与众不同的情调，力图吸引熟悉 80 年代的广告受众。

（3）提醒（Reminding），即通过频繁的广告试图建立品牌形象，产生品牌偏好和品牌忠实度。北冰洋汽水在著名视频网站投放该广告并获得了较高点击率和浏览量，广告短小精悍主题鲜明，能够在广告受众中实现一定影响并获得反馈信息，有助于企业内外信息沟通顺畅、提高品牌的知名度、维持和扩大市场占有率从而获得竞争优势。在这则北冰洋汽水广告中，广告主线充分服务于广告主题，从产品实体因素努力为消费者创造购买理由。

三、传播效果

提及北冰洋汽水，首先想到的是北京，其次是"80后"的记忆，因为这是唯一陪伴他们长大的汽水。经过坎坷路途，北冰洋一度淡出人们的视线。如图6-16所示，2011年北冰洋复出被提上日程，直到最近几年才开始"重现江湖"并再次受到追捧。2016年，北冰洋汽水推出这条情怀广告作为其重新面向市场后的又一大动作，力图唤起受众潜藏心中情感的记忆。

图6-16　北冰洋汽水网页报道

这条2016年的北冰洋新广告具有电视广告和新媒体广告的双重性质，在电视节目空挡和大型视频网站开头均有播放。这种强行暴露在大众视线的宣传方式为北冰洋汽水带来高度的曝光，也让其从2011年的"复苏"走向了再一次成长，让"北冰洋热"再一次席卷京城。毫无疑问，这一次高调的"复出"，让几经落寞的老牌饮料重新回到消费者的视线。然而好景不长，作为"老北京"童年记忆的饮料，在这次复出中不仅没有形成影响力持久的宣传效果，甚至在北京和其他地区都纷纷引起尴尬，导致往后销路一再受挫。这条广告的传播效果，也因此成为十分具有讨论价值的焦点。本小组将从播放形式、播放量和广告评论三个方面来深究北冰洋汽水2016年广告的传播效果。

（一）播放形式

北冰洋广告的播放形式有两种，一种是作为电视广告在电视节目间隙播出，另一种是作为新媒体广告在新浪、优酷、搜狐等大型网站视频开头播放。如图6-17所示，反观当前的社会传播现状，电视与新媒体网站在受众上有着极大不同，因而对北冰洋广告的传播效果有着截然不同的影响。

图 6-17　北冰洋汽水广告镜头之十

资料来源：https://v.qq.com/x/page/q0359xfh8m5.html。

1. 作为电视广告的传播效果

北冰洋汽水在电视节目的广告时段投放是一个明智之举。如图 6-18 所示，时至今日，在新媒体文化传播方式的冲击下，电视已经不再是青年人感兴趣的文化窗口，却仍然是中年和老年人热衷的文娱消遣和获取信息的方式。正是这样的特性，与北冰洋的"80 后"市场不谋而合，为传播奠定了良好的基础。

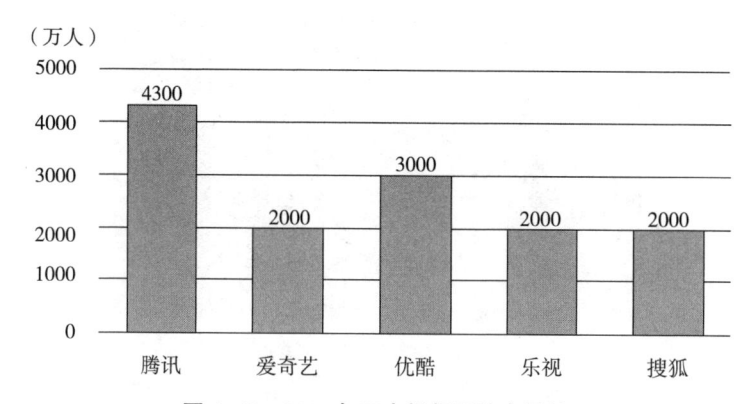

图 6-18　2017 年五大视频网站会员数

广告受众与产品市场的契合是一个方面，电视广告本身的特点也起着很大作用。电视广告是一种强制暴露的传播手段，因为观众不存在跳过广告的选择。加之这则广告常常在黄金时段播放，因而在传播上能够起到更好的效果。但黄金时段的广告宣传也有着较大的局限——高昂的广告费用，对于这样一个处在"重塑"初期的企业来说，是十分沉重的负担。因此，投放的力度便十分有限，导致传播的影响较为浅薄。此外，观众虽然没有跳过广告的选择，却拥有调换频道的自由。一般在电视中传播效果良好的广告，多半具有以下特性：短小精悍、强调产品或品牌、易于记忆。近年来的脑白金、恒源祥等广告便是十分经典的例子。反观北冰洋汽水的这则广告，在内容上十分强调"老北京"的概念，反而弱化了产品本身，加之旁白复杂、音乐场景多变。因而不利于记忆，在一定程度上对传播效果形成了阻碍。

2. 作为新媒体广告的传播效果

当前，随着互联网的渗透和智能手机、个人电脑的普及，新媒体平台拥有了越来越庞大的客户。新媒体平台的受众，也从起初的年轻人逐步向中年人扩散。但不可否认的是，青年群体仍是新媒体网络平台的主流，是线上营销传播的主要受众。北冰洋汽水这样一个聚焦于80后"老北京"的产品，自然与新媒体平台的受众之间存在着差异。这是一个喝着可乐长大的群体，在他们的记忆中，老北京的京韵大鼓、街边小铺和走街串巷的吆喝，已经被现代化的城市印象所取代。如图6-19所示，致力于打"情感牌"的北冰洋，在这群年轻的受众中无法引发情感与记忆的共鸣，甚至在抒情的广告基调中产生出一丝牵强附会、生拉硬扯的尴尬。北京人尚且如此，从来不曾拥有北冰洋汽水的"时代记忆"的外地市场，又怎会买账呢？无独有偶，新媒体平台的传播模式更是打破地域局限的，这使这则广告中不断出现的"北京情怀"在线上的传播更加难以激起回响。

图 6-19　北冰洋汽水广告镜头之十一

资料来源：https://v.youku.com/v_show/id_XMTU4NTY5MzM3Mg==.html?。

除了广告受众与产品的目标市场不匹配之外，北冰洋视频网站的广告还面临着所有新媒体广告都有的传播风险——受众可以选择性地跳过广告。目前，中国几大视频网站竞争十分激烈，为了扩大市场、赚取利润，网站门户抓住了观众"厌倦广告"的痛点，纷纷推出买会员跳过广告的方式。以腾讯、爱奇艺、优酷、乐视、搜狐等几大视频网站为例，将近55%的用户会选择为了跳过广告而购买会员。付费会员数量均能超过2000万，合计逾1亿用户，已经成为不容小觑的群体。如图6-20所示，相较于2016年统计的7500万付费会员用户，年增长率达到了25%，并且有着持续攀升的趋势。北冰洋汽水这种小众而被人遗忘的饮料，庞大的会员基数给其新媒体宣传制造了极大难题。广告一旦不能得到暴露，就无法引起消费者的兴趣和注意，因此传播的效果是十分有限的。由此看来，虽然新媒体广告存在传播范围广、传播速度快、成本低等优势，但北冰洋汽水目标市场与视频网站用户的不重叠及新媒体广告存在的普遍风险，都是北冰洋新媒体广告传播失利的重要原因。

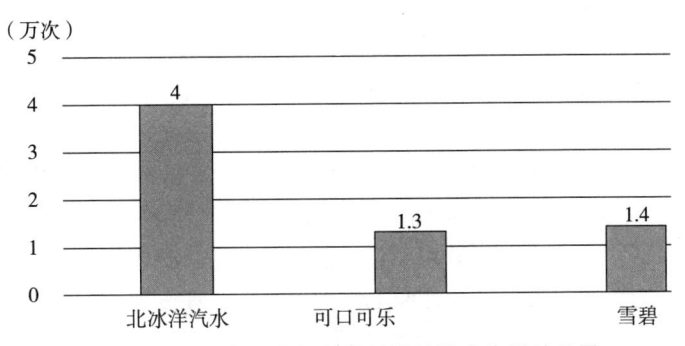

图 6-20　2016 年三大视频网站的软饮广告播放总量

总体分析而言，北冰洋汽水 2016 年广告在传播形式的选择上是考虑欠周的，这也是传播效果欠佳的首要原因。但这则广告并非毫无出路——依笔者所见，北冰洋汽水大可坚持电视与新媒体广告双管齐下的宣传路线，但可在形式上做出调整。比如在老北京题材的电视剧中进行广告植入来吸引中老年市场，同时赞助热播网络综艺来激发年轻人的兴趣和关注，从而增加关注、增强印象、扩大影响。

（二）播放量

在视频网站会员制十分普及、电视广告受众数量无法考量的情况下，广告播放量作为衡量传播效果的因素是比较难以统计的。因此，笔者横向对比了 2016 年北冰洋汽水广告作为独立视频在各大网站的播放总量与同期可口可乐和雪碧这两类软饮广告在各大网站的播放总量。同时，纵向对比 2016 年北冰洋汽水广告与其他北冰洋汽水广告播放量的差异，由此考量该广告的传播效果。

1. 与同期软饮品牌广告的横向比较

2016 年，北冰洋新广告单独作为视频在三大视频网站（优酷、腾讯、爱奇艺）的播放次数将近 4 万次，相比于可口可乐的 1.4 万次，雪碧的 1.3 万次，作为汽水类广告受关注度已是相当之高。与此同时，高度的曝光使北冰洋从 2011 年的"复苏"走向了再一次成长，让"北冰洋热"再一次席卷了京城。如图 6-21

所示，2015 年，北冰洋瓶装饮料年销售量约 200 万箱。而 2016 年夏天，北冰洋的日均销售量已达 2 万箱，即每天有 48 万瓶的北冰洋被一抢而空。其中，玻璃瓶装的北冰洋销量已超过同样包装的可口可乐和百事可乐在北京地区的销售总量。

由此可见，北冰洋广告投放初期的影响力和传播效果是良好的，对北京地区营销的推广也起到极大作用。如果抛开各个品牌在不同的产品生命周期当中投放广告战略的差异，2016 年的这则北冰洋汽水广告，无疑在营销上取得了巨大的成功。虽然在北京之外的地区没有激起太大水花，在影响力上也不甚持久，但在短期内的北京市场重新赚取了消费者的眼球，迈出了"长尾战略"的第一步。

2. 与其他时期北冰洋汽水广告的纵向比较

纵观 2011 年北冰洋汽水宣布回归至 2016 年新的多媒体广告发出，期间北冰洋汽水用多种方式进行了广告的铺设，形式涉及现场活动营销、综艺节目植入、美食节目赞助及本案例所分析的新媒体和电视广告。通过搜索优酷网站上的广告视频转发量来评测其传播效果。所对比的四则广告，分别是 2016 年的"北冰洋是什么"新媒体广告，2016 年"野心 2016"综艺节目植入广告，2011 年"肉肉美食"节目赞助广告和 2011 年北京电视台播出的"免费试喝"现场活动广告。从图 6-21 中可以看出，四则广告中传播力度最大、影响最广的便是新媒体广告。这种现象一方面与新媒体平台的特质有关，另一方面也体现出该广告在内容上的引人入胜之处。

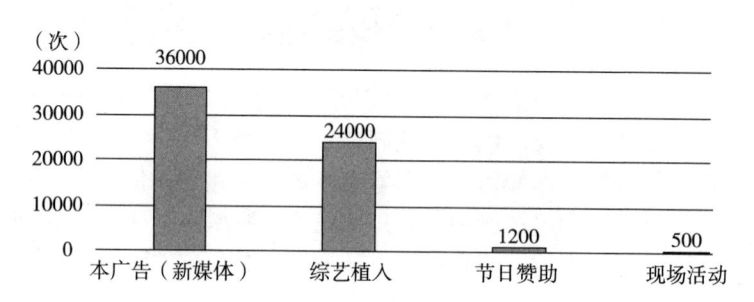

图 6-21 不同时期不同形式北冰洋广告转发量

综合看待北冰洋汽水播放量的纵向、横向比较，可以看出北冰洋已经在改进宣传方式、创新广告内容上做出了极大的更新和改善。然而，作为一个从灰烬中重新摸索、重新成长的小众软饮料，这种努力显然远远不足。可口可乐和雪碧这两类软饮巨头的产品已经走向成熟，在广告上的投入虽然不多、力度虽然不大，但对于其庞大的市场份额而言时不时的一则常规广告就能拥有很高的"投资回报率"。而北冰洋汽水从一个被遗忘的时代重新站起，企图在这片红海中以长尾战略的方式分一杯羹，以目前的广告传播效果是远远不能开拓市场的。

（三）广告评论

作为一则感性诉求广告，北冰洋汽水已经以"老北京"情怀牵动了一部分人的记忆,并将其成功地转化为市场份额,其传播效果从短期内知名度和销量的大幅提升便可见一斑。然而对于北冰洋来说,只有引起长久而忠诚的情感共鸣,才能使北冰洋汽水真正的"翻身",也正是对于"情感"的拿捏,让这则广告毁誉参半。从网民的反馈情况来看,许多消费者对北冰洋的感情浓厚,对其利用广告"重新征战市场"的行动大多表示期待,更有许多"80 后"的北京消费者从这则广告中"回忆起了儿时的味道"。由此证明,这则广告对于这一特定的群体是有着极强的情感共鸣作用的,只是局限于群体的过于小众和广告过于依赖情感,从而限制了传播的扩大。

但与此同时,作为"老北京"童年记忆的饮料,北冰洋的销路从来都在北京以外的地区屡屡受挫。如图 6-22 所示,而这条广告,却偏偏强调了老北京的记忆、老炮儿的童年、胡同里的青春。因此虽然有相当多数的消费者愿意为这份"情感"买单,但文化与地域的差异还是导致北冰洋在其他地区销路不畅,甚至在北京市场,也有消费者提出这则广告使人"感受到了套路和矫情的文案,还有硬往情怀上凑的浓浓的尴尬"。

图 6-22　北冰洋汽水广告镜头之十二

资料来源:https://v.youku.com/v_show/id_XMTU4NTY5MzM3Mg==.html?。

根据该则广告的评论和反馈,也有业内人士表示担忧,认为"北冰洋重回市场最大的筹码就是感情牌,只有口味、选购场景等各种情形都与过去有契合点,才会真正得到这部分人的支持。但是现在消费者的生活习惯较 15 年前发生了很大的变化,最主要的是人们可供选择的饮料产品已经十分丰富——从另一个角度来讲,对北冰洋有记忆的消费者毕竟是一个相对窄众的群体,市场空间一开始就受到了限制"。

因此,2016 年北冰洋汽水凭借这一条广告打下的"翻身仗",对于被北冰洋汽水陪伴长大的那一代的大部分人来说是极其好的。但如今面临竞争激烈、消费者诉求多样的大环境,如何生存、如何竞争、如何发扬,保证品牌的持续热度和顾客忠诚,确实是一件值得讨论的事情。

(四) 北冰洋广告中运用的效应分析

对于大部分的产品广告来说，除了发挥广告自身宣传的作用以外，其实最重要的是发挥其营销作用，带动产品的销售。北冰洋的这条广告也是如此。因此，在对这条广告进行传播效果分析时，也需要考虑其在营销方面的作用。北冰洋的这条广告其实运用了"长尾效应"来更好地对其产品进行宣传和营销。

长尾效应也被称为"利基效应"。菲利普·科特勒在《营销管理》一书中给利基下的定义为：利基是更窄地确定某些群体，这是一个小市场并且个体的需要没有被服务好，或者说"有获取利益的基础"。简单来说，可以将长尾营销理解为一种"缝隙营销"或"补缺营销"，或者说是"狭缝市场营销"。一般是指在红海战略下，为避免在市场上与强大竞争对手发生正面冲突，选择由于各种原因被强大企业轻忽的小块市场（称"长尾市场"）作为其专门的服务对象，对该市场的各种实际需求全力予以满足，以达到牢固地占领该市场的营销策略。营销者通常通过确定利基市场进行更加专业化的宣传和销售。而利基市场的确立主要是根据其产品和品牌的自身优势把市场细分再细分，确立一个需求尚未被满足的市场，在通过这种方式确定一组特定的消费者，进行更具针对性的广告宣传，给他们提供更有针对性、更具专业性的产品，更好地满足这部分消费者的需求，从而最大限度地获得收益。北冰洋这则广告就体现出了这种效应。

北冰洋这则广告充分地突出其产品的"情怀"，北冰洋将其产品定义为一种情怀饮料，确立将北京地区消费者，尤其是北冰洋陪伴长大的80后消费者为主要的目标客户群，并为勾起这部分消费者的情怀在这支广告中充分地体现北京元素。例如，广告中采用了偏暗偏黄的复古色调，展示了胡同、后海等北京特色场景，采用了京韵大鼓为开头的背景音和非常能够勾起消费者回忆的广告词等。北冰洋意在广告中运用"长尾效应"，通过广告勾起消费者对于青春和北冰洋汽水的回忆，激发他们对于产品的购买欲望和需求，从而增加北冰洋汽水的销量。那么，运用的效果如何呢？北冰洋采取这样的长尾效应真的合适吗？

单从增加销量这点上来看，这条广告对于长尾效应的运用确实发挥了一定作用。但与此同时，也要关注到，北冰洋在广告中对于情怀的过分宣传也引起了一部分目标客户的不满，并没有能够使其最大限度地获得收益，甚至破坏了产品和品牌之前在消费者心中的良好形象。因此，长尾效应运用得并不完全成功。究其深层次的原因，主要有以下两个方面：

（1）长尾理论统计的是销量，并非利润。要想使长尾理论更有效，应该尽量增大"尾巴"。同时长尾效应中管理成本是最关键的因素，在使用长尾理论时要保证任何一项成本都不随销量的增加而激增，最差也是同比增长。否则，就会走入死路。最理想的长尾商业模式是，成本是定值，而销量可以无限增长。但就北冰洋广告宣传方面来说，想要增长尾巴就必然要增大广告宣传的渠道和投放力度，这必然将增大成本。而与此同时，其市场虽然具有一定的需求可是相对来说增长空间还是有限的，因此虽然能够增加销量，但很难保证能够增加利润。

（2）长尾效应通常要求产品在顾客中建立良好的声誉，能够以此抵挡强大竞争者的入侵。但这条广告对于长尾效应的运用却在一定程度上破坏了产品在目标消费者心中的形象，削弱了北冰洋对于竞争品牌和产品的抵抗能力。接着就北冰洋的长尾市场来说，它的目标市场以北京地区的消费者为主，虽然这部分的消费者购买力充足，但市场规模相对有限，同时对于饮料来说，大部分的消费者更注重口味，如果就这一点来说，那么北冰洋就有了类似于可口可乐、百事可乐、芬达这样的竞争者，它们对于北京这部分市场也十分注重，在这种情况下采用长尾效应很难达到很好的效果。

（五）传播效果总结

下面运用 5W 理论（即：Who 谁，Says What 说了什么，In Which Channel 通过什么渠道，To Whom 向谁说，With What Effect 有什么效果）对北冰洋这支广告的传播效果进行总结。

1. Who

Who 指的是广告传播的主体，广告传播的主体是广告传播中的第一要素。这支广告的主体就是北冰洋汽水。就主体来说，这支广告是 2016 年北冰洋在 2011 年重新回归市场后的又一大动作，目的是为了通过广告的宣传，增加消费者对北冰洋汽水的产品需求和购买欲望，从而拓宽其市场，增加其销量。这支广告播出后，2016 年夏天北冰洋的日均销售量就达 2 万箱，即每天有 48 万瓶的北冰洋被一抢而空。其中，玻璃瓶装的北冰洋销量，甚至超过了同样包装的可口可乐和百事可乐在北京地区的销售总量。

2. Says What

Says What 指的是广告传播中的客体，即信息。信息具体是指思想观念、感情、态度等，这里的信息不是泛指任何方面的信息，而是限于广告中所传达的"诉求"的信息。北冰洋汽水的这支广告的诉求就像广告中说的那样："北冰洋是什么，对我来说，它是童年的渴望，是自由凉爽的风，是青春的汗水和心跳，是街头的肆意和迷茫，是奋不顾身的勇气，是不计后果的疯狂"，意在通过广告中这样的广告词和其他具有北京特色的场景、背景音乐等勾起目标消费者的回忆，表达北冰洋不同于其他汽水的情怀，从而达到广告宣传和促进产品销售的作用。通过北冰洋 2016 年销量的增加可以看出，这支广告准确地传递了北冰洋情怀的诉求信息，成功唤起了许多北京消费者的青春回忆和对北冰洋的情怀，并将其成功地转化为市场份额，大幅度增加了北京地区北冰洋汽水销量。与此同时也关注到，这支广告中仅仅传递了有关老北京的记忆、老炮儿的童年、胡同里的青春，虽然有很多北京的消费者愿意为这份"情感"买单，但文化与地域的差异还是导致北冰洋在其他地区销路不畅，销量增加并不明显。

3. In Which Channel

In Which Channel 指的是广告传播中的第三个要素即"媒介"。广告传播都是通过特定的媒介或渠道将广告中的信息传递给信息的传播对象。选择不同的媒介和渠道，接收信息的对象也会有所不同。北冰洋这支广告通过电视和新媒体两种渠道同时进行传播。电视上主要投放在北京地区的相关频道，主要针对北京地区的消费者，北冰洋的这个广告成功唤起了北京消费者的童年回忆，激发了北京消费者的购买欲望。而新媒体平台的投放更多的是为了开拓北京地区以外的更大市场。在网络上的新媒体平台投放广告，扩大了北冰洋品牌的知名度，让更多的消费者了解北冰洋汽水，吸引了更多的潜在消费群体。这种双重投放的方式在巩固了北京地区的原有消费者群体的同时，也为北冰洋开拓了新的消费者群体，两种方式相辅相成，共同促进北冰洋品牌的回归发展。

4. To Whom

To Whom 是指广告传播中的对象，也就是信息的接收者或成为受众，这是广告传播的第四个要素。广告传播总是针对一定对象进行的，没有对象的传播是毫无意义的。北冰洋的传播对象是以北京地区消费者为主的所有对饮料有需求的消费者，北京的消费者对于北冰洋有着深厚情怀，北冰洋承载着他们儿时的记忆。这支广告使相当多数的北京消费者愿意为作为"老北京"童年记忆的北冰洋买单，愿意为他们的这份"情感"买单。通过这支广告，北冰洋又一次成功地进行了高调"复出"，让几经落寞的老牌饮料重新回到了消费者的视线。如图 6-23 所示，与北京地区销量大幅度增长形成鲜明对比的是北冰洋的销路，从来都在北京以外的地区屡屡受挫，这支广告也并没有能帮助北冰洋更好地提升北京以外地区的销量。

图 6-23 北冰洋汽水平面广告之一

5. With What Effect

Whit What Effect 指的是广告传播中的"反馈"。广告活动不仅是一个信息传播者向接收者发出信息的过程，也包括信息的接收和接收者做出反馈的过程。广告传播活动不是一个单向直线性的传播，而是一个由接收者和反馈信息构成的一个不断循环、发展、深化的连续而又完整的过程。从北冰洋这支广告作为自主播放的视频次数可以看出，作为汽水类广告，北冰洋汽水的这支广告的受关注度还是相当之高的。同时，通过一些观看者评论也可以发现，这支广告成功地唤起了很多北京的消费者对于北冰洋的回忆，他们愿意因此购买承载着老北京情怀的北冰洋，这一点在销量上也得到了体现。也有一小部分的外地消费者通过这支北冰洋的广告，回忆起了自己曾经在北京生活的日子，勾起了他们对于北京的回忆。但关于这支广告也有一部分信息的接收者存在着不同的声音。例如有北京的消费者提出，这则广告使人感受到了满满的套路和矫情的文案，还有硬往情怀上凑的浓浓的尴尬。如图 6-24 所示，同时还有很大一部分外地的消费者由于文化差异无法产生共鸣，进而影响到广告的传播效果。

图 6-24 北冰洋汽水平面广告之二

综上所述，通过对广告传播效果的 5W 理论分析可以看出：这支广告成功地帮助北冰洋汽水打下了"翻身仗"，作为一则感性诉求广告，北冰洋这支广告传达了北冰洋汽水承载的情怀和记忆，并以"老北京"情怀牵动了一部分人的记忆，将其转化为了市场份额。但与此同时，过度的感性诉求也使一部分北京消费者难以产生共鸣甚至产生了抵触心理。如图 6-25 所示，虽然通过电视和新媒体双渠道对这支广告进行传播，在巩固了北京地区原有消费者群体的同时扩大了北冰洋品牌的知名度，使北京以外地区的人们了解到北冰洋这个品牌，但广告中仅对情怀和北京风情进行展示

图 6-25 北冰洋汽水平面广告之三

的做法，使得大部分外地消费者难以产生共鸣，并没能成功地打开外地市场。

四、经验启示

一个品牌不仅属于企业，也属于消费者。品牌对消费者意味着质量的信赖、情感的满足和自我价值实现的手段。北冰洋汽水作为一代老北京人的青春回忆，在 2016 年新广告中从消费者的角度出发，通过老北京特色场景强烈表达了追忆青春的情感诉求，并强调了自身区别于其他汽水产品的品牌个性。该广告在线上、线下均有投放，网上点击量居高不下，随后的汽水销量亦令人可喜。然而，北冰洋汽水这则广告依然有以下不足：

（一）没有展现出产品除了情怀之外的其他具备竞争力的因素

情感因素不容易拿捏，用力过猛便成了尴尬和矫情，从视频下的广告受众评论即可看出消费者已经对北冰洋最常打的"情怀牌"产生了厌倦和抗拒。因此北冰洋广告急需丢掉情怀的包袱，推陈出新。回归汽水产品本身的用料和口感，挖掘其优势特色，例如，北冰洋独特的橘汁与果肉，并在往后的广告中采用巧妙方式展现出来。以雪碧汽水"透心凉，心飞扬"广告为例，动感十足的广告画面和简洁押韵、朗朗上口的广告语使得雪碧的清凉口感和活力风貌深入人心。抱紧"情怀牌"不放，已经使得北冰洋汽水连最常见的电视剧广告植入都只能限于具备 20 世纪 80 年代背景的《那年青春我们正好》，因此北冰洋汽水必须为产品补充新的特质与内涵以拓宽宣传渠道和方式，与 RIO 等饮料品牌竞争电视剧广告植入。

（二）无法对广告里传达的老北京怀旧情感产生共鸣

北冰洋汽水在情怀之外突出展现更多自身产品的优点的同时，还急需在以后的广告中突破地域与年代限制，展现适用于全国甚至国际市场的产品内容。例如，可通过比附定位（以竞争者品牌例如雪碧、芬达等为参照物，依附竞争者定位，通过品牌竞争提升自身品牌的价值与知名度）、情景定位（将品牌与一定环境、场合下产品的使用情况联系起来，以唤起消费者在特定情境下对该品牌的联想。例如，可口可乐新年广告）、文化定位（将某种文化注入品牌之中形成文化上的品牌差异）、附加定位（通过加强社会服务、提供公益项目等树立和强化品牌形象）等角度拍摄广告创新品牌定位。

（三）还应利用新媒体与大数据在微信、微博等社交媒体平台，扩大广告覆盖面

网络广告媒体具有范围广泛、超越时空、高度开放、双向互动、个性化、多媒体超文本、覆盖范围广泛、信息容量大、信息交互传递、形式多样、广告投放准确、动态实时、易统计性和广告投入效率高的特点。而现今微博、微信用户庞大、在线时间长，信息可以随时随地进行更新与交互，为企业与消费者互相了解提供了绝佳的平台。如图 6-26 所示，北冰洋汽水今后需要利用新媒体大量投放新广告，并积极与消费者进行沟通互动，根据消费者喜好对广告的内容与形式及时进行调整。

图 6-26　北冰洋官方微博

（四）北冰洋汽水还应结合当下时代潮流

环保、平等、偶像等在广告中传递更具普遍性、更具时代性的文化价值。以偶像效应和粉丝经济为例，北冰洋汽水应联合人气明星针对其粉丝推出具有纪念性的特别产品（可参见李易峰与百事可乐、鹿晗与可口可乐、吴亦凡与冰红茶的成功合作），借助粉丝在社交媒体为北冰洋汽水创造话题热度并最大化其宣传效果。如图 6-27 所示，另外可参考可口可乐在产品包装上进行巧妙改动，在每一位购买产品的消费者中强化自身积极向上的品牌形象。

图 6-27　北冰洋汽水平面广告之四

（五）尽快找准焦点并不断进行强化

根据广告学理论知识，消费者只能接收有限信息，注意他们所期望的事物。消费者喜欢简单，讨厌复杂，消费者对品牌的形象不会轻易改变。因此北冰洋汽水还应在广告主题与广告语的确定上尽快找准焦点并不断进行强化。可口可乐广告展现欢乐新年，RIO 鸡尾酒广告展现自在乐趣，美年达广告展现水果魅力，雪碧广告一句"透心凉、心飞扬"家喻户晓，都是北冰洋汽水可以参考学习的成功案例。如图6-28 所示，总而言之，情怀转瞬即逝，北冰洋汽水广告必须与时俱进，努力创新。

图 6-28　北冰洋汽水平面广告之五

五、改进方案

除了产品本身的问题以外，北冰洋汽水所处的饮料行业竞争也是十分激烈。通过五力模型，对北冰洋汽水所面临的竞争环境进行分析。在同行业的竞争者中，以可乐、雪碧、七喜等为主导的碳酸饮料已成功成为碳酸饮料的主要选择，在消费者心中具有不可撼动的地位，是北冰洋汽水的最大竞争对手。在潜在竞争者中，茶饮、果汁、中式养生等产品越来越受欢迎，消费者对汽水这种高糖分高热量的饮品需求有所减少。在替代品中，同为橘子味碳酸饮料的芬达和陕西冰峰对北冰洋汽水产生了极大的威胁，尤其是芬达的知名度更高，其消费者遍布中国乃至国际，对于北冰洋这种区域性产品来说具有极强的替代性。在供应商方面，由于生产线较少，生产地集中于北京地区等问题导致渠道不足，供应量欠缺，再加上产品本身成本较高，导致价格比一般碳酸饮料高。

（一）建立消费者资料库

在购买者力量方面，呈现消费者两极分化的状态，对于怀旧的北京消费者来说,将一直忠于该产品并不断购买。对于其他地区的消费者来说,由于地域差异将不会购买,且由于产品具有极强的地域特色而排斥尝试购买。通过以上对产品本身和竞争环境的分析,依据整合营销传播战略对北冰洋汽水的传播提出改进措施。即建立消费者和潜在消费者的资料库,资料库的内容至少应包括:人员统计资料统计、心理统计、消费者态度的信息和以往购买记录等。随着时代的变迁,营销的重点由产品本身转移到消费者身上,由于最终的销量和利润都是由消费者创造,所以在北冰洋汽水的营销过程中应注重记录消费者的态度。其中,网购平台的评价体系为记录消费者购买体验和需求提供了很好的平台,还有微博、微信等自媒体平台,可以收集消费者发布的购买北冰洋汽水相关的动态以及对产品的看法,从而针对消费者的需求对产品、销售渠道、传播方式等方面进行改进。

(二)研究消费者

即尽可能使用消费者及潜在消费者的行为方面的资料作为市场划分的依据,相信消费者"行为"资讯比其他资料如"态度与意想"测量结果更能够清楚地显现消费者在未来将会采取什么行动,因为用过去的行为推论未来的行为更为直接有效。通过市场细分、目标市场、市场定位,重新确定北冰洋汽水的目标消费者,吸引其他品牌的忠诚消费者和游离不定的消费者的关注。

1. 市场细分

依据地理因素,主要分为北京地区消费者和其他地区的消费者,由于北京地区的消费者对产品十分忠诚,且认可度较高,故将目标消费者放在其他地区中,可以推出专门为其他地区设计的广告,突出其口感上的优势以及纯天然的配料,引导消费者改变碳酸饮料不健康的观念。同时在广告中隐去地域因素,无论是哪个地方的消费者,在童年都接触过汽水,都记得炎炎夏日中的冰爽口感。依据汽水出现的时间,目标消费者定为"85后"的年轻人,这个年龄段的人对童年喝汽水的记忆较为深刻,且年轻人对新产品的接受度更高。

2. 目标市场

针对其他地区的消费者,在前期采用无差别性市场策略。北冰洋企业作为中小型企业在其他地区的知名度不高,在前期主要是推广最为经典的橘子味汽水。该种水果味道在其他地区都很常见,也不会像榴梿这类水果引起一部分人的排斥,且这样做成本较低,风险较小,有利于产品的推广。在后期采用集中性市场策略,针对一些具有鲜明特点的区域推出新的口味,也可以参考当地饮料品牌的口味进行生产,拉近产品与消费者之间的距离。

3. 市场定位

在广告中将产品形象塑造为纯天然配料,无色素香精,同时口感上更为刺激的碳酸饮料,从而使北冰洋汽水与市面上其他碳酸饮料区别开来。塑造强有力的、与众不同的鲜明个性,并通过广告将其形象生动地传递给顾客,从而在顾客心目中占有特殊的位置。

(三) 接触管理

所谓接触管理,就是企业可以在某一时间、某一地点或某一场合与消费者进行沟通。在以往消费者自己会主动找寻产品信息的年代里,决定"说什么"要比"什么时候与消费者接触"重要。然而,现在的市场由于资讯超载、媒体繁多,干扰的"噪声"增大。目前最重要的是决定"如何,何时与消费者接触",以及采用什么样的方式与消费者接触。互联网的发展使得信息传播更快,且相较于传统媒体,如今人们接触更多的是新媒体,所以在网络上投放新媒体广告能够最大程度上与消费者接触。在各大视频网站投放北冰洋新广告,也可以在某些热门综艺、电视剧播放前或播放中植入广告,也可以在微博中投放图片形式的广告或者制造话题、蹭热点等。依靠网络接触消费者可以避免时间和空间上的影响,使得信息以最快的速度、最大的范围进行扩散。对于北冰洋汽水来说,其营销目标为引起其他地区消费者的注意,让更多的消费者了解北冰洋汽水的产品个性,从而增加消费者对产品的好感度,将其转化为本产品的忠实消费者。主要是以广告投放为主,舍弃以往的电视广告传播,改为新媒体广告投放为主,辅以电视广告。同时通过自媒体、新媒体平台进行传播。

(四) 传播手段的组合

除了线上广告等方式的传播以外,在线下可以根据不同地区的特色形象设计出不同的产品包装,例如,新希望的"城市记忆"酸奶,包装上印有北京记忆、上海记忆、成都记忆等,配有各个城市标志的水墨画,例如,北京的酸奶瓶上印有四合院,成都的酸奶瓶上印有大熊猫,包装上都有鲜明的城市特点。北冰洋汽水在推广时也可以参照该种策略,使产品与消费者更加亲近。除此之外还可以在推广初期,在大型商超进行促销活动,免费品尝、低价促销的方式吸引消费者,同时在活动中注意宣传产品形象,强调产品健康、纯天然的个性,从而达到营销和传播的目标。

整合营销传播的核心是以消费者为中心,强调与顾客进行多方面的接触,并通过接触点向消费者传播一致的清晰的企业形象。北冰洋作为北京地区的传统老字号,在发展过程中不能把目光只放在北京地区的消费者,仅依靠自己过去的成绩,这样是无法立足于现在竞争激烈的饮品行业的。而是要看到北京地区以外的消费者,以消费者的需求为导向,建立与消费者之间的情感联系,才能够扩大自己品牌市场,走向全国,培养更多的忠实消费者。通过以上六种方法为北冰洋汽水的改造提出一些想法,期望北冰洋汽水这样一个传统老字号能够度过现在这样一个"瓶颈期",成长为一个面向全国消费者健康的、天然的饮料品牌,再次迎来新的辉煌。

思考题

1. 在新媒体时代，北冰洋汽水广告营销方式会发生哪些变革？为什么？
2. 结合北冰洋汽水广告的营销实践，探讨怎样用互联网思维做传统老品牌或老字号品牌？

参考文献

［1］赵正. 老品牌重来［J］. 复印报刊资料（市场营销），2012（3）：39-41.
［2］谢昕. 寻梦北冰洋［J］. 中国名牌，2012（1）：61-63.
［3］李冰. 北冰洋今夏将重装上市［J］. 农产品市场周刊，2011（25）：25.
［4］李松. 北京北冰洋汽水 9 月上市［J］. 酒：饮料技术装备，2011（5）：34.
［5］魏梦佳. 国产汽水北冰洋的逆袭［J］. 中国名牌，2014（19）：66-67.
［6］李耀. 顾客认知模式对老字号品牌广告效果的影响作用研究［J］. 现代管理科学，2013（7）：113-115.

第七章
雕牌：需要年轻范儿

近日，本土日化老品牌——雕牌家的"雕兄"，在微博上发起了话题"做女王最爱的 diao"。在很多品牌都在忙着降价打折博销量的三八女王节，雕牌却高调发布话题博眼球，用意何在？《定位》的作者——杰克·特劳特曾讲过：现代营销的战场从本质上讲已经不是在货架，而是在消费者的心智。如何能有效地让品牌在消费者的心智中占位，是赢得营销战的关键。然而在产品服务高度趋同的当下，单凭借产品与服务占据消费者心智中的一方天地，几乎成为不可能。百事可乐与可口可乐、肯德基与麦当劳之间的竞争最终升级成了品牌营销之战。在竞争白热化的日化行业更是如此。宝洁、联合利华等巨头发动的价格战使得本土日化被挤到边缘，导致一大批国货受到冲击。其中有一个例外——雕牌。就算是宝洁的那次"射雕大行动"也没有让雕牌一蹶不振，反而屡创佳绩。这当然与雕牌对消费者深刻的洞察与品牌年轻化战略是分不开的。

如图 7-1 所示，纳爱斯旗下的雕牌，似乎就正式开始了品牌年轻化的战略。整个"雕牌新家观"创意试图发掘现代年轻人对于家庭生活的理解与观念，并以诙谐轻松、机智幽默的风格演绎，甚至连洗衣粉、洗衣皂、洗衣液曝光都一声不吭。负责推出此作品的英扬传奇整合营销集团表示，"雕兄"成为雕牌的行动派，让雕牌正式从观念的倡导走向生活互动的层面。简单的广而告之显然已不是网络时代的规则，雕牌在与年轻人开撩的势力显然更快更深，在传播的力度可以说媲美了国际日化品牌。雕牌的"雕"与"屌"同音，因为原义粗俗（指男子外生殖器，也是骂人的话），但在中国现代网络用语中也常用作"厉害、强悍"

图 7-1 雕牌产品和 Slogan 品牌口号

的意思，所以就写成 diao 了。此词不简单，既抓住了"80 后""90 后"的"贱萌"网络文化又制造了与品牌同音的 IP，还自带暖男属性。

2016 年三八节，雕牌就发起了"雕牌新家观"活动，用年轻、有趣、走心表达"80 后""90 后"的新式家庭观的 80 张海报装点了全国八大城市的 38 列地铁，成为 2016 年三八节的一道别样的风景。之后，雕牌还推出"雕兄"IP 形象，靠着卖萌、耍贱、混迹"娱乐圈"，雕兄在微博上坐拥 50 万粉丝，当大部分人对雕牌的印象还停留在《妈妈，我能帮你干活了》的温情 TVC 时，早已一路哼着小曲，带着网红，拥抱起了年轻化。一个传统的日化品牌是如何打破消费者以往的认知，运用年轻化的营销策略实现品牌形象的重塑呢？

一、品牌介绍

纳爱斯集团有限公司拥有雕牌，是中国洗洁精、洗衣粉前十大品牌，浙江省著名商标，浙江名牌，中国洗衣粉行业标志性品牌，中国企业 500 强，中国洗涤用品行业的龙头企业，洗衣粉、肥皂、液洗剂三大产品全国销量领先企业。

如图 7-2 所示，雕牌商标由一个苍劲有力的手写体"雕"字和一只展翅飞翔、搏击长空的大雕形象组合而成。雕，是一种猛禽，是藏民的图腾，在藏语中有卫生清道夫之意。雕，筑巢于悬崖绝壁上，翱翔天际，啄食腐败生物，尽清洁卫士的天职，保护生态环境。产品商标取名为雕，意在对顽垢、污渍和丑恶现象猛力地去除之。纳爱斯集团是专业从事洗涤和口腔护理用品的生产企业。前身是成立于 1968 年的地方国营"丽水五七化工厂"，1993 年底改制为股份公司。2001 年 12 月组建集团。如图 7-3 所示，纳爱斯在改革开放中长足发展，自 1994 年以来，完成各项经济指标连续 11 年稳居全国行业榜首，一直是中国洗涤用品行业的龙头企业，实现洗衣粉、肥皂、液洗剂三大产品全国销量第一，2005 年进入世界前八强。

图 7-2 雕牌产品愿景

图 7-3 纳爱斯集团品牌树

纳爱斯集团总部位于中国"浙江绿谷"丽水市。在华南的湖南益阳、华北的河北正定、西南的四川新津、东北的吉林四平和西北的新疆乌鲁木齐建有五大生产基地，与总部在全国形成"六足鼎立"之势，是目前世界上最大的洗涤用品生产基地。年产洗衣粉100万吨、液体洗涤剂30万吨、香皂肥皂28万吨、甘油2万吨、牙膏2.5亿支。洗衣粉占有中国市场40%以上的份额，肥皂占有超过67%的市场份额，液体洗涤剂产销量多年来稳居行业前茅。集团拥有纳爱斯、雕牌两大名牌四大系列四百多个品种产品。如图7-4所示，其中纳爱斯、雕牌为驰名商标，雕牌洗衣粉、雕牌液体洗涤剂同为中国名牌产品和国家免检产品。

图7-4 雕牌品牌标识

集团共有员工10000余人，年产洗衣粉100万吨、肥皂30万吨，液洗剂25万吨，各项品牌均拥有自主知识产权，其中纳爱斯、雕是中国名牌驰名商标。如图7-5所示，纳爱斯为中国香皂行业标志性品牌，雕为中国洗衣粉行业标志性品牌，并且是中国日化行业标王。新推出的超能、西丽、100年润发、YOU R YOU 我的样子、麦莲、李字等品牌，面市即受到消费者喜爱。集团市场网络健全，在全国设有50多家销售分公司和3家海外子公司，多种产品已进入欧洲、非洲、大洋洲、东南亚、美国、新西兰等地区和国家。只为提升您的生活品质是纳爱斯集团的企业宗旨。让世界更美好是纳爱斯的宏愿。

图7-5 纳爱斯公司愿景

如图7-6所示，纳爱斯拥有强大的研发团队和世界一流的生产检测设备、先进的环境处理设施和严格的生产工艺，现代化、数字化、流程化管理控制系统和严密成熟、适合自身的管理规程，与世界500强中众多著名企业建立战略合作伙伴关系，产品品质有坚实的保证，一直走在市场的前沿。水利万物而不争，纳爱斯利万众而有成。40年来，纳爱斯创造了具有特色的如水文化，将一直激励着纳爱斯人百折向东、向着"明天的纳爱斯，是世界的纳爱斯"的宏伟目标前进。

第七章 雕牌：需要年轻范儿

图 7-6 雕牌产品

二、广告内容

（一）"雕牌新家观"系列广告

如图 7-7 所示，这是由很多不同的描述男女之间感情问题的雕牌新家观小广告组成的一个系列，以"80 后""90 后"为主组建的新一代家庭为宣传主体。

图 7-7 雕兄广告镜头之一

资料来源：http://www.miaopai.com/show/uRXqTUJOICbB7JyvrAmr861BgyLvegIw.htm。

如图 7-8 所示，因为这类家庭基本以独生子女为主体，很多陈旧的家庭观念对他们已然不再适用，更平等、更直接对话、更互爱的新家庭观念是新一代的特点。深刻洞察到这点的雕牌，提出了全新、走心的"雕牌新家观"。

如图 7-9 所示，在这支系列广告中，呈现出了人们生活中都会遇到的比较日常的情景，例如老婆抢购、男女朋友吵架等男女关系问题。如图 7-10 所示，在每支广告中只要出现"雕"这个字，男生就会变成一个"雕"的卡通形象去解决他们之间的问题，然后在结尾处，会出现雕牌新家观的宣传语，从而达到宣传

151

品牌的效果。

图 7-8　雕兄广告镜头之二

资料来源：http://www.miaopai.com/show/uRXqTUJOICbB7JyvrAmr861BgyLvegIw.htm。

图 7-9　雕牌新家观号

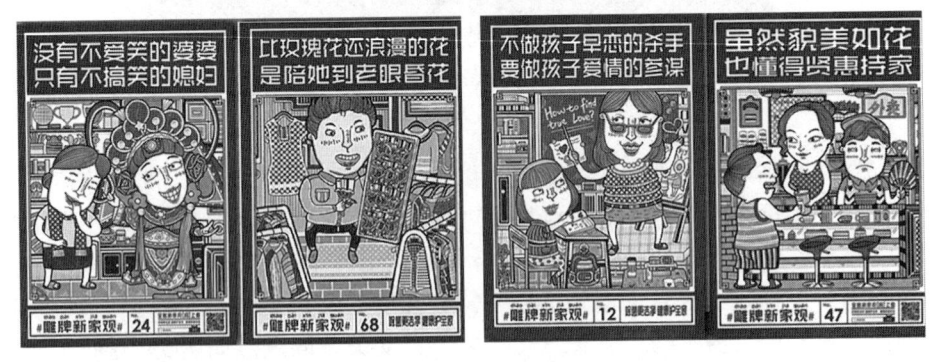

图 7-10　雕牌新家规之一

第七章 雕牌：需要年轻范儿

（二）"雕牌雕兄"系列广告

"萌"和"贱"都是热门消费品，后者的热度正日渐超过前者。这是好奇心日报在2016年发布的一份报告《2016年轻人消费洞察》中提到的一条洞察。如图7-11所示，正因为年轻大众对"萌贱"属性的追崇，才使这几年市场上走红了不少恰到好处戳到青年同胞们"萌点"的萌货IP。

只要对微博营销稍有留心的人，三八节期间多多少少都被"雕兄"霸屏过。2016年三八节期间，代表了"80后""90后"新式家庭观的"雕牌新家观"火爆网络。今年乘势而上，延续话题"雕牌新家观"。如表7-1所示，不同于去年的是，本次的宣传重点放在了雕兄身上，"雕牌新家观"的表现形式也不拘泥于插画风格的海报，而是拍了十支《雕兄大电影》系列视频，在表达有趣有料的新式家庭观点的同时，视频中的特约男主角——雕兄也成功引起了网友们注意。

图7-11 雕牌官方微博

表7-1 2017年三八节"雕兄"活动（微博）物料

雕兄	卡通形象、实物玩偶
雕兄	大量雕兄表情包
雕兄	大量雕兄线下日常实拍图
雕兄	雕兄主题曲、动画MV
雕兄	10支雕兄大电影
雕牌	38个"雕牌新家观"海报版
雕牌	38个"雕牌新家观"视频版
雕牌	李小鹏口播宣传视频

（三）主推IP——雕兄主题曲、动画MV

机智、幽默、自黑、耍贱，看起来"骚浪贱"，可说出的话却满满的正能量和大智慧，雕兄"家庭男闺蜜"的人物设定身上有年轻人喜欢的很多特质。他为家庭关系建言献策，是家庭情感疑难杂症的专家。如图7-12所示，可以说，这个卡通形象承载的是雕牌品牌核心资产和灵魂。迪玛希，演唱者，1994年出生，2017年1月作为首发阵容参加了湖南卫视《歌手》节目，最近热度不错，在"80后""90后"群体中，接受度也较高。

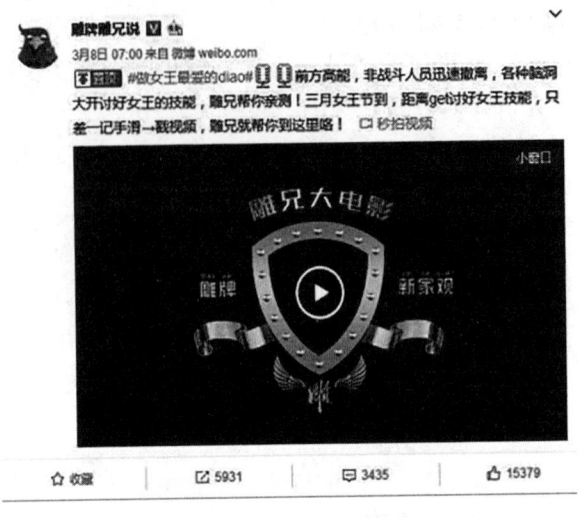

图 7-12　雕牌微博转载

三、效果分析

（一）洞察"80后""90后"家庭观，确立品牌核心主张

"新家观"其实在品牌转型的道路上，雕牌早已做好充分的准备。它们将目标受众定为"80后""90后"的女性，而这些女性已经成长为家庭购买决策的主导者，对家庭关系、情感关系有着自己的观点和处理方法。雕牌洞察到，在家庭关系的处理上，虽然父辈们可以提供很多经验和方法，但时代在变化，"80后""90后"已经长大成人，他们也希望用自己的方式去管理自己的家庭和情感生活。如图 7-13 所示，因此，雕牌需要在新的时代环境下传递"有情有家有雕牌"的核心主张，于是他们提出"雕牌新家观"，用"80后""90后"人群的语言和生活方式跟他们沟通。

图 7-13　雕兄广告镜头之三

资料来源：http：//www.miaopai.com/show/uRXqTUJOICbB7JyvrAmr861BgyLvegIw.htm。

因此，在 2016 年的三八节，雕牌就首先以"雕牌新家观"的全新面貌闯入了消费者的视线中，全国 8 个城市驶出了 38 列"新家观号"地铁专列，这 38 列地铁被"雕牌新家观"体的插画装扮一新，80张"雕牌新家观"海报将整列地铁装点得妙趣横生。除此之外，他们还推出了系列 GIF 海报和 H5，用魔性的"插画+段子式"的文案为"80后""90后"带来了 80 个可以改善家庭关系的锦囊。如图 7-14 所示，随后，精选的"雕牌新家观"也以短视频形式在秒拍等视频网站热播，同时一部名为《五千年家观简史》的视频也在各大视频网站上线，以幽默逗趣的方式梳理了中国五千年来家庭观念的变化。

图 7-14　雕牌三月女王节海报

（二）品牌 IP 化，打造品牌文化输出的载体

雕兄，如何直观且更有效地传达这一核心理念，雕牌选择了一个讨巧的策略——拟人化的 IP。通过《雕兄大电影》可以看到，其实雕兄的设定是女性"国民男闺蜜"的形象，他的性格逗趣、机智、耍贱、卖萌，完全符合年轻人的喜爱。雕牌想要输出"家庭和谐的观点"，但这需要一个年轻人愿意接受和具有记忆度、识别性的载体，所以就有了雕兄的形象。如图 7-15 所示，这个网红代言人成为了品牌与消费者联系的载体，雕牌以微博、微信平台作为雕兄 IP 的长期阵地，创造各种丰富有趣的内容让品牌人性化的同时和年轻人深入互动。希望大家看到"雕兄"这个形象，便会想到雕牌，一个更年轻的雕牌。

图 7-15　原创魔性小视频——小雕民

资料来源：http://www.iqiyi.com/w_19rtxffm5d.html。

Social Beta 也从创意代理商英扬传奇整合营销集团的"雕牌新家观"项目组了解到，他们对于雕兄有着这样的定位：雕兄是品牌 IP 化的一个载体，在定位上延承了品牌"中国家庭情感关系的载体"的核心资产，在形象构建上增加了对当代审美的理解，不断输出强化符合时代洞察和年轻人家庭关系处理观点的内容。如图 7-16 所示，保证雕兄是一个有血有肉、接地气又具备品牌人格的形象，是打造这个 IP 的关键。看似是小小的表情包，背后其实也反映了雕牌对年轻文化的精准运用。

图 7-16　雕牌马路广告

四、活动传播

（一）2 月下旬，账号开始运营

结合年轻一代喜好，将品牌 IP 化。如图 7-17 所示，雕牌抓住年轻一代贱萌机智的网络文化，将雕牌一本正经的品牌形象拟人化——雕兄，并生成大量雕兄表情包，在账号初期发布了大量逗比暖萌的雕兄日常。

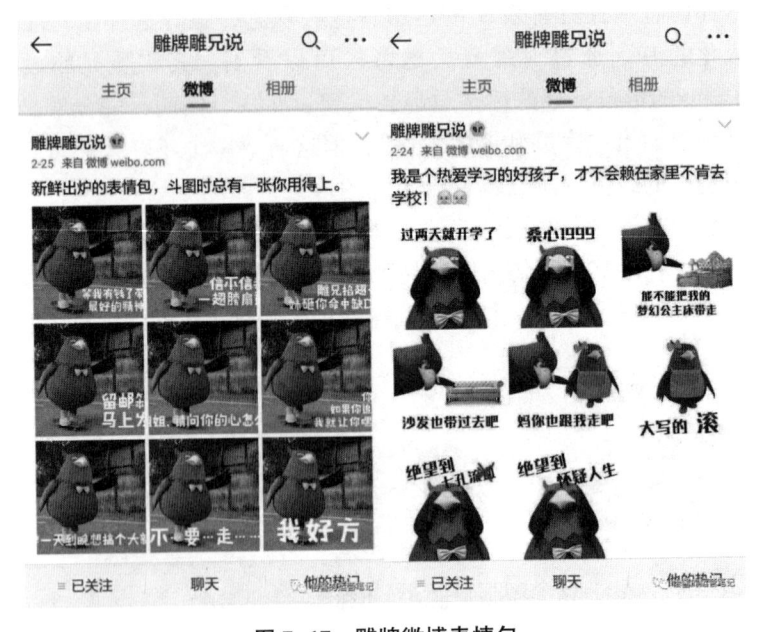

图 7-17　雕牌微博表情包

在雕兄形象的构建上,从外形到气质,从性格到谈吐,都完美迎合了年轻一代消费者的审美,在网络的戾气里释放了一种清新温暖的正能量。对品牌方而言,这场运动不仅让其在品牌年轻化的道路上跨越了新的一步,甚至可以看作是这个品牌转折性的提升。从品牌到 IP,从尊重到热爱,堪称品牌 IP 化打造的经典之笔。这个虚拟人物凭借机智幽默的性格,迅速引来各方关注。

(二)2月27日,勾搭其他企业"蓝 V"互动,并开始找 KOL 推广

如图 7-18 所示,抱团互动,精准投放引流。

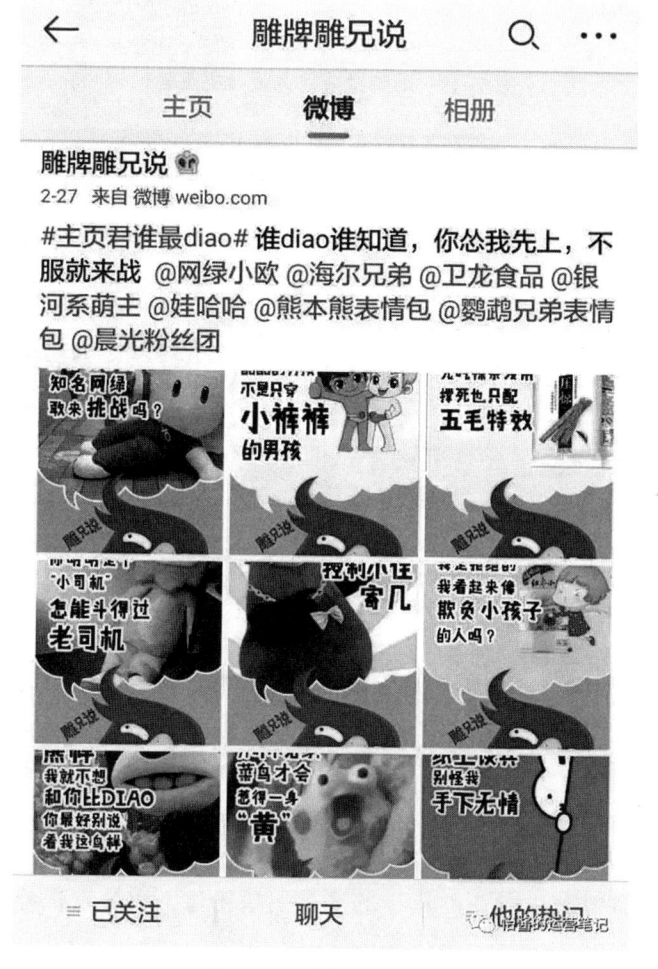

图 7-18 雕牌微博推文

(三)3月初,推出两个辣眼睛话题"主页君谁最 diao""做女王最爱的 diao"

如图 7-19 所示,精准话题营销,如图 7-20 所示,带来大量曝光。

图 7-19　雕牌微博网页版（主页君）

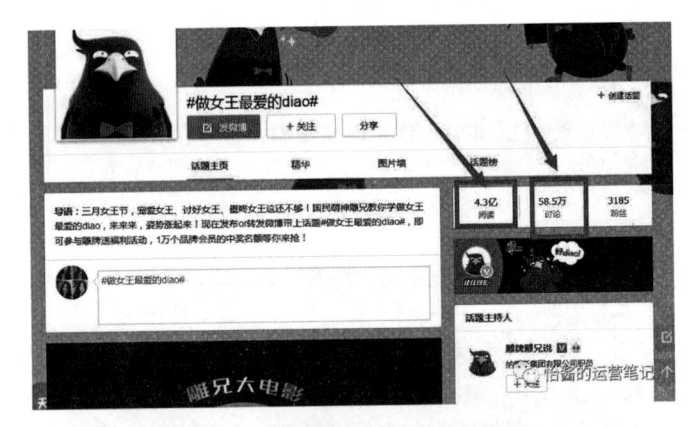

图 7-20　雕牌微博网页版（做女王）

（四）3 月初，先后送出 10W 鲜花和大额红包，每一个抢鲜花和红包的网友都会自动关注微博账号

如图 7-21 所示，活用微博推广手段，迅速聚集优质粉丝，很多人对品牌鲜花不太了解。实际上，有点类似 APP 推广中会遇到的积分墙广告，即用户想要获取某些利益，需要先完成广告主指定的任务。比如，若粉丝想获取鲜花，需先关注账号。但"品牌鲜花"与"积分墙"两者不能等同，通过"鲜花"获取的用户质量会更高。一是"鲜花"在微博内入口深，只有对微博较熟悉的用户才能找到；二是微博上活用"鲜花"的多是明星粉丝，质量较积分墙的利益驱动型用户要高。

（五）3 月 7 日当天《李小鹏支招女王节，超 diao 哦！》上线

如图 7-22 所示，明星助力，为活动预热。

第七章 雕牌：需要年轻范儿

图 7-21 雕牌红包

图 7-22 明星微博转载

（六）3月8日当天物料集中上线、资源集中投放、全线引爆微博平台

1. 十只雕兄大电影深夜上线

《雕兄大电影》，一共由十支小电影组成，每支电影就是一个小场景，每个场景结尾推一个雕牌新家规，占时约30秒。

2.38 个雕牌雕兄说"雕牌新家观"曝光

如图 7-23 所示，针对三八节定制讨好各类女王的新家观，38 招新家观围绕讨好老婆、女友、妈妈、婆婆和女儿量身打造。

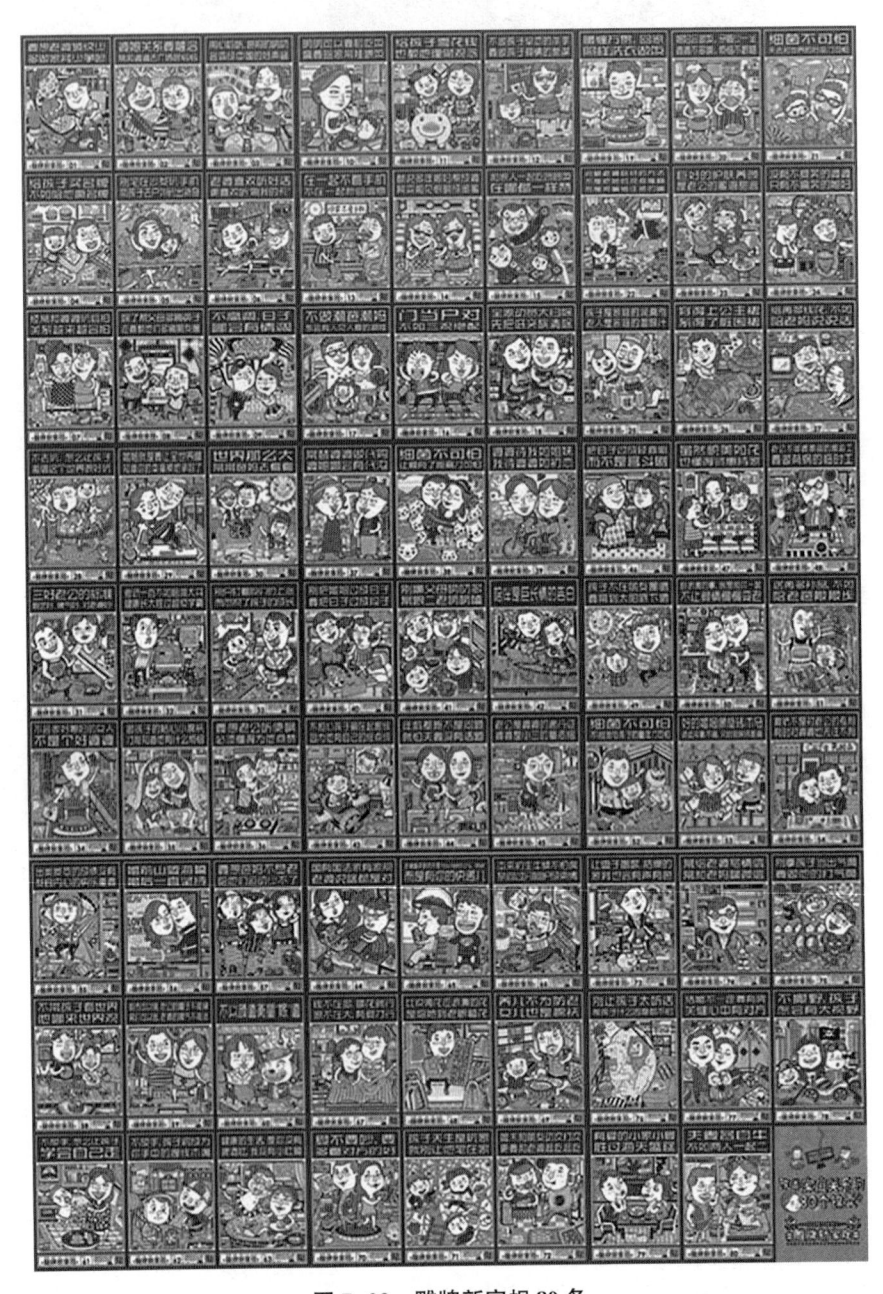

图 7-23 雕牌新家规 80 条

第七章 雕牌：需要年轻范儿

3. 除丰富物料外，雕牌在微博的营销投入非常大手笔

如图 7-24 所示，"新浪微博开机报头+品牌速递+三个热搜榜单+搜索彩蛋+粉丝红包+顶部下拉刷新+发现页 banner+热门话题重磅推荐+微博知名 KOL 帮转"，"雕兄大电影"成为三八节当天微博上最大的话题。被营销业内人士戏称为"3 月 8 日最大牌——雕牌"。

图 7-24 雕牌新家规宣传海报

如表 7-2 所示，以上算是雕牌三八节活动始末。活动能在三八节当天全面爆发，"@雕牌雕兄说"账号日常运营功不可没。再来看看账号详细的运营日常。

表 7-2 雕牌三八节活动

时间	账号行为
2月14日	情人节，账号开通
2月23日	是目前能查到的账号最早发文时间，当天发 5 条内容，均为雕君表情包/日常
2月26日	持续发雕兄日常表情包创建第一个话题"没见过戏这么足的雕兄啊"（目前话题已被弃用） 第一次转发抽奖，转评数被引爆
2月27日	找其他企业蓝 V 抱团互动推话题"主页君谁最 diao" 知名 KOL 付费推广，如@ 英国报姐 开始发送粉丝红包
2月28日	原创段子，雕牌日常，粉丝互动
3月2日	（1）第一次推自家商品优惠信息 （2）发布雕兄人工智能机器人，动画短片，与微信公众号产生连接

续表

时间	账号行为
3月6日	第二轮红包雨
3月7日	(1) "做女王最爱的diao"话题上线,同时发布李小鹏和妻子为雕牌拍的宣传视频 (2) 雕君人工智能机器人上线,与微信公众号连接,引导粉丝互动
3月8日	(1) 从零点开始,当天深夜至第二天清晨,发布10只雕兄微电影 (2) 从清晨至下午,发活动,晒幸福账单,赢奖品
3月9日	(1) KOL发力,@天才小熊猫@甘露等纷纷定制软文 (2) @关爱智障儿童成长@哈德门烟头@八卦_我实在是太CJ了等微博热门段子手助力
3月10日	@追风少年刘全有@休闲璐@大绵羊BOBO发定制软文,雕兄原创漫画
3月10日至今	雕君日常、段子、卖萌

(除表中关键节点,其余时间,账号日常内容都以发布雕兄原创日常、幽默段子、轻松表情包为主)

从表7-2可以看出,账号运营节奏非常明确,规划很清晰——看似随意,实则花了不少心思。

五、推广效果

(一)推广渠道

(1) 线下:如图7-25所示,3月8日全国8城地铁共驶出38列"新家观号"专列——北京、上海、广州、深圳、杭州、武汉、沈阳、苏州的地铁上齐刷刷地被"雕牌新家观"体的插画装扮一新。如图7-26所示,80张年轻、走心、张扬个性的新家庭观点以及独特的插画风格出现在地铁上。

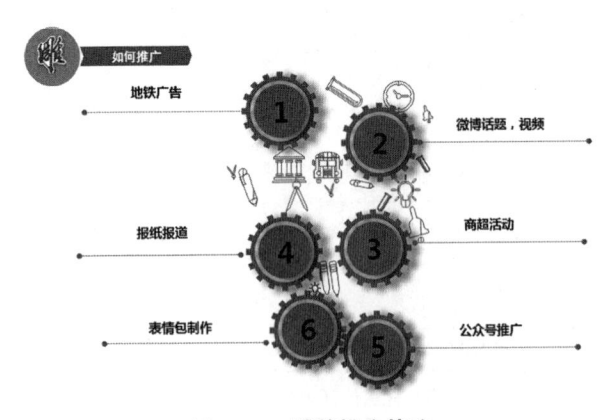

图7-25 雕牌推广策略

第七章 雕牌：需要年轻范儿

图 7-26 雕牌地铁广告

（2）纸媒：上海知名都市媒体《新民晚报》，38 个版面的"雕牌新家观"实现了整份报纸的全覆盖，将话题再度升温。

（3）微博：雕牌借地铁及报纸事件，将"雕牌新家观"登上微博热门话题榜，明星夫妇李小鹏和李安琪、陆毅和鲍蕾等在微博上互动秀恩爱的方式给话题助力。同时，"雕牌新家观"趣味 H5 在微博传播。

（4）微信："雕牌新家观"H5——"改善家庭关系的 80 个锦囊"在朋友圈传播、向自媒体红人咪蒙投放定制广告《女人到底想睡哪种男人》传递价值观，如图 7-27 所示。

图 7-27 雕牌微信

163

(5) 视频平台：出品了两个短视频，幽默逗趣的《中国五千年家观简史》动画视频、精选的"雕牌新家观"15 秒短视频，在各视频网站上线播放。

(6) 主流媒体：38 列"新家观号"地铁引发主流电视台主动报道。

(7) 雕牌销售端：全国家乐福及大润发等线下终端及线上电商端同步开展"雕牌新家观"——"三月女王节"售卖活动，品牌刷新直到销售终端。

（二）广告效果

据统计，雕牌三月妇女节的整合传播的初期结果为：2017 年 2 月 14 日才正式开通的"雕牌雕兄说"微博账号，不到一个月，吸引了超过 50 万粉丝。登上微博热门话题榜"做女王最爱的 diao"主题页浏览量超过 4.3 亿，讨论量 57.5 万。相比 3 月 7 日，3 月 8 日当天雕牌天猫旗舰店销售额增长率高达 398.94%。雕牌借力"三八"推出自造 IP 形象——雕兄，并开通"@雕牌雕兄说"，借此账号，雕牌在表达"新家观"品牌主张的同时圈好评无数。雕牌微博话题页浏览量超 4.3 亿，讨论数 54.1 万，如图 7-28 所示，《雕兄大电影》微视频在微博短短几天视频点击量突破 5000 万次。账号仅用半月时间，涨粉超 56 万，成功晋升品牌金 V，成为新浪微博近年少有的突出案例。

图 7-28 雕牌微博

(三)营销经验

1. 深入洞察市场坚持以情动人

这个家喻户晓的国民品牌,一直以有情有家为品牌理念,那句让人潸然泪下的"妈妈,我可以帮你干活了!"广告语在今天看来仍旧有着暖暖的温度,深深影响了亿万中国家庭。随着社会发展及"80后"当家做主,中国人的家庭观念也逐渐发生改变,过往略显陈旧的家庭观念,已逐渐被平等、沟通、互爱的"新家观"所取代。而以"80后""90后"为主的新一代家庭,正是雕牌想要对话和沟通的对象。因此,雕牌再次洞察这一消费者情感变化,顺应趋势,用更年轻的方式提出"新家观",与新一代消费群体进行更加个性化的沟通。2016年,又邀请人气超高的新一代国民家庭李小鹏一家为品牌代言,倾情演绎"新家观",针对消费者健康保障的需求与生活品质的提升强势推出雕牌除菌系列产品,雕牌品牌全新战役全面打响!

2. 全媒体发声,引爆全民话题

3月8日,北京、上海、广州、深圳、杭州、武汉、沈阳、苏州的地铁驶出"新家观号"专列,地铁上齐刷刷地被"雕牌新家观"观点及魔性插画装扮一新。80条年轻、走心、张扬个性的新家庭观点将整列地铁装点得妙趣横生。独特的插画风格瞬间吸引住乘客的眼球,引发人们纷纷拍照分享。"细菌不可怕,失去对世界的好奇才可怕""细菌不可怕,不能参与孩子的童年才可怕""细菌不可怕,让爱有了距离才可怕""婆媳关系要融洽,常和婆婆去广场咚恰恰",还有"要想老婆皱纹少,多做家务少争吵"等最年轻、时尚的个性表达,传递了最正能量的新时代家庭观,引发了大家的共鸣。

随后在3月8日下午发行的上海《新民晚报》上,"雕牌新家观"以全版+多版面报花形式曝光,整份报纸都被"雕牌新家观"覆盖,将话题再度升温。其新颖的刊登方式、新锐的内容、刷屏级的曝光,瞬间形成了强烈的反响,成为朋友圈热门刷屏事件。通过权威纸媒和线下事件联动,两个热点事件先后引爆,形成传播双核,传播声浪的层层累加,以铺天盖地之势怒抢头条。如图7-29所示,不仅如此,3月8日,雕牌地铁及报纸事件被@陆毅、@鲍蕾、@李小鹏、@李安琪等明星各种曝光,他们在微博上互动,"雕牌新家观"话题在微博上引发全网热议,各路人气微博大号的纷纷转发,"雕牌新家观"瞬间成为微博话题榜热搜排名第一位。同时,人气APP网易新闻、今日头条、腾讯新闻等客户端媒体开机屏强势曝光;《五千年家观简史》视频在各大视频网站上线,以网友喜闻乐见的幽默逗趣方式梳理了中国五千年来家庭观念的变化。病毒式的视频内容也为"雕牌新家观"引发了极大关注、吐槽及转发分享。其中,3条"雕牌新家观"以视频形式在秒拍上线,有趣的观点被搞笑的视频再度演绎,一经推出,就引发明星及各路大号的自发转载与热评,同步也在优土、爱奇艺、搜狐视频等视频媒体播出。铺天盖地式的传播,让雕牌再度成为了日化界关注的焦点。

图7-29 《新民晚报》雕牌宣传报道

3. 巧借女人月,打响终端战役

在着力传播"雕牌新家观"的同时,雕牌终端也以"三月女王节"主题活动在全国家乐福、大润发等终端及主要电商渠道展开销售攻势。如图7-30所示,雕牌地铁发声不仅联合了天猫、京东等电商平台为其线上销售导流。同时,也为其在家乐福、大润发等重点终端系统的线下活动做预告,实现了营销全闭环。纵观此次"雕牌新家观"整合营销运动,能看到作为国内日化龙头纳爱斯的霸气、魄力,以及一贯的公益责任心,给社会提供正能量的同时,也为品牌升级塑造带来了全新的市场反响及销售拉力。

图7-30 雕牌超市展架

4. 直击人心的文案创意

其实雕牌作为国内知名度最高的日化品牌之一,从"妈妈,我能帮你干活了"开始,"家"一直是消费者对雕牌深厚的情感印记。然而,随着时代的变迁，"80后""90后"已经成为家庭主要成员，他们对于夫妻关系、婆媳关系、亲子关系的解读也发生了微妙的变化。因此，雕牌新家观顺势而生。承担"新家观"这个概念落地的是其中近百句文案，这些文案紧跟时下热点，像段子、像口头禅、又像打油诗。报纸、手机 APP、社交媒体等纷纷报道，使"雕牌新家观"随处可见，引起了强烈的社会反响与话题讨论，几个亿的曝光量，让雕牌与新一代的年轻人真诚地走了一回心。

网友们对于这种"想要老婆皱纹少，多做家务少争吵""陪伴是最长情的告白""虽然貌美如花也懂得勤俭持家"，弘扬个性的新家庭观念他们十分认同。天马行空但不离人心！深刻洞察了年轻人在移动社交的语境下，人们对于家庭观念的新的理解。例如，现在很多人热衷于在社交网络上晒娃，"新家观"就通过海报传达了一条很走心的品牌标语——孩子不在朋友圈晒，要带到太阳底下晒。这样的文案无疑是很多人想说而一直不敢说的心中痛点，也会激发人们想要分享的冲动。"新家观"的概念，不单单是想传递雕牌在功效上做一个洗护品牌，而是通过这次广告，以家庭新型关系的润滑剂为情感角色，融入到现代家庭的日常生活当中。

5. 塑造卡通形象人格化运营

雕牌"雕兄"简直将人格化运营发挥到极致。如图 7-31 所示，通过蠢萌的大雕玩偶形象跳脱屏幕，在微博上以一副网红 BOY 的姿态，晒日常、发段子，顺便狂撩各大品牌，混得风生水起。这样的品牌人格化的方式，让大众体会到一种亲切的情感互动，而不再是单项的机器输出，成功地拉近了品牌与大众的距离，同时还能收获热情的互动，做到更有感染力的宣传。关于做到人格化运营，现在大部分企业只是为了做公众号而做公众号，仅仅是因为盲目的跟随潮流，却从未想过自己企业的特性究竟应该以怎样的展现形式来进行创作和宣传。

品牌人格化是营销中很重要的一步，首先一个品牌得先确定对自己本身的定位，在这样的情况下，进一步达成角色定位。角色如何定位，主要取决于企业希望和用户建立何种关系。这种角色可以是朋友、专家、保姆等。当然事实上，角色远不止这三种，以此为例是因为其比较具有代表性，分别代表了平台与用户的三种关系。在做好角色定位之后，商家需要为产品形象塑造进行一个有血有肉的填充行为！那便是赋予角色以鲜明的个性，使其真正地生动起来。如图 7-32 所示，商家将以怎样的个性去迎合消费者的口味，这也是品牌能俘获人心的关键一步！统一稳定的品牌调性，有助于商家在用户心中形成固有的认知，让消费者一想到对应的领域就会想到自己的产品与品牌。

6. 事件营销

从早期的"妈妈对不起""有情有家有雕牌"到最近的"3·8新家观"，雕

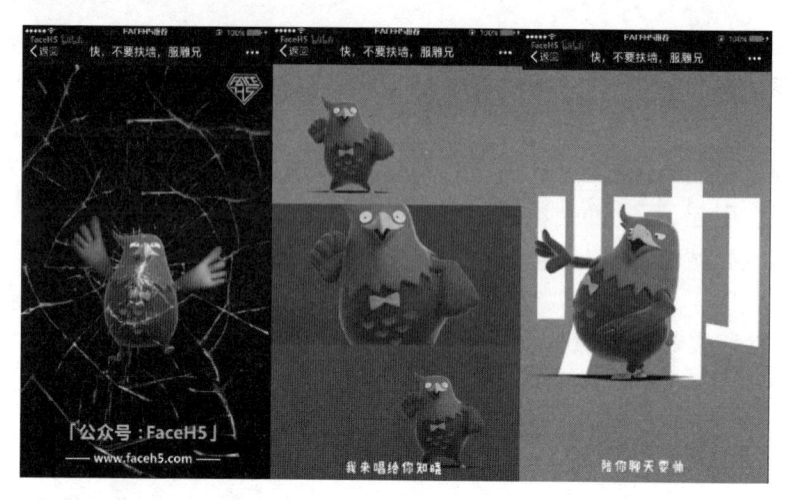

图 7-31　雕牌 5H 游戏界面之一

资料来源：https://www.bilibili.com/video/av9147301/。

图 7-32　雕牌 5H 游戏界面之二

资料来源：https://www.bilibili.com/video/av9147301/。

牌可谓是搞的一手好事！作为土生土长的中国品牌，相比一些洋品牌，雕牌最大的优势在于更懂中国人的情感。这次雕兄搞出的"3·8"事件，如图 7-33 所示，3月8日，北京、上海、广州、深圳、杭州、武汉、沈阳、苏州的地铁上齐刷刷地被"雕牌新家观"装扮一新，因观点新颖独特，迅速引起网友围观热议。

第七章 雕牌：需要年轻范儿

图 7-33 雕牌新家规地铁宣传

当乘客像往常一样走进地铁时，只见车厢内铺满了色彩鲜明的 80 张"雕牌新家观"插画，将整列地铁装点得妙趣横生，瞬间抢夺眼球。如图 7-34 所示，在微博上也引起了明星大 V 们的拍照分享，其中陆毅鲍蕾夫妇更是用地铁中的"新家观"文案在微博上大秀恩爱，引发其他大号的纷纷围观转发，大量粉丝卷入讨论互动，让"雕牌新家观"瞬间蹿升至微博话题榜热搜排名。不难发现，这又是一场精心策划的商业营销事件，每到三八节，各路商家都在变着花样做节点营销。而本次雕牌发起的"雕牌新家观"号地铁，引起的围观热议无疑是一次成功的事件营销。

图 7-34 "雕牌新家观"地铁专列

169

7. 跨界营销

在营销的大浪中，想要存活下来，博得眼球，怎么能单枪匹马孤军奋战呢！如图 7-35 所示，雕兄深谙此道。于是乎，管你是哪条道上的，能凑一块儿就是兄弟。

图 7-35　雕牌新家规微博推文

8. 内容的年轻化

"80 后""90 后"现在已经是消费市场上的"主力军"了，这两代人的生长环境一般为独生子女家庭，家庭观念新颖前卫，尤其要求平等与关爱，很多陈旧的家庭观念已不再适用于他们的家庭。雕牌广告一直主打感情牌、家庭温情牌，这种广告必须要及时更换，不然无法和当下的消费者产生共鸣。于是雕牌有了"新家观"的广告，生动又形象地表现了现在年轻人新的价值观与新的感情取向，随着时代的变化，通过整理雕牌广告可以看出两代人的关系从听话到对话，母女关系从闺女到闺蜜，夫妻关系从单调到情调，长幼关系从孝心到知心的新变化。例如，"别拿孩子当出气筒，要做他的打气筒""要想老婆皱纹少，多做家务少争吵""经常和婆婆玩自拍，关系越来越合拍"等，这些文案短小精悍，读起来朗朗上口，还结合了当下年轻人日常生活的潮流因素，在文案中提到撕名牌、《中国好声音》，或贴近了年轻人喜欢自拍、喜欢玩微信、发朋友圈的生活习惯。每一条新家规既有趣又与年轻一代的生活息息相关，这样做可以让目标消费群体对品牌产生认同感,接受品牌所传达的价值观与品牌特性,与品牌的广告产生共鸣。

9. 推陈出新,形成了新型媒介组合形式

雕牌的新型营销首先展现在地铁上。如图 7-36 所示,甚至可以说,地铁广告是雕牌营销的主要媒介,也是雕牌营销活动的创新点和成功之处。这与地铁作为广告媒介的特点有密不可分的关系。

图 7-36　雕牌地铁宣传

(1) 地铁广告媒介受众与品牌目标消费群体。如图 7-37 所示,根据国家广告杂志社和 IAI 国际广告研究所对北京地铁的调查,地铁乘客群比较稳定,年龄多集中在 18~40 岁,受教育程度多是大学以上,收入以中高层收入为主,职业大部分是公司职员或管理人员。

图 7-37　雕牌新家规地铁车厢宣传海报

（2）地铁广告具有时间充足且空间相对独立，环境相对封闭，可以很好地提高记忆效果的特点。雕牌的广告不仅投放在地铁的灯箱和站台这种寻常的地方，而且还是360°的全面覆盖地铁车厢内部，包括车顶、车门、座位与地面，无论乘客的视线聚集在车体的哪一个部分，都能看见雕牌的新广告，但每个位置的广告又有不同的文案，内容有趣，既给人以深刻印象又不会使人厌烦，这样铺天盖地的广告攻势很难不收获好效果。如图7-38所示，3月8日，雕牌联合了全国各个城市（如北京、上海、广州、深圳、杭州、苏州等）38列地铁贴出了"雕牌新家规"。80张年轻、走心、个性的"新家规"将地铁装扮得妙趣横生，引起了乘客们的激烈讨论。

图7-38　雕牌投放地铁的广告

上海《新民晚报》整份报纸都被"雕牌新家规"覆盖，将话题再度升温。当日的活动还引起了李小鹏、陆毅、鲍蕾等明星在微博上热议。个性时尚的插画风格、热点讨论话题、线上线下传播，使此次雕牌营销事件成为了朋友圈热门刷屏事件，也使广大消费者对雕牌品牌有了重新的认识。

如图7-39所示，虽然报纸的受众群体是"60后""70后"但这些"60后"与"70后"正是雕牌老一代的忠实消费者，雕牌不放弃报纸这个传统的广告媒介，也就是不放弃原来的品牌用户，在获得新用户的同时不忘老用户，雕牌在新老两代目标消费群体之间建立了共同的话题，在家庭中形成了广告的二次传播。

新媒体在3月8日雕牌"女王节"的当天，微博、搜狐视频、网易新闻等媒体的移动端的开屏画面出现了雕牌广告的身影，同时，微博话题页、一些视频门户网站的主要位置，也都出现了雕牌的平面广告。"老北京城""杭州潮生活""深圳百事通"等近10个极具影响力的公众号同时发出与新家观地铁广告相关的推文，雕牌在微信公众号的选择上也是煞费苦心，主要选择了情感、母婴、地方

图 7-39　雕牌新家规报纸报道

民生、广告营销等公众号，并且从中筛选出"80 后"女性用户更集中的账号进行软文投放。

另外，一段《五千年家规简史》微视频在各大视频网站上上线。视频以幽默逗趣的方式梳理了中国五千年家庭关系的变化。视频内容如病毒式地得到传播，引发了网友对"雕牌新家观"的讨论、吐槽、转发与分享，不管是哪一种形式，都是对"雕牌新家观"的一种关注。进入全媒体时代，受众由信息的被动接收者变为传播过程中的主体，众多网友纷纷加入"雕牌新家观"的微博热门话题的讨论，越来越多的新家规内容被网友讨论与传播，3 月 8 日当天话题量过亿。而且，还有众多网友当天的微信朋友圈也被雕牌新家规的 H5 互动广告——改善家庭关系的 80 个锦囊刷屏。

10. 推动消费者全新互动体验

在这个到处都是"互联网+"的时代，网购成为年轻人的主要购物方式之一，雕牌要进行品牌的年轻化，就要追寻年轻人的购物习惯，开设网上旗舰店。雕牌借力 3 月 8 日的女王节，在各大电商平台进行广告投放及价格促销，并且所有的地铁乘客都可以通过扫描地铁上的二维码直接进行线上的购买和下单。

Social Beta 还了解到去年整个"新家观"战役中，雕牌在地铁事件的投入相对比较大，时效性比较短，执行难度和协调性也非常高，所以今年雕牌把重点放在了受众最聚集的一些数字载体上，

图 7-40　雕牌人工智能聊天工具

通过内容的吸引获得高度传播效果。因此，除了带来"雕兄"的表情包、大电影、MV、插画海报以外，它们还用"广告界文案高手+网络段子手+原中科院人工智能团队"共同打造了微信人工智能平台"雕牌雕兄说"。如图 7-40 所示，在人工智能的微信公众号上，消费者可以直接与雕兄"开撩"，目前它们已经实现了"聊天+斗图+唱歌"的功能。据雕牌内部的数据，自微信人工智能雕兄上线以来，用户参与度呈波段式增长趋势，配合传播资源的引流，最高日访问量超过 20 万，全天 24 小时均有用户参与互动；粉丝数量持续增加，较智能模块上线前，增幅超过 20%。因为活跃的用户体验，聊天截图被越来越多人分享和二次传播。短短十天，自传播以来已经引发数十万人关注互动。

如今，微信已经成为众多品牌内容分发的重要阵地，但随着微信电商功能的发展，更多品牌也非常看好其销售的功能。雕牌也表示，后续在进一步完善人工智能平台用户体验的同时，会考虑将人工智能平台与销售结合，让品牌与消费者的交互更密切，真正实现从用户需求去改进产品，传递信息，实时互动，进一步缩短用户与品牌的距离，当然也会利用这一平台发布优惠信息，甚至优化和缩短购买的路径。

11. 想方设法留住粉丝

如果说在企业营销中产品力是品牌能够长盛不衰的根基，那么在官微运营中内容即是留住粉丝的制胜法宝。而产出什么样的内容，就要根据圈定的目标用户的年龄职业喜好而定。迫切想要完成品牌年轻化的雕牌，选择微博这个中国"80 后""90 后"的社交娱乐主阵地，通过斗图编段子发布搞笑日常，投其所好，完美戳中网友萌点。

（1）预热阶段快速积累人气。

2 月 27 日，雕兄开始为三八女王节的活动进行预热。模拟明星粉丝微博浏览路径，在 27 日当天放出 10 万支品牌鲜花，明星粉丝"借花献佛"，每位领取鲜花的粉丝都成为了雕兄粉丝。同时，大手笔发放粉丝红包，每个领取红包的用户也都成为雕兄粉丝。雕兄瞬间涨粉几十万，为三八女王节集中引爆打下粉丝基础。

（2）多种资源全面助推创意内容。

3 月 8 日，《雕兄大电影》集体上线话题页，拉响雕牌三八女王节营销号角。酒香不怕巷子深，在开放性的社交平台上，若没有好的手段去助推，再好的创意也会被淹没在信息流的海洋里。如图 7-41 所示，视频版开机、话题文字链、话题榜单页全面引导用户进入话题页。"雕兄大电影"成为三八节当天微博上最大的话题。

12. "@雕牌雕君说"账号运营方面

（1）方向明确。所有内容都旨在塑造搞笑、卖萌、耍贱、年轻的品牌形象，

第七章　雕牌：需要年轻范儿

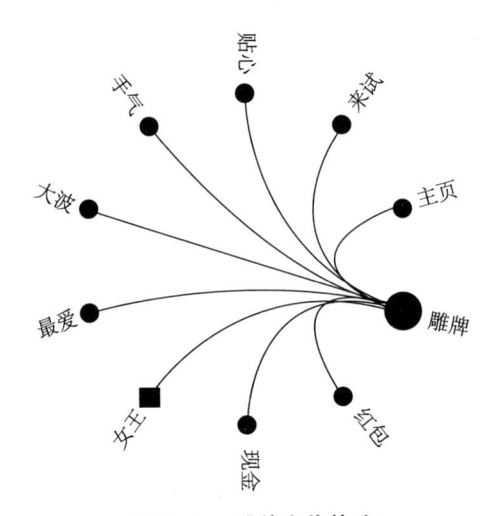

图 7-41　雕牌宣传策略

发布的内容均符合其定位。这在很多企业蓝 V 还在发打折信息、追热点、转段子的当下，非常难得。

（2）舍得花钱。从账号微博内容、互动情况可以看出，这次的成功，账号运营是基础，但舍得砸重金推广，才是这次案例能爆发的关键因素。翻看雕兄 200 多条微博，除抽奖内容外，其他博文粉丝活跃度，在同等粉丝量级下并不算高。

（3）懂得克制。偶尔会发商品折扣信息，但几乎没有转发，账号内容全是幽默有趣的雕君日常。

（4）思考周全。账号运营看似简单，但背后都是运营人的深入思考。比如 3 月 8 日当天，十支病毒视频的发布，运营人员常规做法都是在白天或晚上 8~11 点用户活跃度较高的时段发布，但雕兄却选择从深夜 12 点开始发，每隔一小时发一条，发了一夜，一直持续到"三八"节那天上午八点。为何？因为"三八"节当天，雕牌将在微博砸重金推广，会将流量引进雕兄账号，这样的做法，可确保新来的用户都能看到这些内容，提升视频播放量。

（5）懂得抱团。账号运营从来不是单打独斗，来看看跟雕兄有过互动的企业蓝 V 名单。这都是些"不正经"的企业蓝 V 账号啊……@海尔兄弟、@卫龙食品、@盼盼食品集团、@海天招牌拌饭酱、@良品铺子旺仔小馒头官方微博、@豪客来_Houcaller、@超能健康生活、@伢牙乐官方微博、@好莱客-全屋定制、@衣品天成官微、@天石户外、@匠子烤鱼、@小米包铺的小米、@网绿小欧、@银河系萌主、@娃哈哈、@熊本熊表情包、@鹦鹉兄弟表情包、@晨光粉丝团、@恒大冰泉、@小熊电器、@特步儿童、@汤臣倍健官博、@奥康商城。

六、建议思考

一个项目从想法到落地，会遇到各种各样的问题，其间辛苦，外人不身处其中，难得体会。尤其是这个案子应该还涉及到几大公司多部门的协调配合，可以说项目能做到这个地步实属不易。

（1）在物料准备上，项目各个步骤几乎都在围绕"雕兄"进行，旨在打造雕兄这一 IP 形象。雕兄本身形象也很可爱讨喜，那可否尝试让雕兄的周边更完善。例如，小的雕兄玩偶、雕兄卡贴、雕兄特制礼包等，这些小物料成本不高，可用于微博互动奖品。促进粉丝活跃的同时也提升雕兄影响力。

（2）在资源拓展上，雕兄走红网络的过程中，雕兄表情包功不可没。大量逗趣、机智、耍贱、卖萌的雕兄表情包甚至一度成为聊天斗图的热门之一。可否尝试跟一些制图软件如美图秀秀，一些专业的表情包制作软件，例如，表情 in、Fork、表情总动员等谈合作，在这些 APP 内上线雕兄专区，或联合出品雕兄表情包活动。"三八"节当天雕牌也花了很多钱在微博做广告投放，可否考虑在热搜话题、开屏广告海报上带上这些合作方，用买来的微博资源再去置换一些其他 APP 的资源。

（3）在活动运营上，可否借用"@雕牌雕兄说"的微博平台举办一场"全民来做雕兄表情包"的活动，设一些奖励机制，让更多的用户参与到表情包的制作中来。也可尝试跟美图秀秀这样表情包制作产品的官微合作推个活动，因为产品用户群体主要都是女性，跟雕牌目标人群很贴近。

（4）在推广节奏上，2 月 27 日第一波热门话题"主页君谁最 diao"上线，当时曝光量级很大，但其他相关的配套资源搭配并不多，在人们脑海中并未留下太深的印象，挺可惜，如果能调整一下，或许可以让资源投放的效果最大化。

（5）在后续运营上，雕牌这次的营销，噱头做足了，关注度上来了，在众多同质化的竞品中形成了个性化的风格，效果肯定是好过线下广告，这点毋庸置疑。但热度是否能维持住是一个挑战。当然，这也是所有移动营销都会面临的问题。现在去看"@雕牌雕兄说"的账号运营，后续是有些乏力的，更新频率没之前稳定，内容也没再出新品。这很可惜！在日常运营中，建议"@雕牌雕兄说"可参考最近广受好评的不正经蓝 V"@海尔"。

因此，若以雕兄 IP 为品牌核心的话，应该下定决心把产品包装的书法式 LOGO 以及油画式的飞雕也改进，才能与时俱进。80 张"雕牌新家观"海报、两个短视频，可以说物料数量并不多，但几乎把传统惯用的几大推广渠道都用了，效果不错，在推广上也舍得钱，但推广渠道不够新。在此基础上看到，雕牌今年的推广，物料更丰富多元，手段更新颖大胆。2016 年走温情、正能量路线，2017

年则更贴近新一代消费者喜好。在推广渠道上，减少赛道，集中资源，发力微博，获得爆发。

思考题

1. 根据上述案例，阐述成功新媒体广告营销的几个关键点是什么？
2. 微信在广告的推广过程中，应如何实现企业与公众的互动？
3. 结合上述案例，分析新媒体广告传播中不同渠道的优劣势以及适用范围。

参考文献

[1] 杨畅. 全媒体时代下民族品牌年轻化策略研究——以雕牌新家规广告为例 [J]. 新闻研究导刊, 2017（5）: 266.
[2] 王琼. 雕牌年轻化网络营销策略研究 [J]. 中国市场, 2018（12）.
[3] 向林杰. 雕牌变了——传统日化变网红暖男, 雕兄 IP 传递"新家观" [J]. 广告主, 2017（1）: 68-69.
[4] 宣长春, 林升栋. 传统品牌借助社交媒体活力化之利弊谈——以雕兄 IP 为例 [J]. 品牌研究, 2017（5）.
[5] 张静波. 一块肥皂做到全球第五, 外资世界 500 强都为他代工！[J]. 中国外资, 2017（17）: 60-62.
[6] 吕曦. 社会化营销产生的传播原理及案例 [J]. 声屏世界·广告人, 2017（9）.

第八章
网易云音乐：音乐的力量

随着我国互联网技术的发展，使传统的产业不断地受到冲击，互联网产业得到了飞速发展。早在 2015 年，"互联网+"的理念成为政府工作报告内容之一，互联网技术的发展成为无法避免的趋势。与此同时，传统的产业借助互联网的力量也逐渐发生了转型，在很短的时间内产生了众多新型的行业，众多互联网产品顺势而出。但是，众多互联网产品在产生之后便在短时间内消失，无法在互联网背景下生存。根据众多失败的互联网产品案例分析得知，众多互联网产品的发展仅仅是依赖互联网技术，产品在进行设计时并未考虑用户的使用体验，忽略了互联网产品的本质，不够重视用户的需求。如图 8-1 所示，网易云音乐凭借其对互联网发展的敏锐嗅觉，找准产品的定位并不断推出满足消费者需求的优秀内容，使之成为当前国内音乐类 APP 的后起之秀。

图 8-1　网易云音乐网页界面

网易云音乐之所以能在这么短的时间内拥有如此多的用户，主要还是因为其功能和提供的优质个性化服务给用户带来了超过预期的用户体验。再加之利用互联网的优势以及线下渠道的整合营销方式进行传播，网易云音乐的知名度和美誉度大大提升。网易云音乐在未来的发展过程中也要不断发现自身的缺点，并不断改进，不断创新。一方面，既可以为消费者提供更优质的服务，提高客户满意度；另一方面，又可以使自己能够长久坐稳数字音乐 APP 的宝座。

一、行业现状

在互联网时代，用户的需求是产品设计的首要条件，这是一个用户为王的时代，用户与企业之间可以进行直接交流，用户将自己的使用体验直接反馈给企业从而帮助企业对自己的产品进行修改，不断地升级优化产品，最终生产出满足用户需求的产品，甚至为用户制定个性化的产品。由此可知，在互联网时代，企业在经营模式中始终无法离开用户，将用户的体验与需求作为驱动产品升级、企业发展的动力，帮助企业形成良性的循环发展模式。

因此，在互联网时代，企业产品的价值无法按照传统的生产销售方式来进行经营，而是应该按照产品的用户数量以及用户的黏性来判断产品的成功与否。在互联网时代，用户的体验与需求是企业发展的动力，了解自己的目标用户以及潜在用户的需求，从而能够不断地更正自身的发展，扩大自身的影响力，提升自身在市场中的竞争力。以网易云音乐 APP 为例，在众多音乐 APP 中，网易云并不算是起步最早的音乐 APP，但是网易云在上线几年的时间内赢得 2 亿多用户，并得到了众多用户的好评，具有良好的发展前景。这是一个典型的互联网产品，成功通过互联网商业模式，根据用户的需求对产品进行设计运行，从而为用户提供优质的服务，满足顾客的个性化需求，不断吸引众多新老用户的青睐，不断地推动自身的发展。这便是网易云音乐的互联网运行思维，网易云音乐 APP 始终坚持将用户的需求作为其经营的核心理念，从而能够设计出满足用户的产品，不断地提高用户黏性，提升自身的竞争力。

（一）数字音乐市场

数字音乐市场作为国内音乐市场的核心力量，2013 年市场规模为 440.7 亿元，2015 年增长至 545.2 亿元，两年增长了 23.7%。同时，2016 年中国数字音乐市场也完成了 600 亿元的目标。在互联网时代，数字音乐拥有更为广泛的适用场景，丰富的应用场景揭示了数字音乐未来强大的发展潜力。

1. 版权规范化

网络音乐版权一直是用户备受关注的问题，音乐版权的规范化整治行动为行业的健康发展奠定了基础。自国家发布相关版权文件以来，国内网络音乐盗版问题得到了明显的改善，网络音乐平台之间开始进行合作和版权转授。在保证作品来源合法的同时不仅实现了盈利，还推动了手机音乐 APP 平台之间良好发展模式，为未来网络音乐行业发展提供了前提和保证。

2. 来源多元化

网络音乐作品呈多元化发展趋势，一方面，基于我国网络音乐用户对海外音乐的需求不断增加，部分平台花重金投资海外音乐市场，将海外音乐资源引进国内市场以扩大自己的市场占有率和竞争力；另一方面，逐渐兴起的原创歌手和原创音乐成为网络音乐平台的发展方向。平台不仅为音乐爱好者提供了展示作品的机会，也逐渐展示出国内原创音乐市场的巨大潜力。

3. 产业生态化

随着行业的发展，网络音乐与其他互联网娱乐形式的交叉融合日趋普遍。如图 8-2 所示，越来越多的创作者开始通过互联网参与网络游戏、网络视频的音乐创作，使网络音乐成为其他互联网娱乐行业音乐素材的来源之一。与此同时，网络音乐行业自身产业链也在不断拓展，包括明星演出、粉丝运营、媒体推广、票务平台在内的整条音乐产业链被打通。

QQ音乐	网易云音乐	酷狗音乐
音乐类排名：4	音乐类排名：7	音乐类排名：2
月均覆盖人数排名：2	月均覆盖人数排名：10	月均覆盖人数排名：1
客户端搜索增长率：76.8%	客户端搜索增长率：315.5%	客户端搜索增长率：113.2%

选择理由：这三款产品属于直接竞争类产品。QQ音乐借助PC时代的发展及QQ、微信用户群而积累了大量用户，酷狗音乐作为早期PC时代音乐产品的代表，进入移动时代后获得了巨大的用户量，两者都属于现阶段移动音乐产品第一梯队。网易云音乐作为后起之秀，在用户间传播速度很快，发展迅速，大有赶超之势。

资料来源：1. 来自appannie，4月9日数据（CN），排名为下载量排名（剔除了电台等非综合音乐类应用）
2. 来自艾瑞咨询，2015年1~8月移动端在线音乐APP月均覆盖人数
3. 来自易观智库，2015年上半年中国移动音乐客户端搜索指数分布

图 8-2 网易云音乐竞争对手分析

（二）网易公司，网易云音乐 APP 和音乐的力量广告介绍

网易公司（NASDAQ：NTES），创始人兼 CEO 丁磊，是中国的互联网公司，利用互联网技术加强人与人之间信息的交流和共享，实现"网聚人的力量"。在开发互联网应用、服务及其他技术方面，网易在推出了包括中文全文检索、全中文大容量免费邮件系统、无限容量免费网络相册、免费电子贺卡站、网上虚拟社区、网上拍卖平台、24 小时客户服务中心在内的业内领先产品或服务，还通过自主研发推出了国产网络游戏。网易公司推出了门户网站、在线游戏、电子邮箱、在线教育、电子商务、在线音乐、网易 bobo 等多种服务。

2011 年，网易杭州研究院启用。除了一部分游戏和邮箱业务在广州，网易传媒等业务在北京以外，网易的大部分明星项目搬到了杭州，或在杭州诞生，上线了网易考拉海购、网易云音乐等项目。2016 年净收入为 381.79 亿元人民币

(54.99 亿美元)，在线游戏净收入为 279.80 亿元人民币（40.30 亿美元），广告服务净收入为 21.52 亿元人民币（3.10 亿美元），邮箱、电商及其他业务的净收入为 80.46 亿元人民币（11.59 亿美元）。2017 年 8 月 3 日，"中国互联网企业 100 强"榜单发布，网易公司排名第五位。

如图 8-3 所示，网易云音乐是一款由网易开发的音乐产品，是网易杭州研究院的成果，依托专业音乐人、DJ、好友推荐及社交功能，在线音乐服务主打歌单、社交、大牌推荐和音乐指纹，以歌单、DJ 节目、社交、地理位置为核心要素，主打发现和分享。如图 8-4 所示，该产品 2013 年 4 月 23 日正式发布，截至 2017 年 4 月，产品已经包括 iPhone、Android、Web、PC、iPad、WP8、Mac、Win10UWP、Linux 九大平台客户端。2015 年 1 月 16 日，网易云音乐荣膺百度中国好应用"年度优秀视觉设计奖"。

图 8-3　网易云音乐 APP 标识

图 8-4　网易云音乐官网简介

二、产品介绍

（一）网易云音乐简介

网易云音乐是由网易公司 CEO 丁磊于 2013 年 4 月 23 日正式对外发布。特别值得一提的是，在网易云音乐上线之前已经规定网易全体员工必须下载安装，上传真人头像，并且每人需要下载 500 首歌，通过该措施已经沉淀了一批真实用户和内容，初步形成了社区互动氛围。

1. 开发背景

网易云音乐在 2012 年 2 月提出产品想法，7 月正式立项，作为网易向无线音乐领域进军的重要一步，网易云音乐备受重视和期待。

2. 主要用户群体

云音乐的主要受众是热衷社交分享的青年人以及重视音乐品质对于软件体验要求更高的音乐爱好者。此外，大量小众原创音乐人的加盟也得到了不少追求个性化视听体验的音乐发烧友的青睐。

（二）产品运营与推广

1. 全平台支持

网易云音乐在上线不久后就已经实现了 Andorid、Web、PC、MAC、iPhone、iPad 六大平台的完美支持，就连最不受人们重视的 WP 平台也在 2014 年末强势推出，延续了网易云音乐其他平台版本清新脱俗的界面设计与 320Kbps 的高质量音乐，足以秒杀该平台其他音乐应用，成为 WP 系统功能最全、最具设计感、用户体验最好、音乐品质最高的音乐产品。

2. 出色的设计界面

2015 年 1 月 16 日，网易云音乐荣获了百度中国好应用"年度优秀视觉设计奖"，这是面向 6 亿人群投票选出的结果。网易云音乐独出心裁地采用了经典黑胶播放界面，胶片转速的设定都极其严格，每首歌曲的默认底色都适配歌曲自带封面主色调，专注于为用户带来最舒适的视觉体验。

3. 优质的音乐体验

网易云音乐与多家唱片公司进行合作，例如，华纳、滚石、索尼、环球、恒大等，具有较为完善的曲库资源以及高质量的音乐。此外，用户在享 320K 高音质音乐体验的同时，也能听到众多原创歌曲，大量小众歌手的加盟也满足了对音乐具有独特偏好的用户的需求。个性化推荐、私人 FM，根据用户习惯自动匹配；配上 320K 音质享受；国内首个以"歌单"作为核心架构的音乐 APP，国内最大、最优质的歌单库，批量遇见好听音乐更加简单；轻松创建歌单。"乐评"氛围强，同一首歌通过其他人的评论，体会当中故事、体会同样的感受，在评论中找到共鸣。用户自上传"主播电台"，音乐故事、脱口秀、情感话题，每个人都能轻松表达自己。明星、专业音乐人、DJ 进驻，专业的私房"歌单"和音乐推荐，格调顿现；专业音乐编辑每周新奇独到的专题评论，听歌也可更有趣。

三、广告简介

如图 8-5 所示，网易云音乐全新品牌影片《音乐的力量》令人震撼，影片里战地场景与主人公的生活场景相互交错，感人至深，随着的口琴声与笛声也足以使人热泪盈眶。故事改编自"二战"期间的真实事件，而这背后真实的故事是这样的……

如图 8-6 所示，故事发生在诺曼底登陆战期间，德军对法国康城展开了疯狂的进攻，英法联军损失惨重，死伤无数，战场满目疮痍，遍地都是尸体。诺曼底登陆（D-day）后的两个星期，当时天色昏暗、下着雨，地面满是泥泞，英国士兵 Jack Leroy Tueller（影片中战壕里的主人公）在阵地上压力很大，于是他拿出

图 8-5　网易云音乐《音乐的力量》广告镜头之一

资料来源：http://www.iqiyi.com/v_19rr8f00d4.html。

喇叭，但他的指挥官告诉他：Jack，别在晚上吹！因为敌军还有一个狙击手（影片中德军狙击手）。

图 8-6　网易云音乐《音乐的力量》广告镜头之二

资料来源：http://www.iqiyi.com/v_19rr8f00d4.html。

但 Jack 心里想，那位德军狙击手一定和我一样孤单害怕，我要吹一首关于爱的歌曲给他听。之后也就有了影片中的那首曲子。如图 8-7 所示，第二天早上，在 1.5 英里外的海滩，有些德军俘虏已经准备好到英国，但其中有一个俘虏用不标准的英文不停地说："谁是昨晚吹喇叭的那个人？"他找到了 Jack，大哭起来，然后说"我听到你的歌曲，让我想起了远在德国的未婚妻……我想起了父母、兄弟姐妹，令我无法开枪"。

图 8-7　网易云音乐《音乐的力量》广告镜头之三

资料来源：http://www.iqiyi.com/v_19rr8f00d4.html。

后来 Jack 回忆道，他不是我的敌人，他跟我一样孤单害怕，这就是音乐的力量！是啊，在战争中，没有谁可以独善其身，哪怕他们是杀戮的直接制造者，一样要饱受战争的创伤，承受战争的压力和迫害。就像电影《钢琴师》里的斯皮曼为德军军官弹奏那曲肖邦的《G 小调第一叙事曲》，那一刻，其实已没有了所谓的对立和战争，剩下的只有温柔的月光和美妙的音符，以及那位钢琴家和他的知音。尽管两人有着对立的身份，但在没有国界的音符中，他们已经结下了深厚的情谊，也许没有战争，他们该是很要好的朋友。这也许便是音乐的力量。穿越了国界、语言和阵营，平民和士兵的情感被联结了起来，他们被还原成最单纯的自然人，实现了情感的共鸣。如图 8-8 所示，在那个荒谬、人命如草芥的时代，也唯有音乐是超越一切分歧与种族的存在。如今，生活在和平年代的人们，享受着音乐带来的感动，这是人生的快乐。音乐的力量无处不在，时刻激励着人们勇敢面对、珍惜每一天，也会在不经意间触动灵魂，那是一种说不出来的感觉。

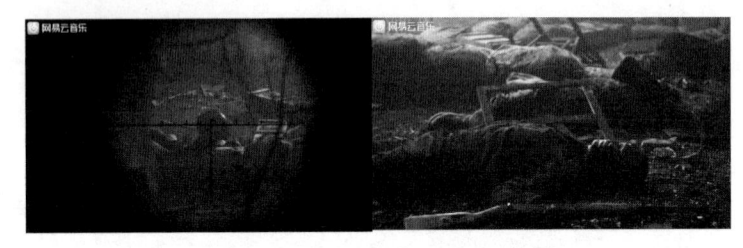

图 8-8　网易云音乐《音乐的力量》广告镜头之四

资料来源：http://www.iqiyi.com/v_19rr8f00d4.html。

对网易云音乐来说，也许是对这半年的营销活动完成了一次总结。想要在音乐市场杀出重围，不是光靠情怀和创意就能解决的。所以网易云推出了这款宣传片，一名重伤出租车兵在满是尸体的战壕中不停地挣扎，他知道敌人狙击手的准星已经对准了他的脑袋，绝望中他从满是鲜血的外套中掏出一只小口琴，为尚在襁褓中的孩子吹奏一首乐曲。正当他准备好迎接死亡时，却听见从战场另一端的敌人那里，传来了悠扬的笛声……如图 8-9 所示，这并不是什么战争片，而是 7 月 25 日网易云音乐新推出的品牌影片的剧情。影片改编自"二战"真实历史，而导演则是邀请到的泰国知名广告导演 Thanonchai。经典的泰国飘柔广告，以及 2017 年国内饱受争议的滴滴广告，都出自他的手笔。截至 7 月 27 日，影片在网易云音乐平台上已经获得了超过 330 万次播放量。而在社交媒体上，影片同样引起了不少关注，被认为是"大片级制作"。

不同的阵营，不同的立场，在战火弥漫的战场上，每个士兵都奋战在死亡边缘，当音乐响起的那一刻，心灵却倍感宁静。在朗朗繁星下，看着家人的照片，怀念着或许再也无法抵达的故土，思念着或许再也无法触及的亲人的脸庞，那是

第八章　网易云音乐：音乐的力量

图 8-9　网易云音乐《音乐的力量》广告镜头之五
资料来源：http://www.iqiyi.com/v_19rr8f00d4.html。

怎样的一种感情，才让他们吹奏起那样的曲调？短片以一曲《丹尼男孩》（Danny Boy）贯穿始终，格外悲凉，也格外荡气回肠。这首歌的旋律据说是一个爱尔兰竖琴师所作，原曲的名字叫作《伦敦德里小调》（Londonderry Air），当旋律公开出版后，被广泛改编和演绎。其中，最著名的是 Secret Garden 的 You raise me up。还记得《泰坦尼克号》里的白星乐队吗？巧的是《伦敦德里小调》也曾是他们最后的演奏曲目之一。大船将倾，一片兵荒马乱中乐队献上了从容优雅的演奏，悠扬的曲声安抚人们恐慌的心，乘客们开始坦然接受"妇女儿童优先"的绅士传统，平静等待命运的降临。如图 8-10 所示，一曲奏罢，首席小提琴手对同伴说"能在今晚同诸位一起合作，是我毕生的荣幸"。他们一直演奏到水没双膝，随后与众人一同永远地沉入冰冷的大西洋，这也是音乐的力量。

图 8-10　网易云音乐《音乐的力量》广告镜头之六
资料来源：http://www.iqiyi.com/v_19rr8f00d4.html。

网易云音乐《音乐的力量》影片启用了《梦骑士》原班制作团队——作为台湾创意领军人物的胡湘云与泰国国宝级导演 Thanonchai 再次携手操刀，两人多年默契以及几乎同出一心的人文情结也在这部作品之中一览无余。在胡湘云接到需求的初期，她抱着"产品细节最能诠释品牌"的信念，花了一段时间"把玩"网易云音乐这款产品，发现其不仅贯彻一定高度的音乐诉求，同时用户的音乐素养也比较高，这使品牌可以站在一个 Leader 的位置去谈论音乐。而在对于音乐这个命题的梳理当中，胡湘云无论尝试将其落在情感、回忆，还是别的东西上，都无可避免地归于同样一个终点。如图 8-11 所示，那就是音乐虽然不存在文字那样缜密而又具象化的逻辑，但恰恰最能呈现包括情感、灵魂在内的几乎无法具象的东西。正是如此，音乐才拥有了左右情绪、影响人的决策，以及甚至改变周遭环境的巨大能量。

图 8-11　网易云音乐《音乐的力量》广告镜头片尾

资料来源：http://www.iqiyi.com/v_19rr8f00d4.html。

　　胡湘云也决定让网易云音乐这个品牌形象在大众第一次见面时就能充分表达出宏大的主张，通过一个大格局的故事，带领大家感受音乐究竟能有多大的力量。如图 8-12 所示，经过多日的苦心搜寻，一个"二战"当事人的视频被胡湘云发掘出来：根据参加"二战"的 90 岁美国老兵 Jack 回忆，在一个漆黑的雨夜，Jack 用小号吹起了一首德国情歌《莉莉玛莲》。第二天，一名被俘的德军狙击手告诉他，听到音乐后，他想到了家乡的未婚妻、父母亲人，这让他无法开枪，是音乐打破了战争的残酷。这次的导演班底也十分豪华，Thanonchai 导演也是制作中必不可少的角色，他将音乐当作像是演员、故事大纲一样重要的存在，这让胡湘云认定他是执导这部影片的不二人选。于是她找到导演，说要做个音乐相关的东西，导演回复"Interesting."，两人一拍即合。

　　主创团队试图通过最少的笔墨描述一个最宏大的情感，并将故事本身的感染力发挥到极致。因此，胡湘云与导演在磨合脚本的过程中，不断逼问自己：能不能够只用两个人来呈现整个故事？如何通过尽可能少的镜头体现两人之中某一方占尽优势，可以轻易夺取另一个人生命的关系？如何通过几个动作就将战士受迫于使命而成为杀人机器的背景交代清楚，同时又能体现音乐的力量如何找到战争之外的内心柔软，将战士面对生命、面对美好事物的情感纠葛呈现出来？受益于主创团队在精炼镜头上下的苦工，成片得以通过及其精炼的镜头，引发人们对于战争的想象，成功地渲染出了成片当中恢宏的战场氛围。这次网易云音乐的严谨同时也考验着主创团队的专业。如图 8-13 所示，为了贴近历史，片中出现的战

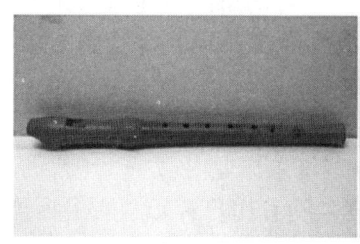

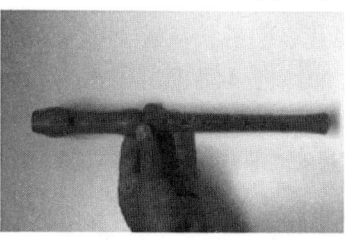

第八章　网易云音乐：音乐的力量

图 8-12　网易云音乐《音乐的力量》广告出现的道具

争场景，英德两国士兵服饰，两人回忆中出现的孩子、未婚妻造型，甚至两人吹奏的口琴和长笛，都是直接选用了出产于 20 世纪 20 年代的历史原物。

图 8-13　网易云音乐《音乐的力量》广告海报

本影片的导演胡湘云也认为，广告之所以能让人们催泪，是因为其中蕴含人类能够打动人心，最普世的情感，这个情感是我们达成沟通的基础，也是真正能够留在记忆里的东西。此次网易云音乐《音乐的力量》品牌影片的呈现方式也是一样，英德两国士兵之间没有任何的语言交流，所有的情感冲突、交流以及情节都在音乐之中完成。当音乐成为了人们情感表达、传递的绝佳媒介时,音乐的力量就这样隔着屏幕,呈现在每一个人面前。

四、营销背景

(一)网易云音乐完成阶段性的发展开始转型

1. 用户群的高速扩张,目标消费群体扩大

如图 8-14 所示,在 2017 年 4 月 23 日举行的中国网络版权保护大会上,网易 CEO 丁磊代表网易云音乐上台发言,公布了多项网易云音乐的用户数据。网易云音乐从 2013 年 4 月推出到 2017 年 4 月共有 3 亿用户,超过 4 亿张歌单,每天网易云音乐用户日均创建歌单量达到 62 万个。这些歌单给了用户很大方便,也让听歌的过程变得更加享受,用户增长速度位居业内第一。用户的急速增长不仅给网易云音乐带来了机遇,也带了问题。随着用户音乐素质的提高,一方面,他们对音乐的需求已经不再局限于单纯地听歌,互相传递感情和表达情绪则变得越来越重要。因此,网易云音乐希望让音乐成为传递美好事物的介质,用音乐带给人们美好情感和体验。另一方面,音乐也不只是你情我爱,还可以有更深刻的内涵。从音乐最原始的角度切入,或许能看到很多不一样的内容。而通过这次的品牌影片,网易云音乐将对于音乐的理解传达给受众,也实现了品牌内涵的提升。

图 8-14 丁磊在中国网络版权保护大会上发言

2. 对于以往营销活动的深一步推进

首先谈到的是云音乐于毕业季放送的"毕业放映厅"活动,7 月 1 日,网易云音乐推出了"毕业放映厅"活动,在最受学生喜爱的 60 首歌曲中设置"彩蛋",只要双指下滑,就可以进入黑胶唱片背后的"毕业放映厅",用音乐开启青春的故事,传递勇气和力量。这个新颖的活动形式内嵌于产品之中,也是网易云音乐以产品的思路做营销理念的体验。通过双指下滑这样新型的交互方式,开启毕业放映厅的短视频,把产品和营销完美融合,既新鲜有趣、又恰到好处地结合了这些歌曲的主题,堪称巧妙。双指下滑这种新的交互形式,将在网易云音乐

第八章 网易云音乐：音乐的力量

此后的版本中保留下来，而后网易云又推出更多新的活动，例如，下面的"音乐专列"，如图8-15所示，3月20日，网易云音乐包下了杭州市地铁1号线的车厢以及江陵路地铁站。它们发起了一个营销活动，名字是《看见音乐的力量》，这个活动迅速引爆了社交网络。而此前，网易云音乐的CEO朱一闻曾说，他希望移动互联时代的网易云音乐"是一款能够借助音乐传递情感、分享个人喜乐的音乐产品。"显然，这次的营销活动达成了这样的目标。

图8-15 网易云音乐地铁广告

如图8-16所示，而同样是在2017年，扬子江航空打造的音乐专机首度亮相上海浦东国际机场，并执飞Y87501上海浦东至海南三亚的航班。作为国内首趟音乐专机，扬子江航空与网易云音乐联合打造特色机舱，将在6月5日起为期一个月的时间里穿梭于浦东和三亚之间，为更多旅客带去别具风味的空中音乐体验。通过跨界营销的形式，云音乐打造创意十足的音乐专机，为旅客带去更有趣、更暖心和文艺范儿的飞行体验。包机营销活动早已不是新鲜事，而网易云音乐联合扬子江航空打造的"音乐专机"根据航空场景，以风格多元的优质歌单、充满设计感的元素、机上的影音设备等把音乐内容深度融入旅客乘机体验，让旅客在飞行途中真正享受到一场视听的饕餮盛宴，更是希望把歌单中音乐的力量传递给旅客，带来满满的感动和能量。

图8-16 网易云音乐飞机广告

从云音乐产品本身的角度去谈，不管是乐评、精准的个性化推荐，还是朋友动态功能，网易都在寻找一种调性：适度缓解孤独感又保持个人独立性。而在地铁和飞机这样一种相对密闭的特殊场景下，孤独感来得自然会比其他地方更加强烈。所以，当应用上的 UGC 评论被搬进了车厢和机舱，每个踏进车厢和机舱的旅客很快就会看到这些字句，他们都有可能被这些文字戳中。如图 8-17 所示，在更广阔的社交媒体上，被戳中的人们开始了一轮又一轮的转发。要知道，一个非一线城市的线下活动能够成功在线上发酵是一件不算容易的事情。

图 8-17　网易云音乐地铁广告

实际上，无论是地铁营销还是飞机营销，网易云音乐的营销本质都在指向一件事情，固化云音乐在社交上的优势。网易云音乐希望把音乐内容深度融入消费者的日常体验中，创意十足，以产品的思路做营销，考虑用户感受，让营销项目自带价值，这是网易云音乐在营销活动中，贯穿始终的思路。无论是在音乐专机中，通过网易云音乐上有趣又有特色的歌单，解决旅客在长途飞行中枯燥、乏味的痛点；还是早前在"乐评专列"中，如图 8-18 所示，通过网易云音乐上动人的乐评，为乘客送去慰藉和共鸣，都是其营销理念的代表。而在这一次又一次的成功营销后，网易云音乐也需要开始大刀阔斧地推进自己品牌形象的塑造。

3. 品牌理念上升级，由量变转为质变

今年网易云音乐几大营销动作，不管是联合杭港地铁的乐评专列、联合扬子江航空的音乐专机，还是毕业放映厅微电影等活动，可以从中发现，这些营销要么针对产品特定的功能，要么抓住一个合适的时节，相对具象化。如果大家有注意的话，会发现这次"音乐专机"的主题是"起飞吧，音乐的力量"，其实可以看作是"地铁专列"主题"看见音乐的力量"的延续，所以这次网易云音乐营销真正的主题是"音乐的力量"。不管是乐评专列、毕

图 8-18　网易云音乐《音乐的力量》同款音乐

业放映厅,还是音乐专机,都是在通过不同的产品功能、不同的场景、不同的故事,一遍遍地对外输出网易云音乐,核心始终是通过音乐能够带来人们力量这一主旨。网易云音乐带给用户的不仅是音乐,也是音乐所蕴含的力量。而一旦"火候足够",网易云音乐便推出了最新的品牌 Slogan 和品牌影片——音乐的力量。2017 年上半年以来,网易云音乐所有的动作,不仅是一次品牌升级,而且是理念上的升级,是一个由量变转为质变的过程。网易云音乐此前的 Slogan 是"听见好时光",侧重的是用户个体与音乐之间的互动,关注的是个体感受和认知。而新的 Slogan 音乐的力量则更侧重于不同的人之间,以音乐为介质,进行更多的情感交流。如今品牌 Slogan 的升级,也意味着网易云音乐将顺应音乐审美升级的潮流,持续深耕"音乐+社交",用音乐带给人们美好情感和体验。

(二)网易云音乐营销的方法

1. 以产品的思路做营销,找到自己的用户

网易云音乐营销最核心的一点是以做产品的策略来做营销,把目标受众当作营销活动的用户,做用户想看的、挖掘和引导能让"用户"产生共鸣的,保证广告内容不是品牌单向的信息传递,而是能够引发"用户"互动的。

2. 以用户影响用户,实现精准口碑传播

从营销层面来讲,投入产出比较高的方式,已经不再是"品牌主—用户"这样的单向营销,而是"品牌主—用户—更多用户"的方式。换句话说,"以用户影响用户"是营销比较讨巧的方式。因为用户的故事更具有感染力,更具有传播性。只要经过营销人员稍微助推就能产生传播效果,甚至比花很多费用做出的很多营销事件都强。

3. 挖掘真实故事,让情感成为传播的助推器

最容易打动人的是故事,特别是真实的故事。因为一切"真实"的故事,往往都够激发人们的同理心。我们会不自觉地把自己对标进去,去感受故事中的喜怒哀乐。此次网易云音乐推出的品牌影片——音乐的力量,其实就是一个挖掘真实故事的营销案例。

五、传播途径

(一)网易云音乐 APP

正如上文说到的网易云音乐之所以能以这样快的速度发展,就是因为歌单和评论所营造的浓厚社区氛围帮助网易云音乐从一片音乐应用的红海中突出重围,并沉淀下了海量的黏性用户。而这一功能广受好评,根据网易云官方的数据可以看到,网易云音乐的用户有 40% 是由老用户推荐而来。而这些推荐的形式多种多样,可能是微信朋友圈,也可能是 QQ 空间以及微博。所以,网易云音乐推出的新广告没有选择在其他渠道推广，而是选择在网易云音乐 APP 上推广，通过歌曲个性化匹配，触达到最精准的人群。而通过这些精准人群的二次传播，很容易与网易云音乐调性的新用户吻合。首先网易云选择在广告片上映的五天前，发布一条《音乐的力量》广告预告片并在软件首页投放，并发布倒计时 LOGO 以及预约观看首映。在广告发布的当天更是在用户的个性页面和软件的启动页面上发布推荐消息，预约观看首映的用户也收到了网易云小秘书的推送，这样的多重冲击效果增加了广告片的曝光率，也让更多的用户将此广告片分享出去，推动二次营销。

（二）微博、微信的官方账号

众所周知，微博、微信是现在互联网两大流量大佬，网易云音乐想要获得更多的用户群就不能抛下这两个媒体不管。如图 8-19 所示，自 2011 年以来，微博活跃用户规模已经连续 11 个季度保持了 30%以上的同比增长。2016 年，微博月活跃用户数全年净增 7700 万，达 3.13 亿，移动端占比达到 90%。日活跃用户数也增长到 1.39 亿。从用户特征来看，微博用户整体呈现高学历、低年龄趋势。拥有大学以上高等学历的用户占比高达 77.8%，30 岁以下青年群体在微博用户中占比达到 80%以上。截至 2017 年 9 月，微信日登录用户超 9 亿，较 2016 年增长 17%，月老年用户 5000 万人，日发送消息 380 亿条，日发送语音 61 亿次，这两个数据相较 2016 年分别上涨 25%与 26%，日成功通话次数超 2 亿，较 2016 年增长 106%。微信用户日发表朋友圈视频次数 6800 万次，较 2016 年增长 26%。网易云音乐的目标客户群也与这两大运营媒体有很高的重合度，所以在预告片和新广告片上线的当天，网易云音乐的官方微博以及微信公众号都对这条广告短片进行了推送，并给予带有浓浓乐评气息的广告文案。而我们也注意到，在微博上，网易云音乐的新广告片也在各大 V 之间转发，配以生动的文艺文字，起到了很大的营销作用。在微信朋友圈里，用户们自发地进行链接分享或是推送分享也起到了相当大的推动作用。

图 8-19 网易云音乐《音乐的力量》广告新闻

（三）视频网站

预告片发布的首日，各大视频网站的片头广告也都纷纷上架这款 30 秒的广告。而在发布正片的次日，云音乐也将广告上传到了国内几家主流视频网站，例如，腾讯视频、爱奇艺、土豆和优酷，但是对比与前两条传播途径，这一条途径更像是为广大媒体提供一个链接源，用于各大新闻网站发表通稿时使用，所以其目的性不是那么强。如图 8-20 所示，在新广告片发布后，云音乐通过云音乐 APP 本身、云音乐官方微博、微信的官方公众账号以及视频网站等传播途径进行广告正片的发布，分别从产品本身、用户本身，以及用户环境来进行"点对点"的营销。首先，通过在网易云音乐 APP 内进行的第一次营销传播；其次，驱动用户在微信、微博和各大视频网站展开二次甚至多次营销，以滚雪球的方式爆发口碑营销。众所周知，社交媒体的核心价值在于，如何帮用户、驱动用户更多地在朋友圈中分享和谈论广告品牌。网易云音乐通过一系列的动作将营销做到极致，也将用户驱动做到极致。

图 8-20　网易云音乐《音乐的力量》广告观看点击量

六、传播效果

《音乐的力量》是以微电影的形式进行广告宣传的。微电影作为新的广告传播方式，使大众得到优异的视听体验，易于接受品牌理念，迅速建立起与品牌之间的情感和信任。区别传统的广告传播方式，这种也有一定的商业痕迹，但其用心的制作更能打动人心，作为一种"成功进行商业传播的网络电影"，《音乐的力量》这部微电影广告传播方式具有以下特征：

（一）便捷的传播方式

《音乐的力量》之所以能够成功，除了具有创意性以外，最重要的就是传播方式不同于传统广告的播放平台与传播手段。到目前为止，《音乐的力量》这部微电影在各大播放平台上取得了巨大的播放量，在网易云音乐的官方 APP 上光这部微电影的收藏量就达到了 2 万多次，更不用提播放量了。而在其他的平台上也不少，例如，腾讯视频上播放量就达到了 1 万多次，而从微博的转发数据来看，《音乐的力量》的转发量也达到了 2 万多次。如图 8-21 所示，充分地利用了网络的便捷性。把握了当前媒介的移动性和碎片化趋势，与网络紧密结合，传播方式快捷。另外，微电影重在短小精悍，富有创意，促使受众转发分享。这种类似于网络病毒营销的方式进一步达到了广告传播和强化品牌的效果。随着这些工具的不断发展，微电影将会逐渐深入人们的生活，人们从中可以很简单地获得微电影的信息，并且感悟到其中的深刻道理，这无疑会推动微电影的不断发展。

图 8-21 网易云音乐《音乐的力量》广告网友评论

（二）低廉的运营成本

较传统的宣传方式来说，《音乐的力量》以微电影的形式大大减少了运营成本。传统广告主要投放在电视或植入电影，投放费是媒介中最高的，而微电影制作门槛相对较低。首先，对摄影器材要求低，普通摄影器材就能拍摄出有创意的电影情节；其次，投入资金较少，传统的电影和广告需要上千万甚至更多的投入资金，而微电影制作简单，只需要投放在网页上，成本比较低；最后，微电影制作周期较短，耗费时间少，省去了庞大的制作发行阶段的投资。低廉的运营成本缩减了品牌的促销费用，为产品的宣传节省了成本。

（三）软性的宣传方式

广告传播的最好方式是潜移默化的"润物细无声"，这种悄然感化的最大特点是使受众心悦诚服，不会产生品牌的心理拒绝。微电影从制作之初就区别于传统广告的生硬传播方式，采用更加柔和的软性化宣传方式，通过电影情节打动受众，观众有了情感沟通，建立了品牌的信任。据微电影行业数据显示，89.6%的受众愿意接受微电影广告，8.9%的受众表示对微电影播放区的文字广告并不反感。微电影以其软性化的传播方式，开创了新的广告传播模式，为品牌的传播与发展提供了更广阔的空间。如图 8-22 所示，微电影需要的就是这种特有的传播方式，人们可以在不知不觉中理解很多知识，懂得很多道理，这种方式是更让人容易接受的，比起那些硬塞要好得多。《音乐的力量》这部微电影，并没有进行大量的广告宣传，甚至可以说看不到任何广告宣传的痕迹，但就是以这种软性的、简单的、回归淳朴的方式，体现了网易云音乐回归音乐本身的这种形象，间接地对产品进行了极大的宣传。

图 8-22　网易云音乐宣传海报

（四）准确定位受众，挖掘广告市场

准确的定位是有效进行微电影广告传播、进一步挖掘市场的必要前提。微电影是新媒体的产物，其目标性人物以年轻人为主。因此，在编剧、广告传播的方式上要紧跟群体的需求。对客户群的喜好做出一系列评估，进一步打造个性化传播。《音乐的力量》借助当下年轻人感性的性格特征，以故事发生在"二战"时期，在诺曼底登陆两周后的一次战役前的一个雨夜，Jack 感到压力很大，试图用吹小号的方式进行排解。指挥官劝告 Jack，不要在晚上吹，因为还有一名德国狙击手在附近。当时 Jack 想，此时的德国狙击手和他孤独害怕的心境是一样的。所以在当天晚上，Jack 吹起了关于爱的歌。如图 8-23 所示，第二天早上，在 1.5 里外的海滩，一群德国战俘被押送到英国，其中一个战俘痛哭不已，询问美军吹喇叭的人，因为这声音让他想到了在德国的父母、兄弟姐妹和未婚妻，这让他无法开枪。Jack 和他握了手说："这个美国人不是我的敌人，他跟我一样孤单害怕。这就是音乐的力量。"根据这一真实故事，网易云音乐稍作改编，制成了最新品牌影片《音乐的力量》。故事真实感人，它能唤醒人们内心深处的感性。

图 8-23　网易云音乐《音乐的力量》广告镜头之七

资料来源：https://v.qq.com/x/page/x0530776kj8.html。

（五）整合传播渠道，正确把握宣传方式

通过网络、移动手机等媒体进行传播，受众群体接触新媒体碎片化，将传播微电影的媒介进行有效的整合，对广告传播具有十分重要的意义。2017 年我国手机网名用户已经达到一个空前的数量，甚至已经超过我国的电脑网民。未来的新媒体传播方式将会冲击传统的电视媒体，微电影传播应顺应这一趋势，将发展平台扩展到互联网和其他数字终端，正确把握营销方式，有效整合各个传播渠道。

（六）表现品牌核心理念，深度整合娱乐与广告

微电影的主要特征就是将品牌的核心价值与微电影的主题巧妙地融合在一起。对于广告传播来说，微电影是一种工具，也是一种热点，受众大范围地关注品牌的价值和内涵，企业则会更好地打造品牌的理念，这样更加有效地带动观众的情感。另外，就微电影的推广而言，微电影多在视频网站播出，大众需要在娱乐的同时接受企业的品牌信息。因此，微电影必须将娱乐与广告深度结合，表现品牌的核心理念。《音乐的力量》作为网易云音乐的品牌标语，上线之初就被放到了首页进行推荐。借助作品本身的优秀以及感人的故事迅速地吸引用户，以达到对产品进行宣传的目的。

七、广告分析

随着《音乐的力量》品牌影片的上线，网易云音乐品牌 Slogan 也由原来的"听见好时光"更换为"音乐的力量"。在品牌升级之前，网易云音乐不仅做过乐评专列，也做过音乐专辑和毕业季歌单营销，这些营销的共同点都在于对人们情感的了解。在李茵看来，"音乐的力量"源自其对普通人无差别的感染力。音乐是公平的，能够让无论处在何种社会地位以及现实环境下的人们，都能共享普世的精神力量。而在消费升级的今天，人们的精神生活也已经获得极大丰富，对于音乐审美的需求也在经历相应的提升。人们不再满足于听歌打发时间，通过音乐传递情感、交流思想、表达态度这类需求日益被强化。网易云音乐见证了这样的变迁，也责无旁贷地肩负起这场升级运动中的践行者、领航人职责。

与此同时，品牌 Slogan 的更替也体现了网易云音乐产品发展路径的演变，"听见好时光"侧重的是用户个体与音乐之间的互动，关注个体感受和认知。《音乐的力量》则更侧重于不同的人之间，希望以音乐为介质，通过歌单、乐评、动态、专栏等功能，让用户感知到音乐背后的心情、故事和力量。从而促进不同个体之间展开更多的情感交流，在世界面前分享自己的精神王国。《音乐的力量》广告学分析如下：

（一）完整的故事情节

1. 恰当的故事内容使人关注

在《音乐的力量》中，时间、地点、人物、主题等都不细说，没有一句台词却能触动心弦吸引住年轻人的目光，还有什么能比感动更加打动年轻人，还有什么理由能让年轻人拒绝网易云音乐呢？就网易云音乐的成功来看，离不开广告主对广告故事内容的恰当选择。从上面的内容来看，网易云音乐微电影广告的成功，给微电影广告的另一个启示就是，在具备完整的故事情节之后，选择恰当的内容表现产品，呈现一种不刻意为之的假象，是微电影广告成功的另一个重要因素。

2. 完整的故事情节使人好奇

在《音乐的力量》中，广告主为了取得更好的广告效果，对时间、地点、人物、主题、故事情节都做了艺术化的处理。早期的电影其实都是以短片形式出现的，时下流行的微电影其实也可以把其看作最初的电影，而微电影与广告的结合体"微电影广告"则很好地承继了传统电影所拥有的要素，时间、地点、人物、主题、故事情节以及电影对情感的表达等。正如同益达的微电影广告一样，对比传统的电视广告，微电影广告的优势之一就在于拥有完整的故事情节。一个完整的故事情节让一部微电影广告蕴含了巨大的信息量。当前互联网的信息传播让人们每天接收的信息量变得特别巨大，令人们目不暇接，人们不得不从巨大的信息中挑选出自己最需要的那一小部分或好奇的部分。完整的故事情节让微电影广告可以更好地诠释广告主的情感诉求。通过情感诉求来找到广告内容与观众之间的共鸣，益达的共鸣点是"爱情"。观众在看到《音乐的力量》时可以很容易就从故事里找到情感的共鸣，随着广告的一次次播出，让这种共鸣转变成对产品牢靠的记忆。当观众收看微电影广告时，观众将故事里的情感和产品一起记忆，所以当观众选择购买商品时不仅是购买商品本身，其实也包含了商品所蕴含的那种情感诉求。正如同《音乐的力量》，其故事性让人产生一种错觉，认为这不是一则广告，而是一段真实的感情。一部真正意义上的优秀的微电影广告，不仅是售卖产品，也是售卖情感，全身心地讲述一个完整的故事。

（二）完美的听觉体验

声音在整个《音乐的力量》里起了至关重要的作用，感人肺腑的音乐配合感人的故事充分地体现音乐对于人们情感宣泄所带来的效果。短片以一曲《丹尼男孩》（Danny Boy）贯穿始终，格外悲凉，也格外荡气回肠。这首歌的旋律据说是一名爱尔兰竖琴师所作，原曲的名字叫作《伦敦德里小调》（Londonderry Air），当旋律被公开出版后，被广泛改编和演绎。其中最著名的是 Secret Garden 的 You raise me up。

广告的作用机制与人们的认知过程有着高度的契合，微电影广告更加注意保障传播效果，这成为微电影广告的另一个优势。在人们的认知过程中主要依靠三种方式，分别是视觉、听觉和知觉，其中微电影广告中的音乐正对应人们认知途径中的听觉，合理地安排音乐以及充分发挥听觉刺激的作用，可以让广告宣传做得更好，可以更好地烘托气氛，营造真实的环境。给微电影广告的故事配上符合的音乐，能起到画龙点睛的作用；在微电影广告中注意配音的选择可以让整个微电影广告显得更加精致，犹如一款精美的法式甜点。

（三）画面的引人注目

在网易云音乐的微电影广告中，德国狙击手瞄准了垂死的英国士兵 Jack，他拼尽全力掏出印有儿子合影的怀表，使出最后一丝力气，颤抖着吹出一支曲子，拥儿子在怀中的一幕幕浮现眼帘。瞄准镜那一端的德军狙击手被音乐触动，他久久无法扣动扳机，一曲笛声饱含对远方爱人的思念，与 Jack 的口琴声遥相呼应。不同的阵营，不同的立场，在战火弥漫的战场上，每个士兵都奋战在死亡边缘，当音乐响起的那一刻，心灵却倍感宁静。在满天繁星下，看着家人的照片，怀念着或许再也无法抵达的故土，思念着或许再也无法触及的亲人的脸庞，那是怎样的一种感情，才让他们去吹奏那样的曲调？

第八章　网易云音乐：音乐的力量

确实，战场上没有人能独善其身，每个参与者都将饱受战争创伤和记忆的折磨，跨越种族与立场达成情感上的共鸣，令敌方无法痛下杀手，这就是音乐的力量。多个单一、跳跃的镜头、片段组合起来就能完整地叙述一个故事，不需要用反复的语言来叙述镜头跳跃之间的关系，也大大缩短了微电影叙述一个故事的时间。网易云音乐带给微电影广告的另一个启示就是要合理地运用艺术表现手法，通过展现电影画面的艺术美来吸引人们的注意，仅仅凭借声音是不够的，只有画面的结合，刺激观众的听觉和视觉，才能更好地表现广告内容，取得预想中的广告效果。

八、内涵总结

关于广告内涵的分析，这条广告片想要传达给用户的理念很简单也很直观，即——音乐的力量，不仅强大而且具有共通性。下面将从广告片的内容对其传递音乐力量，以及广告片与网易云音乐这款产品主打的"音乐的力量"这一品牌意识进行分析。

（一）广告内容

从广告片的内容细节来看，网易云音乐在这个"V电影"中传达出的"音乐的力量"内涵。在广告片中，导演并没有按照人们平日所见的广告片的传统套路出牌，他选取通过一种情景设置，并通过侧面烘托委婉地将音乐撼动人心的这种无声力量巧妙地传递给了屏幕前的观众。在情景设置中，德国狙击手瞄准了垂死的英国士兵，这是一个紧张而黑暗的时刻，对于英国士兵来说，这个最让人绝望的时刻，感受到更多的却是内心的平静；同样地，德国狙击手此刻的内心也应当是在瞄准目标时，不能轻举妄动，脑海想的一定是如何一击毙命，不能草率开枪。双方都处于一种静谧、无声胜有声的状态。而此时，英军拼尽全力掏出印有儿子合影的怀表，使出最后一丝力气，颤抖着吹出一支曲子，拥儿子在怀中的一幕幕浮现眼帘。瞄准镜那一端的德军被音乐触动，他久久无法扣动扳机，一曲笛声饱含对远方爱人的思念，与英军的口琴声遥相呼应。

不同的阵营，不同的立场，在战火弥漫的战场上，每个士兵都奋战在死亡边缘，当音乐响起的那一刻，心灵却倍感宁静。网易云音乐发布的全新品牌Slogan便正是答案——音乐的力量。音乐将人的喜、怒、哀、乐等丰富的情绪传达给人们。之所以能打动人，是因为在某一瞬间，我们对所看、所听感同身受。而人内心深处是渴望得到情感共鸣的，他们希望把自己的情感表达出去。正是这种从感同身受，需求情感共鸣的过程，让音乐作品传播、让听音乐的人交流，使音乐具备了社交属性。而在这个连接成本极低的互联网时代，音乐的社交属性得以完全放大。而在业内率先重视这一点并且做出了成效的产品之一就是网易云音乐的

《音乐的力量》。

准确地说，这部广告片是想向观众传递的"音乐的力量"。换一种表达，其实即使是生活在不同地方的人，即使是过着不同生活的人，都能在音乐的带动下，形成一种"共鸣"。"让音乐连接人"——这部广告片的内涵所在，网易云想通过这部广告片表达的是这款产品，不只是一个听歌的播放器，更是一款带有音乐性质的社交 APP。

（二）新定位"音乐+社交"

本组将从网易云音乐主打的"音乐+社交"的新定位来进行广告与营销相关性的分析。那么，通过音乐的社交与"音乐的力量"有什么关系呢？第一，音乐 APP 有别于以前的口口相传和传统媒体传播，低成本的分享让歌曲的传播速度和广度极大提高；第二，社交行为使用户表达了自己听歌的倾向，这让产品有机会学习用户的习惯，让歌手及曲目推广更加精准——智能歌曲推荐，形成一种 APP 与用户的良性互动，这就是网易云音乐里很智能、很人性化的地方；第三，对歌曲有相同喜好的人能产生强烈的共鸣，而互联网的出现让他们之间的交流产生了可能；第四，有共鸣群体的交流产生的情感纽带极强，产品有机会利用自己的平台将这些情感纽带持续地维系——社区、讨论板块。

"音乐的力量"是无形的、潜移默化的，可能是用户的一种无意识的举动。或许就能对身边的人，尤其是使用微信、微博、QQ 等国内社交媒体的用户产生一定影响。举个非常简单的例子，当发现一首自己很喜欢的音乐时，把其转发到朋友圈，有两种人会为转发点赞，其一，你的朋友会因为你点击收听这首歌，如果觉得好听，他们会为你的朋友圈点赞，产生一种互动；其二，同样收藏这首歌的好友看到你也转发这首歌也会为你悄悄地点一个赞，也是"以歌会友"的社交互动。因此，这注定了由人生产出的工具也必定有其社会属性的潜能，那么音乐类工具具备社会属性也是自然可以理解的了。更何况，从推广和后续的用户黏性上来说，在音乐类 APP 中添加社交属性也是符合如今互联网发展趋势的一步好棋。这也就是网易云音乐通过这部广告片所勾勒传达出"音乐的力量"这一中心内涵。

（三）音乐的力量

说到"音乐的力量"是无形的、潜移默化的，不得不提到的就是网易云音乐的评论区。这里会营造出一种良好的听音乐氛围。通过查阅资料，将这种氛围的营造总结为以下七点：

1. 网易云音乐推出时间较晚，移动原生的优势能更轻松地发展评论社区

在网易云音乐刚推出时就摒弃了之前音乐 APP "音乐播放器"的普遍定位，以"音乐社交"的差异化点切入，使其很快就吸引到了一批活跃用户，这些用户类似于早期的大 V，能影响其他人参与进来。网易云音乐于 2013 年 4 月发布。相比之下，QQ 音乐、酷狗、酷我推出时间在 2005 年，虾米在 2007 年。时间比较久了，相应的包袱也比较重。

2. 很简单的社区规则，用户参与门槛低

以前玩过论坛 BBS 当过版主的人都知道，如果弄一个很复杂的版规，这不能写、那不能写，这样才能加精、那样才能被自己看上，基本上只有自己和少数关系好的人，愿意贡献高质量的帖子。相反，设计一个很简单的规则，大家的积极性一下就上来了，参与的人也多了，好内容自然就会出现。在网易云音乐的评论区，除了一些极敏感和用户举报多的评论会被删除以外，一般运营人员是很少干预的。

3. 点赞机制和精彩评论置顶功能是点睛之笔

点赞功能的加入，符合目前互联网用户渴望获认同的心理，每次打开 APP 时都有一种惊喜感。而获点赞多的评论会被推到精彩评论区（大概 10 条），使质量高的评论能第一眼被后来听歌的人看到，也能最快地吸引听歌者来看评论区。这个功能真的很赞，符合碎片化时间快速阅读的习惯。如果没有时间，真的看精彩评论区就够了。

4. 满足了用户回忆及获得共鸣的心理

点赞和精彩评论区并不是网易云音乐的首创，像视频网站的评论区，以及音乐网站中虾米音乐也有类似评论区。评论是用户社交行为的一种，在这种偏于兴趣的社交里，其实最想获得的是一种对回忆的怀旧，以及对一首歌的共鸣心理。在网易云音乐里，这种心理被满足了。所以一些关于回忆和初恋的评论，常常能被点赞很多。不要觉得这些人矫情，其实大部分人内心深处都有这部分心理需求，这也就是"音乐的力量"。

5. 口碑效应，"听歌看评论"深入人心

口碑效应为任天堂前社长山内溥最早提出，意指一些优秀的作品在发售之初并不为世人注目，但随着时间推移，玩家的不俗口碑却使之逐渐走红。网易云音乐可以说是最适合"口碑效应"这个词的音乐产品了。品牌上如此，关于音乐评论上也是如此。

6. UGC 内容亮点频出，为评论加了很多料

在网易云音乐上，制作歌单、写乐评、翻译歌词等都是具有 UGC 性质的。这些用户原创的内容因为来自于民间，所以比编辑推荐更容易获得用户讨论。如图 8-24 所示，例如，有一段时间，关于一个大气磅礴史诗级背景音乐歌单的神评论，以及 Counting Stars、Vivala Vida 等几首英文歌的神翻译就曾在微博上广为转发。这些增强用户参与感的功能，也有利于评论氛围的形成。

图 8-24　网易云音乐《音乐的力量》广告微博网友评论

7. 网易云音乐中的社交相对私人化

除了歌单以外，在网易云音乐中能产生社交关系的主要是自己关注的人，而这些人是通过软件绑定的账号和手机联系人向用户推荐的，或是用户在听歌过程中关注的。这种相对私人化的设定，让听歌时的社交更加纯净，软件使用起来也更有"知音陪伴"的感觉。正如这部广告片中所展示的那样，明明可以将英国战俘一击毙命的德国士兵却在听到熟悉的乡曲之时，放弃了扣动手中那轻小的扳机，起作用的是强大的"音乐的力量"。而也正是那首乡曲，唤起了不同立场的两个人内心最深处的共鸣，即同样对战争的憎恶以及同样对家人的无尽思念。

（四）未来发展建议

对于网易云音乐的未来发展提出以下五点建议：

（1）"音乐的力量"更侧重于情感交流，网易云音乐想打造的是用户间用音乐传达价值观的介质。在当下，情感营销不失为一个好的营销手段，网易公司可以抓住小众音乐的消费群体，依托自身在冷门领域的音乐优势（例如小语种音乐，或不是很容易被大众理解的音乐流派）打造一系列故事，打"情怀牌"，借鉴手机界的魅族、锤子科技、索尼等的情怀营销牢牢抓住现有的用户。

（2）利用自身的社区，尤其是评论区的氛围优势。纵观现在国内的 APP，从生活 APP 到音乐 APP 再到购物 APP，无一不在抓紧打造自己的用户社区，网易云要如何在这一场社区建设大战中胜出？就要充分利用好自身的社区氛围。首先，在音乐评论的设置上置顶评论，可以结合第一条建议置顶一条对歌曲的艺术化处理的故事，这样能更吸引听众。其次，要聘请专门的人员对评论区以及互动区的内容进行管理，尽量减少广受诟病的评论区出现垃圾广告，以及其他不利于和谐社会建设的内容。在保证现有的良好社区氛围不被破坏的同时，又能突出自家社区的特点，吸引新的用户下载网易云 APP，并加入到这个社区当中。

（3）注重营销投入，提高知名度，加深大众对其"音乐的力量"的理念的认知和了解。在这则广告的播出过程中发现，单单是这样一条广告是很难让大众去接受网易云所要提倡的"音乐的力量"这一理念。因此，网易云还需要在各方线上线下媒体加大广告投入。例如，在各大城市的重要商圈定期开展"音乐的力量"的线下活动，吸引周围人的注意力，并参与到活动当中。主办方也可以通过对活动的精心设计，让每一个参与到活动的人都能切身感受到网易云"音乐的力量"这一理念，并且认同这一理念。只有消费者在活动过后，才会去向周围的人传播网易云的新理念，从而达到期望的效果。

（4）透析市场发展方向，不断改进服务。作为一家互联网企业，网易云音乐这款产品每天都有大量的人驻足。在未来的发展中，依托在当代大数据和信息技术高速发展的大背景下，网易云可以和做得比较优秀的国内外大数据管理企业合作，充分利用好自身 APP 所积累的海量用户数据，不断推陈出新，以提供更加完美的定制化服务。

（5）利用新媒体的发展，不断加强国内外的合作。虽然网易云音乐在国内做得风生水起，占领国内数字音乐市场的半壁江山。但是，放眼世界，网易云音乐 APP 会被其他众多音乐 APP 超过，甚至在境外无法登陆和使用网易云音乐 APP。对此，首先，可以推出网易云音乐海外版，优化 APP 本身的各方面以满足海外人士的使用习惯，并且加强版权管理。其次，借鉴国内其他企业的做法，例如，QQ 音乐在东南亚地区和我国香港就推出了 JOOX 并取得了不错的成绩。网易云音乐同样可以推出一个类似的"子品牌 APP"或是谋求和国外主流音乐 APP 合作推出特别定制版的音乐 APP。

音乐的力量真的强大到足以改变许多东西。

思考题

1. 网易云音乐广告营销定位是什么？与竞争对手相比，其竞争差异点在哪里？
2. 网易云音乐的市场机会在哪里？
3. 我国对新媒体广告营销的制约在哪里？

参考文献

［1］徐星星．数字音乐平台如何开拓长尾市场——以网易云音乐为例［J］．东南传播，2017（5）：111-114.

［2］胡慧源．新版权环境下中国数字音乐产业链整合模式研究［J］．中国出版，2017（11）：57-60.

［3］陈丽颖．中国数字音乐的版权保护［J］．艺术科技，2017，30（6）：122.

［4］吕凯，张永胜．网络环境下数字音乐传播收费问题研究［J］．天津大学学报（社会科学版），2017，19（1）：66-70.

［5］李红霞．数字音乐产业的商业模式［J］．大众文艺，2016（15）．

［6］何欣茹．网易云音乐营销推广策划［D］．浙江大学，2014.

［7］李丹丹．音乐社交：网易云音乐的互动仪式链研究［D］．西南大学，2016.

［8］雷莉．产品体验助力网易云音乐营销逆袭［J］．现代企业文化（上旬），2017（10）：65-66.

［9］李玉娟．音乐社交传播的三大特征［J］．传媒，2017（21）．

第九章
滴滴出行：中国式安全黑科技

在新媒体快速发展的条件下，人们对各式各样的信息内容的接收媒介也变得更加多元化，随着技术的发展，广告从内容形式到投放媒介都有了巨大的变革，广告也不仅限于电视广告和宣传单式的广告，而是跟随着技术的步伐，向互联网进发，在微博微信等主流媒体平台上进行广告投放。而其内容也从简单的宣传语和图片渲染，变成了更加丰富的形式，例如，微电影、故事片、电视剧广告植入、微博活动互动等进行广告宣传。

由于现在产品提供的多元化服务，各式各样的产品都需要进行广告推广以进行更为有效的传播，并塑造产品形象，提升顾客忠诚度。如图 9-1 所示，滴滴出行（以下简称：滴滴）现如今作为国内最具知名度的出行 APP 之一，因为其便利性受到人们的喜爱。同样，滴滴软件的受众如此广泛，其营销广告推广方面起

图 9-1 滴滴出行之"为什么、能不能"平面广告

新媒体广告营销案例集（第二辑）

到了至关重要的作用。如图 9-2 所示，为了进一步研究滴滴的广告营销方式，将从滴滴所属企业及其产品，广告的内容及其使用的技巧，播放形式及其传播效果来对此进行分析介绍，最后会对广告的传播及形式加以总结并提出适当的建议。

图 9-2　滴滴出行之"师傅、谢谢你"平面广告

一、企业简介

如图 9-3 所示，在对广告营销手段等进行比较分析之外，将详细地介绍滴滴及其所在公司——小桔科技。从企业状况和产品状况由外至内进行系统分析，阐明其广告营销对其公司产品的影响以及公司对其广告营销的反作用。

图 9-3　滴滴 LOGO 标识

（一）小桔科技

北京小桔科技有限公司成立于 2012 年，是一家运营一站式多元化出行平台的互联网技术服务公司。公司运营的滴滴平台，致力于为用户提供出租车召车、专车、快车、顺风车、代驾、试驾、巴士和企业版等全面出行服务。经过互联网搜索寻找，未能找到小桔科技官方的介绍，所以在此只能列出工商备案的部分信息以供参考（如表 9-1 所示）。

第九章 滴滴出行：中国式安全黑科技

表 9-1 滴滴企业资料

统一社会信用代码	××××××××××××××××XW	组织机构代码	×××××××××
注册号	××××××××××××××	经营状态	存续（在营、开业、在册）
所属行业	科技推广和应用服务业	成立日期	2012 年 07 月 10 日
公司类型	有限责任公司（自然人投资或控股）	营业期限	2012 年 07 月 10 日至 2032 年 07 月 09 日
法定代表人	××	发照日期	2017 年 07 月 21 日
注册资本	1000 万元人民币	登记机关	海淀分局
企业地址	北京市海淀区××××路×号院××号楼×层×××室		
经营范围	技术开发、技术咨询、技术服务、技术推广；基础软件服务；应用软件服务；设计、制作、代理、发布广告；软件开发；销售自行开发后的产品；企业管理咨询；计算机系统服务；组织文化艺术交流活动（不含营业性演出）；公共关系服务；企业策划、设计；会议服务；市场调查；货物进出口、技术进出口、代理进出口；从事互联网文化活动、互联网信息服务；经营电信业务（企业依法自主选择经营项目，开展经营活动；从事互联网文化活动、互联网信息服务、经营电信业务以及依法须经批准的项目，经相关部门批准后依法批准的内容开展经营活动；不得从事本市产业政策禁止和限制类项目的经营活动）		

根据工商许可证中的信息可以明确地看出，滴滴在备案的经营范围中并未有汽车相关服务。而在翻阅中，可以发现所谓小桔科技的官网其实是可以搜索到的，但是点击进去会发现进入的是滴滴官网。通过寻找查阅可以发现，滴滴主要股东为小桔科技，以上为小桔科技以及滴滴的关系。为了更加完善其公司的形象，如图 9-4 所示，特别添加一部分从门户网站上所截取的对于小桔科技的风评（注：以下内容仅供参考，不代表个人观点）。

图 9-4 从知乎关于小桔科技的评价

（二）滴滴产品介绍
1. 关于滴滴

滴滴是全球最大的一站式多元化出行平台，在中国 400 余座城市为近 3 亿用户提供出租车召车、专车、快车、顺风车、代驾、试驾、巴士和企业版等全面出行服务。第三方数据显示，滴滴拥有87%以上的中国专车市场份额，99%以上的网约出租车市场份额。2015年，滴滴平台共完成14.3亿个订单，成为全球仅次于淘宝的第二大在线交易平台。滴滴致力于以共享经济实践响应中国互联网创新战略，与不同社群及行业伙伴协作互补，运用大数据驱动的深度学习技术，解决中国的出行和环保挑战；提升用户体验，创造社会价值，建设高效、可持续的移动出行新生态。2015年，滴滴入选达沃斯全球成长型公司，如图9-5所示。

图9-5 滴滴全球化布局

2. 滴滴大事记（倒叙）

2016年1月，滴滴宣布2015年完成14.3亿订单，成为仅次于淘宝的全球第二大在线交易平台。2015年，滴滴实现中国网约出租车市场份额99%，网约专车市场87%，并在其他各条业务线都取得了超过70%的主导性地位。滴滴成立安全管理委员会，推出基于大数据技术的智能交通安全保障体系。同时为司机和乘客推出行业领先、高达120万元人民币/人的"滴滴平台司乘意外综合险"。滴滴开放平台上线，对第三方应用及个人开发者全面开放SDK接口。截至2016年4月，腾讯地图、新浪微博、58同城等400多个第三方应用和个人开发者产品已接入滴滴开放平台。9位一线大咖明星微笑站台，助力滴滴全新品牌升级，让滴滴开启全新微笑体验模式！谁的微笑最迷人？滴滴认为，在路上，人们的微笑最迷人。

2016年2月，如图9-6所示，滴滴首开春运跨城顺风车，共有200万人通过全球最大跨城移动出行网络返乡返城。滴滴全平台日完成订单突破1000万。2016年4月，滴滴与Lyft完成产品跨境连通，滴滴用户可通过滴滴APP在美国打车，标志着"滴滴海外业务"正式上线。2016年5月，滴滴专快车日订单突破1100万，全平台日完成订单突破1400万。滴滴机器学习研究院升级为滴滴研究院，由国际模式识别学会会士何晓飞教授担任院长。同时研究院与UDacity合作启动全球算法大赛，推动移动出行领域技术突破与人才开发。滴滴宣布获得APPLE（苹果公司）10亿美元战略投资。

图 9-6　滴滴之"电影大咖"平面广告

可以发现，嘀嘀出行这一软件的发展并非一帆风顺的。期间，企业的并购，同类竞品激烈的竞争，以及各大资本集团的影响操纵对滴滴经营业务和经营模式产生了重大的影响。

3. 企业创始人介绍

除介绍滴滴和其企业之外，其创始人还在其公司产品的发展和完善起到了至关重要的作用。如图 9-7 所示，创始人不仅会影响其产品定位，也会影响其产品运营，包括把控一个企业最重要的自己链条。滴滴的创始人兼 CEO——程维，全面负责滴滴公司的战略规划和运营管理。程维曾在阿里巴巴集团任职八年，在区域运营和支付宝 B2C 业务上取得了成功的管理经验。2012 年，29 岁的程维创办小

图 9-7　滴滴创始人

桔科技，在北京中关村推出手机召车软件滴滴打车。2015年2月，滴滴打车与快的打车进行战略合并。同年9月，滴滴打车正式更名为"滴滴"。2016年8月，滴滴收购Uber中国。

二、营销分析

如图9-8所示，滴滴打车通过广告对产品展开宣传推广，在促成消费者使用，扩大产品的销售，提高企业的知名度、美誉度和影响力的活动中所用的营销策略。

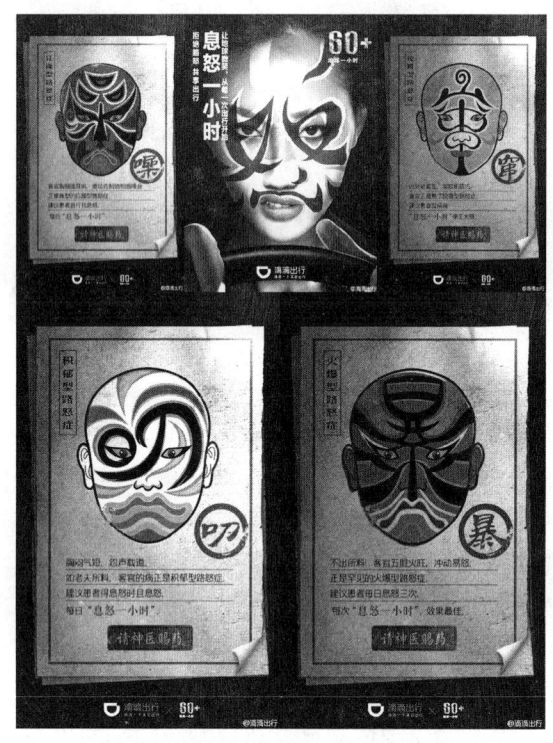

图9-8 滴滴之"路怒"平面广告

广告营销的目的：一是吸引消费者关注，利用富有新意的方式将销售信息、产品信息传播到目标销售者中，引起他们的关注；二是对产品产生兴趣（好奇心），如图9-9所示，当消费者在收到信息后，能不能引起他的兴趣，关键在于对该产品的使用功能、使用便利及购买渠道是否理想，如果理想，消费者即会深入去了解具体情况，其行动通常为电话咨询、登门选购、网站查询及通过朋友打听等；三是对产品进行了解，在广告活动中必须要包含产品介绍，越简短、越直白的传播越容易增加消费者的记忆力；四是促进消费者成交，对于广告活动，其中一个重要环节是销售现场的气氛渲染，良好的销售气氛是促进成交的有效手段

(在任何能体现产品的环节中，视角、触觉、味觉及其他感官都要注入浓厚的销售气氛)。

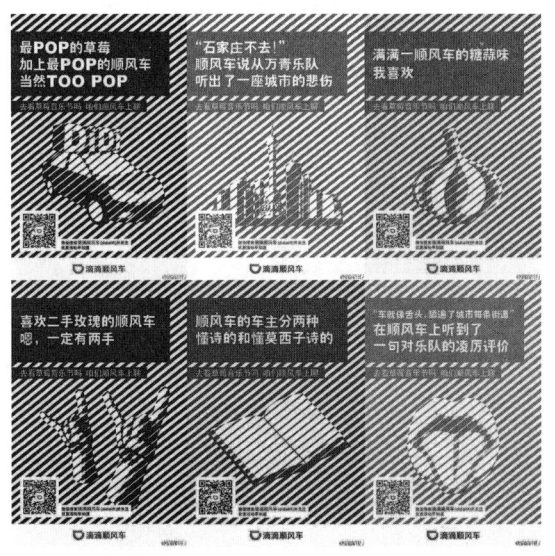

图9-9　滴滴顺风车"单色"平面广告

如图9-10所示，一提到安全宣传，很多人都会皱起眉头，在心底已经被贴上了枯燥乏味的标签。无论营销环境怎么变，自身过硬的东西必须想办法让消费者知道并乐于接受。怎么让相对枯燥的内容生动起来，提起消费群体的兴趣，是所有这类命题的挑战。滴滴五大安全科技的整合营销推广，结合病毒视频、社交流量大号、明星代言、跨界营销等一系列手段组合出招，打了一场漂亮的"安全保卫战"。无论是广告营销圈专业人士，还是普通围观群众，在越来越多的人加入讨论的同时，滴滴五大安全科技也"一而再，再而三"地深入了消费者脑海。如图9-11所示，2015年9月11日，发布H5——测测大家的微笑价值多少。

图9-10　滴滴之"司机师傅"平面广告

图 9-11　滴滴 H5

如图 9-12 所示，来看看滴滴这次是怎么做的吧。病毒视频不只博人一笑，"中国式安全"暗藏社会思考。虽然讲的是略显生硬且繁杂的安全问题，但从日常生活片段切入，无限贴近生活，让观众更有代入感，当笑点出现时，喜剧效果事半功倍。视频中提出了"中国式安全"的概念，将抽象的安全感具体演绎到熟悉的生活场景上，进一步具象化到出行安全问题，巧妙地将社会现象与品牌诉求和谐统一。在毫不违和的前提下，把"号码保护、行程分享、人像认证、紧急求助、三证验真"五大安全科技的实用性能讲得清清楚楚。为此，滴滴邀请了驾驭戏剧情节功力极强的 Thanonchai 导演，期待能为广告内容加分，当然最重要的目的还是想用"神转折"的形式让受众了解产品功能，导演也不负众望地做到了这一点。

图 9-12　滴滴之"免单"平面广告

三、传播渠道

如图 9-13 所示，传播媒介也可称为传播渠道、信道、传播工具等，是传播内容的载体。传播媒介有两层含义：一是指传递信息的手段，如电话、计算机及网络、报纸、广播、电视等与传播技术有关的媒体；二是指从事信息的采集、选择、加工、制作和传输的组织或机构，如报社、电台和电视台等。一方面，作为技术手段的传播媒介的发达程度如何决定着社会传播的速度、范围和效率；另一方面，作为组织机构的传播媒介的制度、所有制关系、意识形态和文化背景如何，决定着社会传播的内容和倾向性。

图 9-13 伊利马龙版广告之一

新媒体（New Media）是指当下万物皆媒的环境，新媒体是一种环境。新媒体涵盖了所有数字化的媒体形式，包括所有数字化的传统媒体、网络媒体、移动端媒体、数字电视、数字报纸杂志等。一个相对的概念，是报刊、广播、电视等传统媒体以后发展起来的新的媒体形态，包括网络媒体、手机媒体、数字电视等。如图 9-14 所示，新媒体亦是一个宽泛的概念，利用数字技术、网络技术，通过互联网、宽带局域网、无线通信网、卫星等渠道，以及电脑、手机、数字电视机等终端向用户提供信息和娱乐服务的传播形态。严格地说，新媒体应该称为数字化新媒体。

图 9-14 滴滴之"费玉清"和"顺风车"平面广告

网络无论是在国外还是国内，都是一个蓬勃发展的产业。如图 9-15 所示，互联网被喻为是继报纸、广播、电视以后的第四媒体，以其快速、高效的优势将信息传递到了一个全新的境界；同时也为企业创造出前所未有的商机。各大企业需要向广大消费者宣传自己的商品，使消费者认同并且购买。广告在构筑品牌的知名度和影响消费者做出购买决定过程中起着更加重要的作用。

图 9-15　滴滴之 "腻了" 平面广告

互联网的成熟与发展，为广告提供了一个强有力的、影响遍及全球的载体。超越地域、疆界、时空的限制，使商品的品牌传播全球化。如图 9-16 所示，其特性：第一，迎合人们休闲娱乐时间碎片化的需求，由于工作与生活节奏的加快，人们的休闲时间呈现出碎片化倾向，因此，新媒体正是迎合了这种需求而生的；第二，随时随地地满足互动性表达、娱乐与信息需要，以互联网为标志的第三代媒体在传播诉求方面走向个性表达与交流阶段，对于网络电视和手机电视而言，消费者同时也是生产者；第三，人们使用新媒体的目的性与选择的主动性更强；第四，媒体使用与内容选择更具个性化，导致市场细分更加充分。

图 9-16　滴滴之 "未来出行" 平面广告

在网上参与活动、发奖、征集发言等，电视报纸是无法直接同步的。①持久性。比较传统媒体，网络对于人文的表达更直接，所以才会有网恋、网婚等社会现象的出现。②网友对网络有惯性。一旦认定了一帮人群，他就会长期黏在网上，而不像传统媒体任何一个好的内容都可能吸引一帮人走，这对于网上的广告同样产生一定的黏度。③形式的多元化。网络广告在尺寸上可以采取旗帜广告、巨型广告，在技术上还可以用动画、Flash、用游戏方式，在形式上可以在线收听、收看、试玩、调查等，可以集各种传统媒体的精华，而传统媒体却无法互相沟通。④信息的密集。这是网络最早被大众认可的作用和意义，从美国雅虎到中国新浪，均以提供及时全面的信息获得最大的网友群。⑤网络营销更加趋于主流媒介。

如图 9-17 所示，电子商务一路向前开拓，将更多、更广泛的商品吸纳进来，也将给对网络广告投入较多的大厂商提供更多的选择机会。

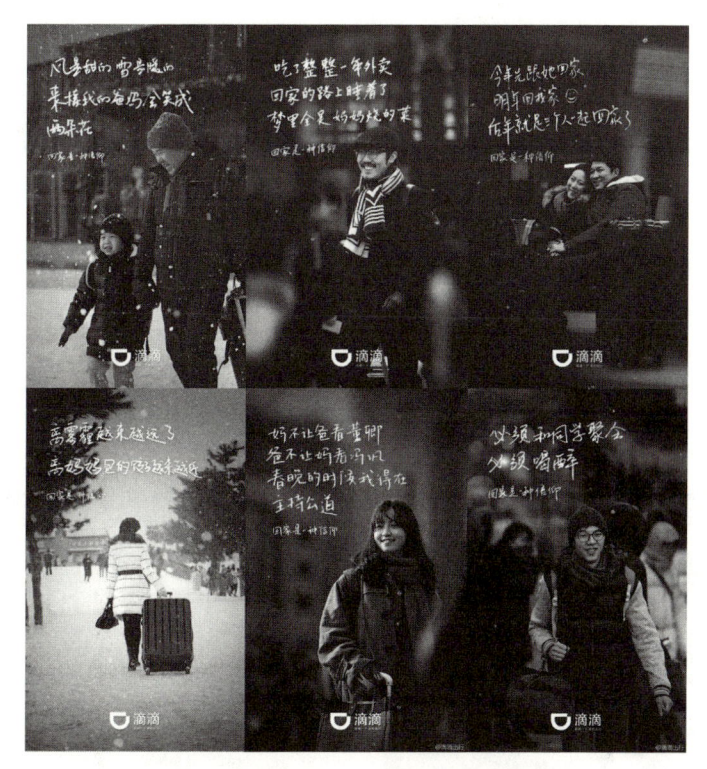

图 9-17 滴滴之"过年回家"平面广告

滴滴作为新时代的产物，利用了现代便捷的通信工具，使其积累的市场目标客户多为年轻人。而年轻人的特性就是接受新鲜事物能力强，同时接收的信息来源多为网络信息。目前，新媒体也在不断发展。因此，滴滴对于其广告的传播渠道主要选择在微博播放，并且也会有网友在其他主流媒体视频播放平台上上传滴滴视频，这让视频的传播量大大增加。

如图 9-18 所示，仅仅第一则"拜见岳父岳母篇"视频，滴滴官博播放量就已经超过了 1500 万，互动率也从平时的 3% 飙升到 16%。首先是微博上一些头部大号自主转发，使传播效果急剧放大；其次是微信大号，各大论坛社区的自主解读；最后是重磅级明星、导演的加入等，此系列视频在几天之内席卷全网。截至目前，视频播放总量保守估计超过 1.5 亿。"滴滴五大安全科技"话题浏览量自然增长到 2.1 亿，讨论量增长到 57.1 万。毫不夸张地说，滴滴这次"中国式安全"营销，成功地刷了全国人民的屏，近年来极其罕见。

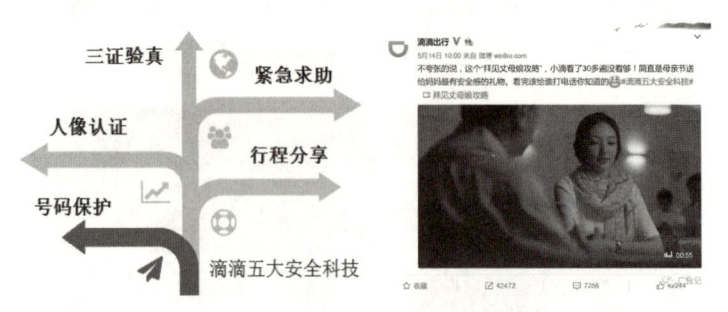

图 9-18　滴滴产品及微博发布广告

如图 9-19 所示，值得一提的是，虽然讲的是安全感，滴滴这次却巧妙选取了母亲节到"520"的黄金周期，五段视频先后在同时间内播出，和大家的关注焦点不谋而合。在万事俱备的情况下，东风也借得别具一格，看似与这两个节日无关却又紧密相关。

图 9-19　泰国导演的滴滴广告

四、广告内容

近年来，为了讨好年轻人，品牌们都在想方设法"玩"起来。恶搞风格也好，脑洞题材也罢，吸睛效果虽好，但品牌存在感低。最后观众只记得创意，完全把品牌忘掉了。滴滴请了拍过无数经典广告的泰国神级导演塔诺柴（Thanonchaiz Sornsriwichai）为其五大安全科技拍摄了五部将泰式幽默融入国人日常生活的广告片，搞笑呈现了"中国式安全"。

（一）中国式安全之三证验真篇

如图 9-20 所示，第一则广告还原了一个再常见不过的生活场景——"见家长"。看着如花似玉的女儿，竟然交了这么一个其貌不扬的男朋友，做父母的心里自然打起了鼓，然后没一点好脸色地开始了"户口调查"。

图 9-20　滴滴广告镜头之一

资料来源：https://v.qq.com/x/page/r0506w40sdw.html。

如图 9-21 所示，父亲第一问："你是哪里毕业的?"，只见对方不紧不慢地掏出一份全英文的毕业证书，父亲看得一脸懵懂。母亲使出必杀技："你住哪里啊？"只见对方瞬间掏出四本房产证，一人分了一本，母亲喜不自禁。

图 9-21　滴滴广告镜头之二

资料来源：https://v.qq.com/x/page/r0506w40sdw.html。

如图 9-22 所示，父亲还想再问，对方"漫不经心"地掏出了一张与马云的合照，惊得父母两人连连说"不错"。再后来就是诸如此类的"一路开挂"，例如，他"不小心"掏出了奔驰的车钥匙。

图 9-22　滴滴广告镜头之三

资料来源：https://v.qq.com/x/page/r0506w40sdw.html。

如图9-23所示，又一个"不小心"打了个喷嚏闪出一溜信用卡。条件个个过硬，父母的态度立马发生了180°的大转变，原本还是尴尬僵持的场面，一下子笑逐颜开，再配上《婚礼进行曲》的神之BGM，让人忍俊不禁。

如图9-24所示，最后的广告点在于滴滴的五大安全科技之一——三证验真，每位滴滴司机注册前都须通过三证验真和背景审查：身份证、驾驶证、行驶证、银行卡、手机号。用父母对女婿的各种把关类比滴滴对司机的各种审查，这样的结合点是不是很妙呢？

图9-23　滴滴广告镜头之四
资料来源：https://v.qq.com/x/page/r0506w40sdw.html。

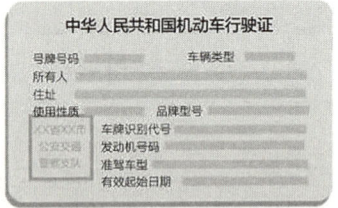

图9-24　滴滴广告镜头之五
资料来源：https://v.qq.com/x/page/r0506w40sdw.html。

（二）中国式安全之号码保护篇

相信大家每天都会接到各种推销骚扰电话吧？自己的手机号码什么时候被泄露到什么地方了都不知道吧？如图9-25所示，这则广告就是重现了一个被骚扰电话烦得连一碗鱼丸面都不能好好吃的男职员。刚开始手机来电时他还会接起来确认是骚扰电话才挂掉，经历过N遍之后电话一响他就直接挂掉了。

图9-25　滴滴广告镜头之六
资料来源：https://v.qq.com/x/page/r0506w40sdw.html。

如图9-26所示，直到忍无可忍，终于他没看来电显示接通电话就直接开骂，甚至还说："老板那么抠，我没钱！"万万没想到恰巧是老板的电话，就这样阴差阳错地撞枪口了。

第九章 滴滴出行：中国式安全黑科技

图 9-26 滴滴广告镜头之七

资料来源：https://v.qq.com/x/page/r0506w40sdw.html。

你是否也亲身经历过苦不堪言的信息泄露问题？而滴滴采用虚拟号码进行司机与乘客间的通话，保护手机号码安全。

（三）中国式安全之人像认证篇

在这个 P 图堪比整容的年代，谁还没有一两张"照骗"呢？但是如果拿着"照骗"去相亲就是不对了。如图 9-27 所示，第三则广告展现了两个"照骗"男女相亲后发现"货不对板"的尴尬场景。明明照片里的她大眼睛尖下巴肤白貌美。

图 9-27 滴滴广告镜头之八

资料来源：https://v.qq.com/x/page/r0506w40sdw.html。

如图 9-28 所示，现实里却截然相反。他也没好到哪里去，明明是个"矮胖挫"。

图 9-28 滴滴广告镜头之九

资料来源：https://v.qq.com/x/page/r0506w40sdw.html。

如图 9-29 所示，还敢给我发这种美颜过度的照片？！拒绝"照骗"，从滴滴做起。滴滴利用人像识别认证技术,严格扫描识别司机面孔,确认司机与注册时身份一致,严防司机被调包,为出行安全把关。

图 9-29　滴滴广告镜头之十

资料来源:https://v.qq.com/x/page/r0506w40sdw.html。

(四)中国式安全之行程分享篇

相信"门禁时间"会是很多情侣的"痛",到点了不得不把女生安全送回家,本想借这段时间好好与她近距离接触,然而很尴尬。如图 9-30 所示,这则广告就是重演了男友送女友回家路上的一幕,虽然男方的动作略显"猥琐"(也可以理解为泰式浮夸),但一点也不影响滴滴式结局的正常发挥。在送女方回家的出租车里,两人想慢慢享受这样的甜蜜时光。

图 9-30　滴滴广告镜头之十一

资料来源:https://v.qq.com/x/page/r0506w40sdw.html。

如图 9-31 所示,结果女友的爸爸开始了"夺命连环 Call"式的电话轰炸。刚想离她近一点,下一秒就被准岳父"坏了好事"。

担心孩子出门在外不安全?害怕父母担心自己?滴滴开发了分享按钮,可以通过微信、短信、QQ 将行程动态(包括位置、路线、司机信息等)分享给亲友,让家人时时放心,不让牵挂成为打扰。

图 9-31　滴滴广告镜头之十二

资料来源：https://v.qq.com/x/page/r0506w40sdw.html。

（五）中国式安全之紧急求助篇

都说旅行是检验一对情侣契合程度的"试金石"，如何证明他是真的爱你？如图 9-32 所示，这则广告呈现了一对小情侣在旅途中的故事，结局同样是泰式冷幽默——打扮得美美哒妹子，想让男友帮忙拍个照。

图 9-32　滴滴广告镜头之十三

资料来源：https://v.qq.com/x/page/r0506w40sdw.html。

如图 9-33 所示，结果男友只管自己看书，没有睬她。妹子气不过于是心生一计，假装失足落水。

图 9-33　滴滴广告镜头之十四

资料来源：https://v.qq.com/x/page/r0506w40sdw.html。

如图 9-34 所示，男友一看不妙，飞身入水，眼看着就要上演"英雄救美"的浪漫情节了，结果救起来之后发现水深只到膝盖。

图9-34 滴滴广告镜头之十五

资料来源：https://v.qq.com/x/page/r0506w40sdw.html。

  关键时刻，挺身而出的才是真爱，所以真爱如滴滴，开发了一键紧急求助按钮，随时待命，第一时间回应求助。"安全"一直是滴滴全平台的首要目标。自2016年6月以来，滴滴陆续在全平台升级，推广了"三证验真""号码保护""人像认证""行程分享""车型一致""紧急求助"等安全功能。随着"安全驾驶"的上线，滴滴安全七大功能将与滴滴司乘意外综合险一起构建更完善的安全出行体系，为乘客、司机提供全方位的出行安全保障。

  据了解，目前全国每天有超过5万人次使用滴滴的"行程分享"与亲朋好友同步自己的行程信息。"紧急求助"功能已在专车、快车、出租车、代驾、顺风车五条业务线全面推广。其中专车、快车、出租车、代驾的司机端也可使用"紧急求助"。"号码保护"功能也在快车、专车、出租车、顺风车四条业务线上有序推广中。从驾驶员、车辆信息透明化、车费移动支付，到司乘匿名评价、司乘行程可追溯，网约车的发展不仅改变了人们的出行方式，也逐步革新了出行领域的安全生态。业内人士认为，滴滴安全体系的不断完善与优化，有助于促进行业在技术上进行良性竞争，从而为行业带来更优良的安全生态。

  作为滴滴五大安全措施之一，"分享行程"功能在试运营期间，平均每天有超过5万人次分享自己的行程。"分享行程"分为手动分享和自动分享，分享内容包含乘客订单起、终点、上下车时间、距离目的地距离、预计到达时间、车辆车牌信息以及车辆实时位置。手动分享的流程与分享打车券的流程相似，而自动分享则可在特定时段实现定向分享。例如，乘客小王将男友设置成紧急联系人，且将晚上21～22点设置为自动分享时间段。那么，今后小王在这个时间段内打车，系统自动会将小王的打车信息通过短信发给其男友。在紧急联系人限制方面，乘客最多可设置五位紧急联系人。

  针对紧急情况，滴滴研发了"紧急求助"一键求助功能。用户按下"紧急求助"按钮后，系统会给用户设置的所有紧急联系人发送短信。滴滴安全系统将会开始录音，并将录音实时传送至滴滴安全平台，滴滴客服人员会协助紧急联系人，提供力所能及的帮助，并配合警方处理情况、采集证据。考虑到采集录音对网络环境有一定依赖，滴滴还专门设计了无网环境下的求助功能。例如，用户在无网环境下点击"紧急求助",可通过"一键呼叫110"的按钮快速拨打报警电话。为了保护用户隐私,滴滴还启动了"号码保护"功能。司机、乘客在点击滴滴APP内的"安全通话"按钮后,可直接通过一个"虚拟号码"联系对方。新升级的"号码保护"不仅新增支持"预约订单"功能,还支持"通话记录回拨"。乘客、司机在使用"号码保护"的过程中,可通过通话记录内留下的"虚拟号码"直接回拨给对方。

如图 9-35 所示,值得一提的是,滴滴还将"人脸识别""声纹识别"等生物识别技术引入,以便对司机的身份信息进行二次确认。目前,司机在完成"人像认证"时,需要按照系统的指示完成点头、摇头、眨眼等动作。系统会将采集到的面部信息、此前司机上传的证件信息一起与数据库的信息进行比对。只有上述三种信息完全一致,司机才能成功完成"人像认证"。此外,未来当司机账户出现"登录地点突然改变"等异常情况后,司机在首次提现前,也需要进行"人像认证",认证成功后才能提现。滴滴会定期更新升级"人像认证"系统,并逐步加入"声纹识别"类深度学习算法的人工智能技术,从面部、声音等多个维度来做"人像认证"。此次"中国式安全"的广告采用了富有幽默的表现

图 9-35　滴滴顺风车之"生活"平面广告

形式，将自身实行的五大安全措施告诉用户，加深了用户对于滴滴安全性的信任，使用户能够安心地使用滴滴。

以上就是五则广告的大致内容。这五则广告有一个固有的模板，都是通过展现生活中遇到的问题来引出滴滴打车开发的技术，并且背景音乐也会有随着情节发展而相应变化。而且在每则广告的结尾处，都会出现滴滴的标志以及具有代表性的滴滴声，给观众以重复的声音来刺激记忆，加深印象。滴滴之所以会主打中国式安全作为广告内容，也是因为现实中的一些悲剧的发生。

五、广告技巧

（一）设计技巧

1. 合理夸张法

如图9-36所示，借助想象，对广告作品中所宣传对象品质或特性的某个方面进行相当明显的过分夸大，以加深或扩大对这些特征的认识。按其表现的特征，通过夸张手法的运用，为广告的艺术美注入了浓郁的感情色彩，使产品的特

图9-36　滴滴巴士之"回家"平面广告

征性鲜明、突出、动人。在滴滴打车系列广告中，三证验真篇，借用夸张的手法，夸大了女婿见父母时的场景，包括男方带着一系列证书，让见面会如面试一般严谨中又带着诙谐。在号码保护篇，广告将现实生活中会发生的接到骚扰电话的频率集中在一个时间段，从而让主人公能够积累愤怒和不耐烦，使其在接到老板电话时没能注意到来电显示，合理夸张后，让情节顺理成章地发展。

2. 连续系列法

如图 9-37 所示，广告画面本身有生动的直观形象，多次不断积累，能加深消费者对产品或劳务的印象，获得好的宣传效果，对扩大销售、树立名牌、刺激购买欲、增强竞争力有很大的作用。滴滴打车广告针对其各种功能进行广告宣传，从而起到了刺激消费者记忆，树立品牌形象的作用。

图 9-37　滴滴专车之"今天坐好一点"平面广告

3. 借用比喻法

比喻法是指在设计过程中选择两个在本拷贝各不相同，而在某些方面又有些相似性的事物。"以此物喻彼物"，比喻的事物与主题没有直接的关系。但是在某一点上与主题的某些特征有相似之处，因而可以借题发挥，进行延伸转化，获得"婉转曲达"的艺术效果。如图 9-38 所示，滴滴广告利用生活中各种常见的场景来比喻其自身的产品特点。三证验真篇，以父母通过对女婿的严格考察来比喻滴滴对其司机的严格考察。号码保护篇，以真实发生的骚扰电话的情况来反衬其能确保用户信息安全的特点,用常见的骚扰电话来引起消费者的共鸣。人像认证篇,由于互联网的屏障,使人与人之间的交流多了一层隔阂,事情往往脱离真相,也就会有网友见面时的"见光死"的情况发生,因此,以这种信息传递的模糊性来反衬滴滴打车车主认证的真实性,让消费者更能放心。行程分享篇,用行程分享的时差问题来衬托出滴滴打车行程分享的实时性。紧急救助篇,利用情侣之间女方的小心思和男友的英雄救美来对比打车时发生意外事故时滴滴提供的紧急救助按钮。

图 9-38 滴滴之"保护稀有动物"平面广告

4. 悬念安排法

在表现手法上布下疑阵,使人对广告画面乍看不解题意,造成一种猜疑和紧张的心理状态,引起观众进一步探明广告题意之所在的强烈愿望。然后,通过广告标题或正文把广告的主题点明出来,使悬念得以解除,给人留下难忘的心理感受。如图 9-39 所示,滴滴打车的每一则广告都是用的真实的生活场景,采用了犹如泰国广告一样的神转折广告。用看似和滴滴打车本身并无过多关联的广告场景,但其实用了比喻、对比等手段和其产品特性相连接,让观众在观看广告时产生好奇,同时对这个广告究竟想宣传什么产生疑问。而这样的故事片系列的广告现在可以说非常常见,许多商家在宣传产品上,都更少采用直接宣传产品的方法,而采用情景代入的方法。

图 9-39　滴滴快车之"快一点"平面广告

（二）拍摄技巧

一般在影视广告拍摄中，可以将拍摄镜头分为四大类：第一，按画框内表现出的视域范围可分为：远景镜头、全景镜头、中景镜头、近景镜头、特写镜头。不同的镜头形式由于展示的空间范围不同，在广告表现时具有不同的功能。第二，按镜头的长短分为：长镜头、短镜头、闪镜头等。不同长度的镜头对表现情绪效果有不同的作用。不同类型的镜头在广告片中会给消费者以不同的感受，因此，要根据广告片的诉求重点，从整体出发，运用各种镜头的组合，以达到预定的广告效果。第三，按摄影机的运动情况分为固定镜头、摇镜头、移镜头、推拉镜头以及变焦距镜头，运动镜头使画面更为生动、丰富，增强视觉动感，有助于形成富于表现的艺术节奏。第四，按摄影机和被摄体的角度可分为仰角镜头、俯角镜头、平视镜头、顶角镜头等。角度不同的镜头由于具有不同的透视效果和构图形式，因此，具有不同的艺术表现力，而滴滴打车的广告在拍摄手法上主要使用中景镜头拍摄情节发展，以及远景镜头拍摄动作，多使用固定镜头。

（三）营销环境

近来媒体不时报道一些因乘快车、顺风车而发生的失踪乃至遇害案件，例如，深圳女教师搭滴滴顺风车遇害事件：5月2号晚9点多，深圳某小学女教师钟某通过滴滴约了一辆网约车到沙井的一所学校，通常都是10点多到达，但当晚11点家人仍未接到报平安电话，随后家属开始找人，但钟老师的电话一直关机，其家属奔赴派出所报案。5月3日中午，南山警方在宝安区发现涉案车辆，之后在宝安区一出租屋内抓获嫌疑人潘某，并找到了钟老师的尸体。经审讯，潘某交代其于5月2日21时许接到钟某后，将车开至偏僻路段，持刀逼迫钟某交出财物，之后将钟某杀害。警方核实该网约车车牌为假冒。

随后，中央电视台《第一时间》栏目以"女教师证实遇害嫌疑人被抓获"为题做了跟踪报道。《第一时间》栏目报道称，事发后滴滴公司很快做出回应，确认了受害人是乘坐了滴滴顺风车，嫌疑人潘某用真实的身份证、驾驶证和行驶证车牌号为粤×××××，在顺风车平台上注册并通过审核，但案发车辆牌照为粤×

×××××，是潘某临时伪造，滴滴表示，对于这一事件平台的责任绝不推诿，将承担应有的责任，并全力做好善后工作。这些报道加深了用户对于网约车安全性的怀疑，对于滴滴的市场口碑，用户量的健康增长起到了不良的影响。而滴滴也深深地意识到了顾客对于安全性的日益重视，对于自身的安全管理措施也进行了一些反思与升级，为用户提供更好的安全保障。

（四）广告定位

如图9-40所示，滴滴根据打车用户的收入水平，将用户分为不同的群体，主要有高收入群体、中高收入群体、中等收入群体、中低收入群体和低收入群体。凭借滴滴自身强大的实力，在细分市场的基础上选择了将所有的细分市场都作为自己的目标市场。为此，滴滴推出了多种差异性打车服务，其目的就是满足不同群体对打车服务的不同需求。

图9-40 滴滴之"一元试驾"平面广告

从以上滴滴的业务方位和市场定位，就不难看出滴滴业务拓展的渠道和目标群体是谁，而且也非常清晰地看出滴滴要发展的方向，以及前期市场拓展的最主要的目标是什么，就是发展司机数量。如图9-41所示，而滴滴打车的广告主要针对的是年轻人。从广告内容上来看，其展示的都是年轻人的生活场景，这和其产品特色相关，滴滴打车这个服务基于现代技术的发展，并且为了省时省事而打车，符合年轻人的消费观念。因此，滴滴针对的主要是对新鲜事物有好奇心并且接受能力强的年轻人们。

（五）推广策略

1. 推广步骤

首先，滴滴打车软件在上线推广过程中采用样板案例和样板市场为案例推广（北京）。如图9-42、图9-43所示，主要靠地推团队向出租车公司推广安装滴滴打车软件。虽然期间经历几次失败，但是在北京还是拿下了北京昌平的一家出租车公司，并以此作为市场推广样板大势推广。

其次，滴滴打车、快的、优步，甚至其他移动端公司都一样，它们的策略都是培养消费者的习惯。如图9-44所示，而培养消费者的习惯就是补贴，如打车

第九章　滴滴出行：中国式安全黑科技

图 9-41　滴滴快车之"因为他们"平面广告

图 9-42　滴滴顺风车之"再也不用"平面广告

图 9-43　滴滴企业版之"奋斗在路上"漫画平面广告

车费补贴。培养消费者支付习惯就用支付补贴，如用微信支付立减 10 元等。开拓司机市场采用的也是补贴形式，以抢占市场出租车或司机数量。

图 9-44　滴滴企业版之"奋斗在路上"平面广告

最后"线上+线下"推广，2014年3月3日，滴滴打车宣布与湖北卫视《我为喜剧狂》开启快乐营销，该节目从2014年2月13日播出以来，即以"黑马"的姿态稳步攀升，创下连续八周全国省级卫视晚间节目收视率与市场份额双料冠军的佳绩。

2. 跨界联合

如图9-45所示，这一跨界联合足以让竞争对手措手不及，双方宣布合作后，

图 9-45　滴滴快车之"就是主"平面广告

即在三八节期间推出了"打车找乐"联合活动，将电视、手机 APP、微博、微信多平台互通，让人眼前一亮。随后在愚人节期间，嘀嘀打车与《我为喜剧狂》在继续合作"打车找乐"活动的同时，还在北京、上海、武汉、深圳四大城市推出了"狂笑总动员"落地活动。将线上热度成功延伸到了地面，开创了电视节目与打车软件"线上+线下"深度合作的新模式。另外，目前滴滴与各种知名网络平台合作，既强化了品牌的关联度，又直观地向目标人群传递了有效信息，大大提升了跨界合作的附加值。如图 9-46 所示，滴滴打车的推广主要通过互联网站上投放各种广告，以及推出各种主题的宣传照。

图 9-46 滴滴之"跨界"平面广告

六、传播效果

（一）广告优势

如图 9-47 所示，对滴滴打车进行分析，可以得出如下优势：

第一，滴滴打车满足了大量出行者的需求，集聚了大量的用户群成为其最大的优势。据统计，滴滴打车用户数已经突破 4000 万人，日均订单为 18 万元，其中微信支付订单为 70 万元。

第二，滴滴打车在运营过程中还在不断地吸引和发展潜质用户，通过网络和现代的通信手段来笼络潜在的用户，成为滴滴打车的又一巨大优势。

第三，滴滴打车在打车软件 APP 市场上，成为国内打车运营的巨无霸。如图 9-48 所示，滴滴打车取得巨大的市场份额，具有很大潜力和升值空间。

第四，第四，滴滴打车不仅给人们的出行和司机的载客带来巨大的方便，也起到了积极的作用。

分析该软件带来的积极作用，离不开滴滴打车软件迎合了大众出行需求的心理。如图 9-49 所示，具体情况如下：①滴滴打车为人们出行提供了便捷的方式，被称为当今人们打车出行的神器，满足了人们出行的需求，其周到体贴的服务在

图9-47 滴滴打车升级界面及滴滴快车"出行5元起"平面广告

图9-48 滴滴打车之"再见"平面广告

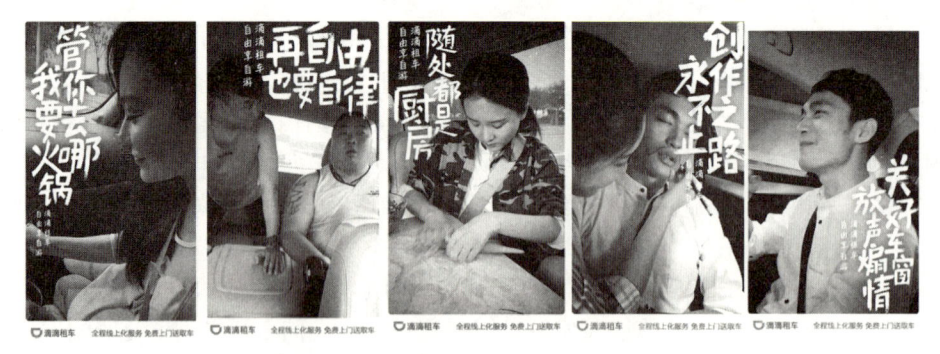

图9-49 滴滴租车之"自由"平面广告

市场上赢得人们的认可，称为互联网时代人们出行便利方式。②滴滴打车在满足人们出行需求的同时提高了司机收益，通过相关信息的优化给司机和乘客带来实惠，滴滴打车的车费补贴等优惠吸引了司机和出行者，给用户带来了福利，同时更惠及乘客。③滴滴打车软件有利于市场合理配置资源，有利于合理利用乘客和司机的距离优势和资源，提升服务质量以吸引大量的客户群并得到人们的认可，更有利于优化节能减排避免资源浪费实现经济社会双赢。

（二）负面影响

尽管滴滴打车给人们带来了众多实惠和便利，但毕竟是新兴行业。在行业发展的过程中，不可避免地存在诸多问题。首先，滴滴打车软件容易出现系统瘫痪问题。由于打车人数和业务量的增加，使原有的软件设施遭遇强大的压力，网速受到极大影响，从而出现系统瘫痪，在给用户带来不便的同时，也给软件的使用带来了负面影响。其次，滴滴打车软件可能存在安全隐患。由于使用滴滴打车软件的司机需要使用手机客户端招揽业务，所以司机在开车过程中很可能由于抢单分散注意力，影响开车安全性。此外，滴滴打车软件由于人们的道德问题而存在负面影响，滴滴打车运营商为了吸引客户量为司机提供了很多优惠，而这些优惠政策也为司机提供了贪图小便宜的机会，出现了司机制假单等不良现象，不仅影响了公共秩序，也为滴滴打车软件的发展造成了负面影响。

（三）网络营销

现如今，进入了"互联网+"的新时代，尽管各个产业都受到了冲击，但也得到了机会。而营销模式也发生了极大的改变，转变为网络营销。企业开始在各大平台投放自己的广告，广告变得不单单是一种传递信息的手段，而是更大地迎合了观众的兴趣，广告也变得电影化、趣味化。在移动互联网时代，打断式广告越来越不起作用，消费进入"场景时代"。如图9-50所示，一个产品要想进行"激发营销"，一个必修课就是建立全新的"消费场景"，然后通过发放"代金券"或"优惠券"的方式来吸引用户参与体验，营销在"润物细无声"的过程中就能完成。在激发营销的过程中，产品就是"消费场景"，七个激发"机制"在激发营销中起到"触发酶"的作用。在七个激发机制之中又有区别。有的激发机制是"个体"激发，有的激发机制是"群体"激发。"激发营销"的过程就是从个体激发扩散到"圈子"、又从圈子扩散到"大众"的过程。

如图9-51所示，前脚刚发生2020东京奥运会会徽抄袭事件，后脚便有滴滴打车上演了此次"撞车"事件，不免令人唏嘘。不过，参考魅族LOGO被弊事件，有不少网友大胆猜测，这或许也是一次炒作！虽然晚了一天，但从下面的回应中可以看出，滴滴对此事的官方回应十分积极和正面。至于真相，那就仁者见仁，智者见智了。

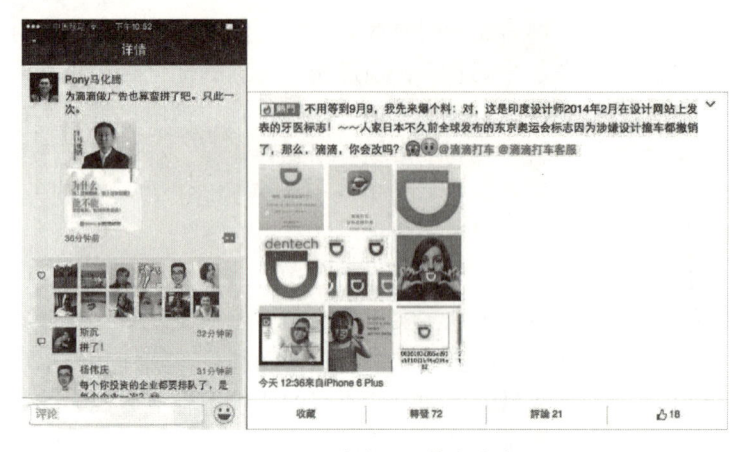

图 9-50　滴滴明星转发广告

图 9-51　滴滴 LOGO "撞衫"声明

　　与传统的营销模式相比，网络营销具备非常强的优势，甚至可以说网络营销在思想、方式等方面给销售市场带来了一次革命。在网络营销的这种模式下，消费者的中心地位被完美地诠释出来。另外，又促进了消费者自主的消费活动。如图 9-52 所示，立足于滴滴打车这种成功的营销模式，要想全面地提升企业的营销效果，需要从意识、观念、技术等角度出发，提升营销的手段、服务、沟通，只有全面地发挥出营销的职能，才能从根本上解决营销相关的问题，提升企业的营销水平，继而获得最佳的营销效果，为企业的发展提供保障。

　　来看这条滴滴打车的广告，分别在各大视频平台均有播放，例如，优酷、腾讯、爱奇艺、哔哩哔哩等，并且也在各个通信软件传播，例如，QQ、微信、微博等，不仅作为一则广告，也是成为一种娱乐性视频播放，润物细无声地进行营

图 9-52　滴滴之"四周年——车主篇生活"平面广告

销。在优酷网站上可以看到,在四个月前和 27 天前都曾发布过这则广告,大部分网友纷纷表示创意满分。很多网友表示喜欢这种脑洞大开的广告,极大地迎合了观众的趣味。而且,在微博热门上也出现了这则广告的身影,这则广告也得到了积极的响应,部分消费者表示看到了滴滴打车对大家安全问题的重视,以及滴滴打车的改善。

(四) 幽默底线

如图 9-53 所示,由于是泰国导演执导,因此,一部分观众也并不买账,纷纷表示触碰中国人三观的底线。泰国导演想用本土化场景体现幽默本没有错,但这次的"中国式安全"似乎反映出创意上的水土不服——在房价飙升的今天,大概没有什么比"有房有车才能结婚"更敏感的了。虽然是真实客观的社会现象,不过拿到品牌广告里说,就是另外一回事了。

图 9-53　滴滴广告微博评论

如图 9-54 所示，而在哔哩哔哩上两个月前也发布了这则广告，并受到转发收藏。

图 9-54　滴滴广告微博转发

而且，在各大通信软件平台，也纷纷播放了这则广告。如图 9-55 所示，在微博热门上也出现了这则广告的身影。

图 9-55　滴滴"低价格"平面广告

这则广告投放时间并不长，虽然不像以往的广告请来当红明星代言，却请来了泰国导演执导，最近泰国广告以脑洞清奇、神转折等一直在中国大热，在微博上更是出现了"泰国广告"的大 V，专门转发泰国的广告，近百万人关注。并且这则广告请来的是平常人，更贴近生活。一直以来滴滴打车的最大问题就是安全问题。由于滴滴打车未在政府管辖范围内，其安全性受到很多人的质疑，这是不无道理的，因此，需要政府通过有效管理来解决。滴滴打车也为出租行业带来了巨大的挑战。在反对滴滴的群众中，出租车司机占比很大。使用过滴滴的人都知道，滴滴打车的费用有时只占出租车费用的 1/4，甚至更少。这样的实惠程度是任何一个正常人都喜闻乐见并乐享其成的。另外，滴滴打车吸引了许多青年投身于滴滴司机行业，激发了"大众创业、万众创新"的高涨热情。

如图 9-56 所示，然而"滴滴热"后，许多青年冷静思考后发现，没日没夜的忙碌，结果投入与产出并非理想。接的单多、跑的路远，并不赚钱。即使部分滴滴司机赚到一点儿钱，那也只是屈指可数的辛苦钱。其原因何在？顾客随意取消订单，增加了滴滴司机的运营成本。滴滴司机在订单指派模式下，接到订单后未到达乘客所在地前，乘客遇到其他出租车可随意取消订单，导致滴滴司机每天空载运行时间过长，加大了运营成本。乘客目的地过近或偏远，稀释了滴滴司机的利润。滴滴司机不能延途自主接单，造成资源浪费。滴滴司机只能通过手机软件接单，在高峰期看到很多人等出租车，但滴滴因没有车载的联网计价器和滴滴车辆识别标志，或滴滴软件没有自主接单功能而无法接单。有钱而不能赚，浪费了资源，增加了运营成本。而各城市原出租公司出租车具备这一功能，可接滴滴订单，又可路途自主接人，大大增加了他们的收入。乘客延迟付款或不付款，司机和滴滴打车企业无有效控制措施。

图 9-56 滴滴百度新闻

（五）五大黑科技

所以这则广告就是为了回答这个问题，从五个解决手段入手，推出"五大黑科技"，拍了五个小节，从司机身份安全、乘客信息安全、路线安全等，算是对网友用户质疑的回答。广告运用了极其诙谐的手段，加上解决的方法介绍，给了观众一个心理保障。如图 9-57 所示，这则广告也得到了积极的影响，部分消费者表示看到了滴滴打车对大家安全问题的重视以及滴滴打车的改善。但是，也可以从截图上看到，由于投放时间不长，转发量还没有达到一定高度。

尤其是第一部分的"物质爸妈"的形象受到了很大的争议。难道中国父母在选女婿时都是这么物质么？这无疑是另一种的刻板现象。万万没想到，在官博上放出的第一支广告就让网友炸了锅——年轻貌美的女儿带着其貌不扬的男友见父母，随着男友把学历证书、房产证（好几本）、奔驰车钥匙、和马云的合照、大堆银行卡一一亮出后，岳父母的态度立马从倨傲变成喜笑颜开。广告体现的逻辑是，岳父母严格审查女婿条件的几个要素，就像滴滴对司机身份证、行驶证、驾驶证三证的严格审查一样。但是观众并不认可这种尴尬的幽默，翻看官博下方7000 多条评论，画风是这样的："三观不正""价值观扭曲""可悲的中式家庭

图 9-57　滴滴广告微博转发

权力结构与扭曲的婚恋观，造就了可怜的父母之命与逢迎谄媚的年轻一代"。

尽管泰国导演想用本土化场景体现幽默本没有错，但这次的"中国式安全"似乎反映出创意上的水土不服——在房价飙升的今天，大概没有什么比"有房有车才能结婚"更敏感的了。前段时间各地提高了网约车准入标准后，有不少网友调侃称"有车有房"的滴滴司机成为了最佳相亲对象。不少人表示，岳父岳母对女婿的经济条件要求高。虽然是真实客观的社会现象，想主打"安全黑科技"，但恐怕没有多少人从这支广告里感受到"安全"。不少未婚男女大概会心有余悸，更别提许多经济状况不太好的男同胞会出离愤怒。得罪了男性消费者，在女性消费者那里也没捞到多少便宜。"上海丈母娘"市侩的刻板印象，和女婿欠佳的外貌，也难让她们产生好感。但一些网友也表示无伤大雅，这只是一种夸张方式，为了表达滴滴打车在选择司机时，严格认真，并且中国确实存在这样的问题。也有很多网友表示，第一部分拍得很有意思。但是不得不承认，这则广告触及了部分观众的底线，在这方面滴滴打车有欠考虑。其他的四个小节，则没有受到质疑，表示很搞笑。

七、总结建议

如图 9-58 所示，泰式幽默要与中国本土文化进行融合还需要一定的磨合期。好的商业广告，本质上是传达出企业的价值观，并且和消费者产生沟通，进而让他们对产品或服务产生信任感，促成转化率。泰国广告之所以被奉为神作，在很大程度上是因为广告中体现出的人情味。如果翻看 Thanonchai Sornsriwichai 之前的作品（代表作有中国台湾大众银行的《梦骑士》和泰国潘婷 You can shine）就会发现，无论广告主是保险、理财机构，还是消费品，都能用平民化的故事来取得公众共鸣。

图 9-58　滴滴刚刚有事

由此可以看出，第一，用幽默并且富有情感接近生活的表达方式，让商业广告变得不生硬。但同时要注意幽默的部分结合观看群体的地区发展、社会背景，适当运用；第二，做广告销售要好好研究一些手头上的媒体，什么媒体适合什么样的客户投放，如果这个问题没有搞清楚，那后面的所有努力都是没有结果的；第三，客户最看重的是这个媒体放在那边的什么位置，那边的人流量怎么样，受众人群的定位是怎样，知道了这些，广告主就会大概评估和他的目标人群是否吻合，成本是否能够接受；第四，毕竟互联网和移动互联网是以后社会发展的大趋势，做广告销售也一样要跟随大趋势而走，才能更加适应这个社会；第五，找出具有销售力的产品利益点，即对消费者的承诺。

思考题

1. 结合案例，分析滴滴出行的广告营销环境及营销机会。
2. 滴滴出行的幽默式新媒体广告的传播方式有哪些？
3. 在滴滴出行的新媒体广告传播中，运用了何种情感营销手段？
4. 情感诉求式广告营销的本质是什么？

参考文献

[1] 庄帅. O2O 广告系统：滴滴新路 [J]. 经理人, 2016 (6)：26-27.
[2] 刘桂香. "家文化" 在滴滴专车广告应用 [J]. 神州, 2017 (22)：280.
[3] 周伟婷. 滴滴打车：除了拼红包 专车营销还能拼什么？[J]. 成功营销, 2015 (6)：72-73.

［4］歪道道.滴滴快的联姻9个月，打车O2O迷局何解？［J］.广告主，2015（12）：58-59.

［5］范素锋.滴滴打车：借春晚做足"家"理念 春节用户创最高峰值［J］.中国广告，2015（4）：149.

［6］张志红，王晓琪，韩绍琛."O2O"盈利模式之于"滴滴出行"企业价值的影响［J］.中国资产评估，2017（8）：16-23.

［7］孟立昕."让出行更美好"——滴滴出行的商业模式分析［D］.北京理工大学，2016.

［8］郭辰希.滴滴打车营销模式分析［J］.中外企业家，2015（9）：106.

［9］邱雪林.共享经济背景下滴滴出行营销策略分析［J］.企业改革与管理，2017（10）.

［10］王文婧.滴滴出行营销方案存在的问题及对策［J］.现代商业，2017（17）：22-23.

第十章
汰渍：双重迷局

图 10-1 汰渍《双重迷局》海报之一

现如今，随着互联网的不断发展，新媒体视频广告成了重要的产品宣传手段。如何打造成功的新媒体视频广告成了当今探索热点。如图 10-1 所示，以汰渍洗衣液广告《双重迷局》为例，详细介绍了汰渍企业及其产品，分析了该广告的内容和特点，并对如何打造一个成功的新媒体广告提出思考。

一、企业概况

（一）企业简介

如图 10-2 所示，汰渍（Tide）是全球日化龙头宝洁公司旗下著名的洗涤品牌，也是全球最大的洗衣粉品牌之一。汰渍于 1946 年诞生于美国，是世界上第一种合成洗衣粉。由于汰渍的诞生，结束了人类历史上长达 2000 余年的皂洗时代，把人类从繁重的洗衣工作中解放出来，为机洗时代的到来提供了条件，素有"洗衣世界的奇迹"盛名。如表 10-1 所示，汰渍于 1995 年进入中国，二十几年来不断推陈出新，平均每 14 个月就推出一项产品创新或升级。现在每天有超过 100 万包汰渍洗衣粉进入不同的中国家庭，是中国家喻户晓、最受欢迎的洗衣粉品牌之一。

图 10-2 汰渍 LOGO 标识

表 10-1 汰渍公司简介

公司名称	汰渍
外文名称	Tide
总部地点	美国
成立时间	1946 年
经营范围	日用品
公司性质	上市公司

（二）产品概况

1. 产品研发过程

1995年汰渍进入中国，是家喻户晓广受欢迎的品牌。二十几年来，汰渍一直致力于为中国家庭主妇提供最好的洗护方案，其在北京的研发中心拥有数十位科学家专门针对中国市场研发新的洗护产品。自进入中国二十几年来，汰渍不断推陈出新，持续向中国消费者提供杰出、高效的洗涤产品，提高了人们的生活质量。

1995年1月汰渍200克和450克在全国隆重上市，正式启动了汰渍在中国市场的发展。

1997年8月汰渍第二代在全国隆重上市。

1998年10月汰渍第三代在全国隆重上市。

1999年9月汰渍第三代加强型在全国隆重上市。

2002～2007年汰渍先后在中国市场上推出三重功效洗衣粉系列、汰渍净白去渍洗衣粉系列、汰渍360度全能洗衣粉及最新上市的含舒肤佳皂粒的汰渍洗衣粉。汰渍产品大家庭中还包含汰渍洗衣皂，以满足消费者的广泛需求。

2010年汰渍法国原液洗衣液引入中国，为中国消费者们带来全新的洗衣体验，引发中国洗化市场新一轮革新。

2011年7月，汰渍隆重推出全效360度系列洗衣产品，其中全效系列洗衣粉全新升级，升级配方专门针对日常常见的污渍设计，特别是小朋友校服胸前的油渍，务求让妈妈洗衣过程更轻松，衣服洁净更全面，做到全效洁净、清洁、轻松、清新。

2011年7月，汰渍全新产品系列"洁净薰香"诞生，这也是宝洁旗下第一款超越洁净，以薰香味为主导的洗衣产品。

2012年7月，汰渍联手舒肤佳推出全效除菌系列，在做到全效去渍的基础之上，更能高效去除衣物上五种典型细菌，带来里里外外的洁净。与市面上专业的衣物消毒剂相比，该系列产品含有的舒肤佳成分配方性质温和，其亲肤性非常适用于儿童衣物的日常洗涤除菌，连手洗也适用。

2. 产品分类

（1）汰渍"净白"洗衣粉。透亮洁白，怡人清香。汰渍"净白"洗衣粉能有效去除领袖污渍等多种污垢，令衣服洁白透亮，并带有淡淡的怡人清香味。这是因为其中含有"去污净白因子"和国际香型，令衣物亮白又清香。

（2）汰渍三重功效洗衣粉。更卓越品质，带来七大洁净惊喜。①迅速溶解。冷水中都能迅速溶解，全面释放洁净动力。②超强去渍。只需片刻浸泡就能有效去除一般污渍，无须费力搓洗，也能去除衣领、袖口污垢等日常顽固污渍。③亮白出众。连最易发黄变旧的白色衣物经多次洗涤后仍能保持透亮洁白。④焕彩如新。使彩色衣物始终保持亮丽鲜艳。⑤轻松易漂。采用易漂洗配方，帮您省水、省电、省时间，漂洗更彻底，衣物更干净。⑥不伤手。超强洁力无须费力搓洗，即使手洗，洗完后双手也不易感到刺激。⑦持久清香。不仅洗衣时感受到清香，衣物晒干后仍留有怡人清香，干净也能闻得到。

（3）汰渍全效360度系列。不费劲、更干净。升级配方专门针对日常常见的污渍设计。特别是小朋友校服胸前的油渍，务求让妈妈洗衣过程更轻松，衣服洁净更全面，做到全效洁净、清洁、轻松、清新。

（4）汰渍洁净薰香系列。洁净芬芳一整天，舒缓愉悦每一刻。宝洁旗下第一款超越洁净，以香氛为主打卖点的洗涤产品；这种薰香是专门针对中国女性对薰衣草的偏好进行设计的；独创三重薰香"净"界——洗前释香、洗中溢香、洗后凝香，其持久的薰香香氛为人们带来如同置身自然般的舒缓愉悦。

（三）品牌故事

2005年汰渍与中华慈善总会、中国社会工作协会社区服务工作委员会共同发起"汰渍洁净捐衣之旅"活动，将收集到的衣物洗涤或清理后捐赠给贫困地区。此次"汰渍洁净捐衣之旅"活动被中华慈善总会称为一种"新的慈善活动模式"。

2006年汰渍与中国青少年发展基金会共同发起"白校服成长计划"，旨在关注贫困地区在校学生对持续教育的需求，鼓励孩子们积极求学，追求梦想。

2011年为帮助中国妈妈们培养孩子的自信，汰渍携手著名心理学家张怡筠博士设计了汰渍"洁"出自信亲子五法，并在北京、上海、深圳三地举办汰渍"洁"出自信亲子夏令营。

2012年6月底至8月底，汰渍全效除菌系列携手健康益智的虚拟互动社区"摩尔庄园"，推出大型"寻菌保卫战"亲子夏令营，力求通过这种与时俱进、喜闻乐见的游戏形式，让妈妈们与小朋友在互动、欢乐的氛围中共同了解正确的衣物卫生观念与洗涤除菌方式。

二、广告介绍

（一）广告内容

不同于海清在电视荧幕中完成"去渍挑战"的传统广告内容，汰渍首选小鲜肉张艺兴代言，首支微电影《双重迷局》更是专为张艺兴量身打造。如图10-3所示，自从汰渍（Tide）迎来了其全新代言人张艺兴后，不好好卖洗衣液，居然拉着代言人上演了一支高智商的寻宝解密大片。当广告推出时，由于热门考古类小说改编的电视剧《老九门》还正在热播，而"二爷"张艺兴又出演了汰渍

新媒体广告营销案例集（第二辑）

"双重洁净"品牌微电影中的古董店传人，化身"全能兴探"，同样是高智商，这次他能否打破迷局，抱得宝物归？

图10-3 汰渍《双重迷局》海报之二

如图10-4所示，"瀑布飞流落锦文，双颜黛色层层隐，洗尽重重双峦嶂，无中生有水自清"。如果不解说，简直就像是看完一部产品植入的悬疑电影。广告通过一条"寻宝"故事线，将产品功能巧妙地融入剧情设定中。影片中的张艺兴扮演了一位神秘的古董商人，一次偶然的机会让他拿到失传已久的神秘古画，于是他逃到密室开始解锁这重重迷雾。就在追兵到来的最后一刻，他拿出了终极解密武器——汰渍，清洗过后的古画浮现出真正的宝藏线索，以此展现汰渍"双重洁净"的广告主题。

图10-4 汰渍《双重迷局》广告镜头之一

资料来源：https://v.youku.com/v_show/id_XMTcyNDEyMjY4NA==.html?spm=a1z3jc.11711052.0.0&isextonly=1。

据悉，此次广告创意由李奥贝纳（Leo Burnett）负责。值得一提的是，日化品牌广告风格一般以"亲情牌"为主，汰渍这冷不丁出来个悬疑大片也算是另辟蹊径。从选择张艺兴做代言到这支悬疑广告大片，不难看出汰渍正在瞄准年轻受众而展开营销攻势，从侧面反映出宝洁似乎也在改变着其传播方式。如图10-5所示，汰渍这支新广告似乎有一些离经叛道。但近几年，盗墓题材的影视剧呈现霸屏趋势，备受大众的欢迎。所以，看似不符合常规，但其实也算是一种另类的亲民。

图 10-5　汰渍《双重迷局》广告镜头之二

资料来源：https：//v.youku.com/v_show/id_XMTcyNDEyMjY4NA==.html? spm = a1z3jc.11711052.0.0&isextonly=1。

在该片中，饰演古董店传人的张艺兴，在遇到追踪藏宝图的黑帮人士后，正巧他用汰渍洗衣液破解了师傅生前曾留下的古画之谜。紧凑的故事情节加上剧情的神转折，凭其区别于传统广告的本质特征，就证明了汰渍已然将内容营销提上日程，不再局限于传统"去渍"这一着眼点。并且，汰渍邀请张艺兴代言，也像是表明开始注重年轻消费群体的培养、引导和转化。另外，广告通篇没有产品名称出现，弱化产品属性的同时，也更容易去吸引和讨好年轻一代。回到故事性，如结尾处张艺兴所说，他是如何破了古画之谜？如图 10-6 所示，正当疑惑之际，彩蛋来了——《番外篇》推出，连同《双重迷局》一起形成一个完整故事，契合主题的同时也对迷局进行了解读，还增加了产品露出，让这桩"悬案"破解终得大白。

图 10-6　汰渍《双重迷局》广告镜头之三

资料来源：https：//v.youku.com/v_show/id_XMTcyNDEyMjY4NA==.html? spm = a1z3jc.11711052.0.0&isextonly=1。

（二）微电影形式

如图 10-7 所示，汰渍这个广告采用了微电影形式。情节紧凑，故事和广告衔接自然，剧情紧跟当下热点，避免了观众对于广告的抵触心理，引人入胜，增加了传播性。

图 10-7　汰渍《双重迷局》广告镜头之四

资料来源：https://v.youku.com/v_show/id_XMTcyNDEyMjY4NA==.html?spm=a1z3jc.11711052.0.0&isextonly=1。

在信息碎片化、文化快餐化的今天，人们对于模式化、系统化的广告方式已经日感疲劳。2010年的《老男孩》一炮走红，让微电影广告凭借其简短精练的内容、更优越的表现形式和更强大的传播平台，成为备受关注的广告营销模式。但随着年轻一代的崛起，中国市场越来越呈现出一种年轻化的趋势，传统的微电影广告也不再新鲜。如何切中年轻人的兴趣点，成为很多人思考的问题。新型的微电影广告借鉴电影、电视剧、综艺中加入流量明星的新玩法，通过优质的内容设计、丰富的创意想象打破困局。商业微电影广告崛起，总产值曾接近700亿元。自2010年开始，充满草根性的微电影逐步走进大众视野，开始成为广告营销市场的新宠。佳能与姜文合作的《看球记》，凯迪拉克的定制作品《一触即发》和《66号公路》都是影响颇大的微电影营销力作。

在这股热潮的带动下，"微电影广告"（即商业微电影）的概念应运而生。短短的几年时间，其产业迎来了快速发展期，包括游戏等延伸领域，总产值已近700亿元。微电影广告不仅成为备受观众欢迎的新兴艺术，更形成了相对完整的产业链。微电影行业深度报告芭乐观察数据显示，仅2012年10~12月，已有数百家广告主推出品牌定制微电影，植入广告微电影近500部。

如图10-8所示，为什么商业微电影会受到如此欢迎？与传统广告"填鸭式"宣传相比，微电影广告是迎合受众趣味的主体选择。虽然微电影广告保留了电影的一些特性，但其本质更是广告。因此，在主题设置上，更倾向于选择那些容易引发受众关注的、容易引起情感共鸣的主题。例如，益达的《酸甜苦辣》系列传递的青涩爱情、凯迪拉克的《一触即发》营造的速度与刺激感等。我国视频用户的构成图显示，10~29岁占比略高于整体网民，40岁以上用户则偏低，显示出年轻网民对网络视频的使用率略高。首先，微电影广告的受众与视频用户的受众是基本一致的，以网络为主的传播特性要求在主题选择上契合目标受众的年龄层。其次，与长篇电影的线性发展模式相比，微电影本身大大压缩了开端与结局，而是以大篇幅的高潮展现来吸引观众视线，改变了电影的叙事结构。微电影之"微"不仅在于微时长、微制作、微投资，更是同传统的"大电影"相对应，以其短小、精练、灵活的形式风靡于中国互联网。而正是因为微电影的这些特性，能否在短时间内将饱满的剧情、演员的细节表现、深刻的背后寓意、产品的功能点等诸多因素完美融合并传递给受众，成为考量商业微电影成功与否的重要因素。

图 10-8　汰渍《双重迷局》广告镜头之五

资料来源：https：//v.youku.com/v_show/id_XMTcyNDEyMjY4NA==.html? spm=a1z3jc.11711052.0.0&isextonly=1。

随着时代的发展，国内主力消费者群体越来越年轻化，他们已经从判断产品进入到了感受产品的阶段，而微电影广告也到了更新迭代的时候。新型微电影广告在拍摄之前有着更加准确清晰的定位，这是决定其是否能够获得高点击率和良好商业价值的基础。他们更加明确自己产品的目标受众，因此，在广告主角的选择上也更加以用户和微电影内容为导向。

如图 10-9 所示，产品是理性的、冰冷的，微电影广告却是感性的、温暖的。这种理想与现实相结合的微电影广告恰恰切中用户心理。此外，基于互联网对消费行为和生活方式的影响，用户的参与无疑是扩大影响实现病毒营销的利器。由于新型微电影广告内容亲切、碎片化、便于转发转播等特点，普通网民可以通过自主创作并上传作品。这种关注并参与的热情拉近了微电影广告与受众的距离，真正实现媒介融合。制制作精良的微电影广告不仅可以在视频网站投放，更可以成为企业整合营销传播的组成部分，为企业整体长远营销目标服务。益达的系列微电影广告《酸甜苦辣》的三年计划就是一个典型的例子，不仅增加了产品销量，也斩获多项微电影大奖，进而侧面提升了企业的知名度和权威性。

图 10-9　汰渍平面广告之去污天使和去除毛渍

（三）传递信息

因此，微电影广告不应该是孤立无援的，企业将微电影广告纳入营销体系不应是搞噱头、图新鲜，而是立足长远的企业营销产业链中的一环。微电影与广告的结合更像艺术和现实的一次碰撞，既需要找到恰到好处的对接点，又需要不断推陈出新。相信在注意力经济竞争激烈的背景之下，微电影这一较易吸引受众眼球的广告形式在未来相当长的一段时间内，依旧具有较高的竞争力和较大的发展空间。如果要使微电影成为一个良好的消费者沟通工具，传递合适的品牌或产品信息，有三个关键点需要考虑：

1. 微电影不是广告

不能就广告的创意方式来演绎微电影。也就是说，微电影首先得有故事。这个故事的好看与否是能否进行病毒传播的关键。目前大量的微电影都是长版本的广告，纯粹是为了广告而广告，其效果如何就很值得怀疑。

2. 微电影也要关注目标受众的价值取向

正如品牌和产品有其目标受众一样，微电影也要考虑目标受众的接受度，这个接受度除了本身具备故事以外,是不是能让观众产生共鸣,是不是符合多数目标受众的心理和生活价值取向,也是一个关键点。

3. 微电影还要具备主动传播性

病毒传播具有主动性,但其本意不是通过各种推广手段,如网络推手和水军达成的,而是要让观者自己得到共鸣,要么觉得有趣、要么觉得被打动、要么投射出观者的某种状态等,能让他们主动分享、主动传播,才是病毒。

如图10-10所示,当然如果在一波市场推广行动中,所有的推广手段都围绕微电影来进行,以取得更大的传播效果,这也是一个从厂商层面主动传播的好方法。最后需要说明的是,微电影本身是短片不假,但是没有消费者是会愿意主动看广告的。如果市场人士选择微电影作为一个传播形式,那就必须要考虑故事、目标人群的属性和价值观,以及是不是具备病毒特征,这样才能把这个工具用好。

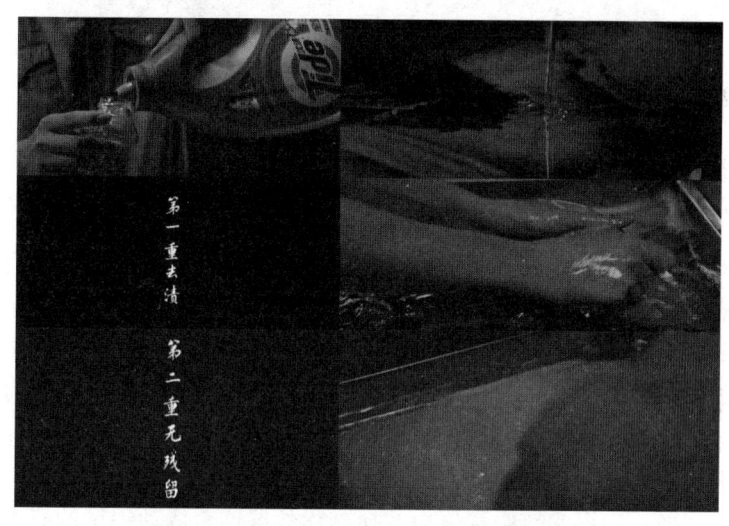

图10-10 汰渍《双重迷局》广告镜头之六

资料来源:https://v.youku.com/v_show/id_XMTcyNDEyMjY4NA==.html?spm=a1z3jc.11711052.0.0&isextonly=1。

(四)明星效应

凭借颜值和年龄优势,满脸胶原蛋白的小鲜肉们,是众多粉丝口中可以轮流召唤的"老公",已然呈现全面攻占广告圈的架势。从张艺兴自身来说,2016年可谓是他的霸屏之年,随着从4月开始在热门综艺《极限挑战》以及热播剧《好先生》《老九门》的突出表现,连续6个月的强势霸屏让张艺兴成了微博热搜榜的常客,成功活跃在人们视线中。同时,EXO团体回归专辑也再破百万销量,让综艺、影视、音乐全面开挂的他,一时间成为最具有代表性的全能艺人。

如图 10-11 所示，汰渍瞄准《老九门》热播契机，选用张艺兴为品牌新代言人，推出悬疑式微电影。悬疑剧形式、热门 IP，以及当红偶像的粉丝效应都是汰渍用来吸引年轻消费者的手段。一方面，贴合当时张艺兴出演《老九门》持续升温的热度；另一方面，也将品牌"双重洁净"的主题换了一种更年轻的方式向观众表达。

图 10-11　汰渍《双重迷局》广告镜头之七

资料来源：https：//v.youku.com/v_show/id_XMTcyNDEyMjY4NA==.html？spm=a1z3jc.11711052.0.0&isextonly=1。

如图 10-12 所示，从选择张艺兴做代言到这支悬疑广告大片，不难看出汰渍也在持续瞄准年轻受众而开展营销攻势。在传播上，结合"张艺兴生日倒数 30 天"的噱头，首先在微博发布了一支先导预告片，提出 24 小时内视频播放量 107 万（张艺兴生日 10 月 7 日）、微博转发 22222 次的传播目标，随后才放出三分钟正片。结果，双重挑战激发粉丝热情，转发双倍完成，视频先导片目前在微博的播放量已达 3539 万，社交媒体的传播力量可见一斑。因此，在社会化营销的过程中，把握好内容的核心竞争力，抓准粉丝群这个撬动销量的有力杠杆，汰渍的整个战役自然能够水到渠成。最终，粉丝自发为品牌晒单，为新品进行口碑扩散，许多明星的粉丝变成品牌的信息扩散者和高价值消费者。

明星效应在广告中的影响是十分重要的。一是广告传播者通过明星作为商品的代言人来传递商品的信息，消费者可以通过神经联系进行效仿心理因素导致直觉消费与情感消费。由于对某个人的喜爱，使自己心中产生了一种肯定的情感，贮存于自己的认知结构中，一旦被再次触及，则会在认知结构中找到，激活原来已经贮存的情感记忆，产生一种同样的肯定态度心理。当对某一明星产生了这种认知心理，在涉及该明星所代言的商品信息时，受众的认知情感再次被激活，使之想与明星特质匹配，在视觉以及心理冲击力的诱导下产生直觉消费。二是由于那些高吸引力和高关注度的明星所带来的光环效应，造成消费者对他们的一切都

图 10-12　汰渍明星代言

盲目地接受，产生一种爱屋及乌的心理效应，进而接受他们所代言的一切商品。广告主不惜重金请明星为其商品品牌做代言人，其目的无非是想抓住消费者爱屋及乌的心理，满足消费者的心理需求。爱美是人的本性，广告主清楚地抓住了人的本性，进而采取了明星作为广告代言人的商品营销模式。广告主借助人们对明星的喜欢进而接受他们的商品，建立起"明星—商品—消费者"的固定神经联系，增强商品的记忆度。三是那些高吸引力和高关注度的明星，由于他们超于常人的特质，常常带有一种强有力的示范作用，引起他人的模仿。明星或名人的那些高吸引力的特质，能够强烈地吸引消费者的目光，赢得消费者的青睐，容易达到一种说服诱导的效果，引起消费者模仿其行为模式。

如图 10-13 所示，明星效应在对广告的影响过程中产生了有利的因素，明星和名品这种"明上加名"的互相衬托，对于商品和明星来讲犹如锦上添花。例如，动感地带在选用明星作为代言上，就选择了当代最为流行的明星周杰伦作为其品牌的代言人。运动、活力、青春的周杰伦形象深受当代年轻人的喜欢，充分满足了年轻人的视觉以及心理需求，增加了明星与产品的关联度。但同时，也应该注意到不利的因素。明星作为广告代言要符合不同年龄段的消费群，这种代言人的定位要与广告消费群体的定位是一致的。由于不同年龄段的消费群体，他们在文化、生活习惯以及心理上都存在着不同的差异性，因而，他们对明星的喜欢程度也是存在差异的。所以，广告传播者在选用广告明星时，也应符合不同年龄段的心理需求。

图 10-13　汰渍明星代言平面广告

（五）情感共鸣

如何才能使广告主、明星、消费者三方同时受益？一个好的广告会使消费者产生共鸣并采取行动。而明星广告的目的就在于，使消费者对此产生一种"追随"的心理效应。但不可否认，明星广告是一把双刃剑。要想收到广告主、明星跟消费者三赢的效果，应该合时合地选择与品牌的个性相匹配的明星做代言。要考虑以下四个方面的问题：一是要考虑所代言的产品品牌与明星个人品牌的发展周期是否吻合；二是要考虑品牌的个性与明星的风格是否一致；三是要考虑明星个人品牌与产品品牌是否一对一；四是要考虑是否符合整合营销传播的规律。

我们生活在一个信息大爆炸的时代，每天都会有各种各样的事情发生，但是总有那么一两件会抓住所有人的眼球。如果蹭热点蹭得巧，往往会有事半功倍的效果，可以在第一时间内抓住用户眼球，带来可观流量。但是如果蹭得不好的话，有可能出现已有的流量流失的情况发生。蹭热点需要注意：追热点不是为了追热点而追，而是为了讨好用户来追。在追热点时，让热点和自己公司的形象及用户的期望与产品相契合。深入了解自己的产品，对于热点要有选取，选择最适合自己的产品和核心用户的热点，并对热点要有二次加工，让热点新闻和自己的产品有一个很高的契合度。当有了热点数据反馈后，应该根据数据做调整优化。深入了解自己的用户，做好用户调查。当有了热点新闻出现后，就能从容地用热点抓住用户的痛点，从而实现最后的转化过程。

三、传播效果

以互联网为代表的新媒体，因其海量存储和实时交互的特点与优势，已成为当代社会不可或缺的信息平台。媒体形态的变化有着鲜明的时代特征，新的媒体形态代表着新的社会生产力，把握了新的媒体形态，在一定程度上就把握了社会前进的方向。广告传播方式的发展经历了人际传播、大众传播、分众传播等阶段。目前，以互联网为代表的新媒体交互传播，是广告传播模式的典型样态。如图10-14所示，新媒体凝练技术成果并影响传播方式。Web2.0的兴起，使原始的

图10-14　汰渍"清静"平面广告

人机互动变成了人与人之间的交互传播。复合型的传播模式取代了单一的传播路径和平台，以大数据、互动性为特点的新媒体开放平台丰富和改变了广告传播的传统路径。

新媒体发展的不同阶段带来了不同的广告传播模式，更引发广告内容和营销的变革。新媒体环境下的广告传播模式是整合多种技术的结果，融合了文字、图片、音频、视频等多种信息传播功能为一体。界面友好，传播方式便捷，在网络人际互通中又实现了短信息的即时呈现。2016年被称为直播元年，风口之下，品牌主扎堆借势，都想分一杯羹。各大类目的品牌主前仆后继地投入到电商直播的洪流中，但真正名利双收的品牌却屈指可数。

（一）QQ空间、微博、秒拍

1. QQ空间传播

QQ空间拥有活跃账户6.4亿，6成以上的用户为"90后"年轻用户。QQ空间信息流广告出现在用户的好友动态中，是一种融入在用户UGC中的原生社交广告，拥有用户天然、无违和感的关注，非常适合品牌在社交场景与年轻人沟通。根据《CTR中国城市居民调查CNRS-TGI》2015年10月的数据，"QQ空间是'90后'访问最多的社交网站；10个'90后'就有8个人使用QQ"。如图10-15所示，汰渍广告在QQ空间的视频故事还支持用户进行"赞转评"社交

图10-15 汰渍《双重迷局》QQ空间

互动，广告获得用户的主动分享，引发二次传播。好的视频内容还会产生病毒传播的效果。

2. 微博宣传

利用微博大号做推广，看重的不仅是大号的流量资源，还有大号的信任背书。悬疑剧形式、热门IP，以及当红偶像的粉丝效应，汰渍希望以此来吸引年轻消费者。在渠道上，广告投放最多的是汰渍的官方社交平台（微信、微博）以及活动专题页面。如图10-16所示，秒拍、腾讯是单独播放正片的主要视频平台。

代理公司李奥贝纳在传播上结合"张艺兴生日倒数30天"的噱头（眼熟吗？鹿晗的生日好像还在昨天），首先在社交平台发布了一支15秒的先导预告片，提出24小时内视频播放量1007万（张艺兴生日10月7日）、微博转发22222次的传播目标，随后才放出三分钟正片。如图10-17所示，从影片的故事

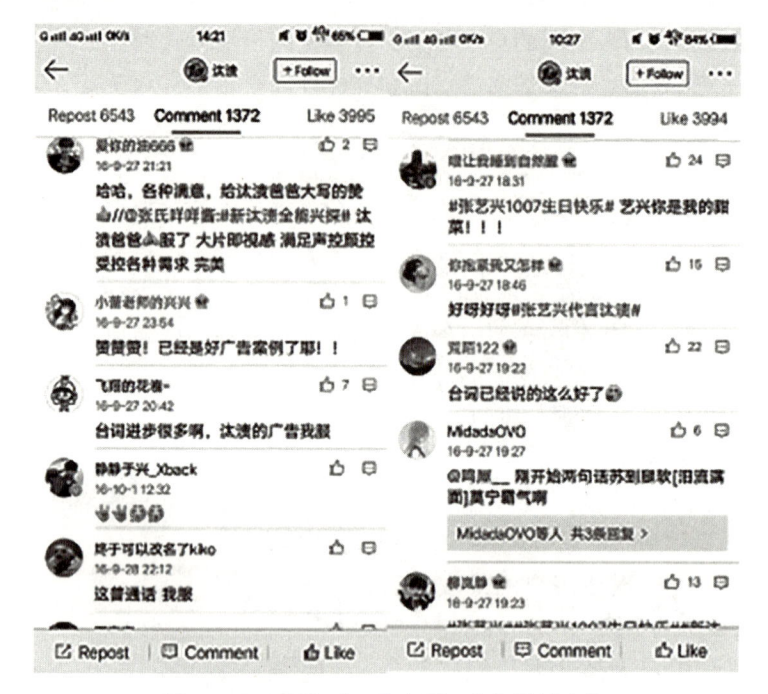

图 10-16　汰渍《双重迷局》广告微博宣传

讲述来看，还留有了很大的拍摄续集空间。人们暂时无法求证后续的拍摄计划，但就社交平台的反响而言，粉丝们一片"求续集"的呼声显然是拍摄续集的一个动力。

图 10-17　汰渍《双重迷局》广告微博网友评论

通过微博下的一致好评可以看出，微博用户对汰渍这个系列的关注极高，并且报以很大的褒奖，希望出个续集。如图 10-18 所示，汰渍广告的点击量，官微《番外篇》16 万、粉丝发《双重迷局》最高 2232 万、好评不断，迷妹一片，也在一段时间内一直占领微博热搜。

3. 秒拍视频

如果愿意，2017 年企业大可以从营销费用里花个十几万，然后得到不低于 500 万人观看，订单转化率大于 1% 的传播效果。这个传播效果来自直播和短视频，就像当初自媒体的出现冲击了传统媒体那样。直播和短视频如今正在打乱现

第十章 汰渍：双重迷局

图 10-18 汰渍《双重迷局》广告微博转发

有的媒介市场。资料显示，美拍的月活在 1.4 亿左右，其中女性用户占了 70%。这些用户主要来自一二线城市，较关注护肤、美容、化妆等话题，部分用户平时就有分享护肤化妆心得的作品。在营销方面，跟美拍体量相当的短视频社区秒拍则做得更为成熟。秒拍中是在视频里植入广告，根据播放量、转发数、评论数来计算分成，而汰渍选择的就是这种方式。

如图 10-19 所示，早在 2015 年，秒拍就曾大量尝试短视频营销。由于有微博入股，所以秒拍在营销时往往会借助微博的社交媒体属性。2015 年 5 月，秒拍携手微博推出"随手拍"活动，短短几天微博曝光数达 23.9 亿次。在活动期间，"随手拍"持续占据话题热榜，滚雪球般吸引更多用户参与其中。2016 年，直播大规模爆发，短视频和直播平台的营销步伐也在同时加快。也许不久的将来，直播平台、短视频会像微信公众号那样，时不时冒出几条植入。美拍是一款 2014 年 5 月上线的短视频 APP，虽然怎么看都像是 Vine 在中国的镜像产品，但由于国内庞大的网民基数，美拍上线后曾经创下连续 24 天蝉联 APP Store 免费总榜冠军的神奇纪录。这时，汰渍曾在美拍上做了一场营销：推出汰渍段视频广告，依靠超红流量明星的人气，利用粉丝效用，鼓励用户进行点赞转发评论，就是这样一个简单而在短视频上的广告投放，带动了 1000 多万次视频播放量。

255

新媒体广告营销案例集（第二辑）

图10-19 汰渍《双重迷局》广告观看点击量

如图 10-20 所示，视频内容正经历着前所未有的增长，但到目前为止，视频内容的增长还未到达顶峰。根据有关数据预测，到 2017 年，将有 69% 的互联网流量都来源于视频消费。而如今，许多的品牌主也开始其视频内容的战略布局，这主要包括了品牌介绍、品牌宣传、产品促销、增加用户触达、促进用户参与度、业务推广。就汰渍的这则广告而言，视频的营销方式如下：汰渍的广告利用短视频大号之内容营销，这显然不是传统的广告植入，内容营销是把互联网金融平台或产品包装成内容。内容即广告这种原生广告形式才是未来的趋势。这也让汰渍广告受到了广大的好评。

图10-20 汰渍明星代言人直播

（二）直播平台

直播营销是指在现场随着事件的发生、发展进程同步制作的节目播出方式。该营销活动以直播平台为载体，达到企业获得品牌提升或销量增长的目的。汰渍携手全新品牌代言人张艺兴及重要商业合作伙伴沃尔玛在京召开新品发布会。如图 10-21 所示，与以往的新品宣传有别。8 月 22 日，张艺兴天猫直播，累计获得 1690 万点赞，近 5 万评论，当天创下了天猫全品类互动第一！而刷新这一历史的，竟然是人们熟知的国民洗衣液品牌——汰渍。

图 10-21　汰渍明星代言人直播微博转发

先看看这个传统品牌洗衣液在这次直播战役中的逆天数据：直播播放次数570万，打破天猫直播纪录；8月22当日，在直播开始前，即收获近500万点赞量，截止到当日下午4点30分，累计1690万点赞量；汰渍当天爆款销量高达5778套；单日圈粉40736人，直播间直接增加品牌关注数4724人。利用"品牌+粉丝+平台"三方合力，不仅将所获的巨大流量成功转化成销量，还为品牌和产品沉淀了大量的口碑和粉丝。

1. 亮出产品牌，创意发布强化曝光力

本次直播实际上是一场汰渍新品发布会，以"张艺兴教你去污"为主题，明星噱头十足服务于新品的强力曝光。有别于大多数的品牌陷入为明星而用明星的怪圈，汰渍这次巧妙借助明星的公信力为新品站台，巧妙利用娱乐化的场景，将新品卖点的曝光度放到最大。

如图10-22所示，两大男神：人气代言人张艺兴与因《最强大脑》微观辨水而一举成名的"水哥"王昱珩一齐助阵。直播间秒变实验室，把卖点变成看点，网友的期待值瞬间爆表。张艺兴与"水哥"王昱珩共同完成新品的"洁净无残留挑战"。张艺兴化身"兴"帮手与粉丝一起完成"洁净挑战"，手把手教粉丝去污，"撩妹"力十足，让全程关注度持续发烧，互动火爆程度一时无二！

图 10-22　汰渍代言人张艺兴亮相新品发布会直播现场

如图 10-23 所示，轮到"火眼金睛"的"水哥"出招，凭肉眼观察织物纤维结构，同时完美验证汰渍新品洗衣液的功能卖点。令在线网友叹为观止，直呼过瘾！功效眼见为实，测评好玩真实，新品更具说服力，实在是一次强而有力的曝光！

图 10-23　张艺兴与粉丝现场互动

2. 巧妙利用粉丝社群管理，交出诚意来沟通

试图利用明星效应撬动粉丝经济的"套路"，早就不是什么新鲜事。而汰渍的高明之处就在于玩得"真诚"。汰渍早早就锁定粉丝为核心沟通对象，在确立张艺兴为新晋品牌代言人之初，粉丝积累和维护就开始了。

如图 10-24 所示，汰渍充分利用社群进行粉丝管理，深度挖掘粉丝 G 点，甚至各种创意产出环节均有粉丝参与。如此一来，行之有效的沟通回馈机制得以建立，"品牌+粉丝"互利互惠的关系也得以打通。

图 10-24　汰渍周边宣传品

3. 完美部署粉丝互动规划，拿出奖励来引导

一次覆盖全网让流量与销量并驾齐驱的直播，少不了品牌精密的策略布阵。在前期，汰渍为本次直播制订了完整的互动计划：8 月 21 日直播前一天，在粉丝团与外围 KOL 发布海报微博预热，透露可以抢到十月的张艺兴见面会门票，因此，在直播前夕就已点燃粉丝竞相抢购的热情。如图 10-25 所示，8 月 22 日直播当天早上 9 点开始，发动粉丝团微博与群组下载天猫 APP 冲击直播点赞数攻略，灵活放大吸引粉丝团关注直播的信息点，充分调动粉丝的热情。直播前一

小时，汰渍直播点赞数突破预期的百万目标，开始调动粉丝冲击 1007 万（张艺兴生日）点赞数，关注互动热度达到顶峰，外围话题讨论量空前火爆。

图 10-25　汰渍话题讨论

直播过程中粉丝团与直播进程保持高度一致，粉丝发微博庆祝点赞数突破 1007 万，汰渍发起直播期间晒单送礼盒的机制。如图 10-26 所示，这个张艺兴定制礼盒是综合粉丝意见后推出的，集合实用性与娱乐性于一身的绵羊围裙，深受粉丝的追捧。汰渍真正将个性化周边定制力转化成即时变现力和 UGC 扩散力。

图 10-26　汰渍明星代言人直播效果

直播结束后，粉丝团发微博总结本次直播热度现象级别——破天猫纪录。再次露出电商购买送礼盒门票机制与链接给予粉丝成就感，刺激粉丝自发购买。同时，汰渍官博进行二次传播和引流，加大马力保持后续的消费热度。

4. 打好销售牌，整合资源拉动购买力

如图 10-27 所示，回顾整个战役，汰渍真正做到了整合优质资源，高效利用天猫直播边看边买的互动模式。随着直播过程中的不断引导晒单，刺激购买，实现直播互动高潮，汰渍新品汰渍手洗洗衣液一亮相，创出即时秒出 500 套的佳绩！值得一提的是，直播前后，汰渍除了外围资源的导流，不仅打通了天猫粉丝趴等直播入口为流量有效开路，同时还联手聚划算打出一套有效刺激销售的量贩式拳法。如图 10-28 所示，整合平台里里外外的优质资源为己所用，助力销售势能一触即发。

图 10-27　汰渍天猫官网销售海报

图 10-28　汰渍其他销售平台海报

5. 整合口碑牌，优质内容引爆传播力

如图 10-29 所示，"好的内容自己会说话"。加上好的发声技巧，就更能拨出正向舆论的最强音。在内容层面，将张艺兴手把手教授粉丝去污的看点和新品的卖点结合起来。就连定制周边也是自带"撩"点的，粉丝看过瘾了，才乐意买品牌的账，也才会愿意自发去给品牌好评。

第十章 汰渍：双重迷局

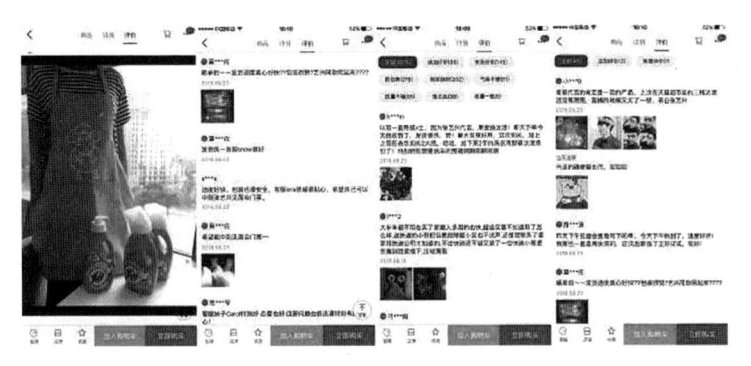

图 10-29 汰渍销售品牌用户反馈

汰渍精准布局 KOL 为直播进行舆论造势，如图 10-30 所示，除了明星粉丝团的主力军，还有娱乐大号连番轰炸，多点落地直播话题，最终外围传播总覆盖人群高达 6553882 人次。从粉丝到围观受众，形成立体的传播闭环，成为流量往销量转化的有力支撑。

图 10-30 汰渍明星代言人微博转发

在借势传播和造势导购上，把握好内容的核心竞争力，抓准粉丝群这个撬动销量的有力杠杆，汰渍的整个战役自然能够水到渠成。如图 10-31 所示，相当多的粉丝是自发为品牌晒单，为新品进行口碑扩散，许多明星的粉丝变成品牌的信息扩散者和高价值消费者。新品赚足了眼球，品牌收获了新客，这场新品发布会的圈粉意义远远大于一次销售。汰渍深入体察粉丝，和天猫直播强强联手，整合优质资源，利用代言人的影响力，用心做好内容，打出线上线下漂亮的组合拳，最终将惊人的流量转化成喜人的销量。无论是在天猫还是品牌、明星、粉丝层面，实现四方共赢。

此次汰渍新品的营销方式革新也从侧面反映出宝洁在营销方式上的转变。玩法深入人心，口碑一路走红，这次不仅仅是汰渍自身的一大突破，还为行业树立了全新标杆。正如直播的核心信息"兴帮手挑战"所传递的，汰渍也在不断挑战自身，不仅希望为消费者奉献更好的洗衣产品，也期待在任何一个与消费者沟

图 10-31　汰渍明星代言人粉丝微博评论

通的领域带来更好的品牌体验。在接下来更多的营销战役中，汰渍的表现让我们拭目以待。

（三）传播分析小结

1. 主要通过 QQ 空间、微博、秒拍等年轻人聚集的平台

通过上面的一一阐述可以看出，汰渍这则广告的推广和传播主要通过 QQ 空间、微博、秒拍等年轻人聚集的平台、利用流量明星的个人魅力和影响力、利用广告视频在内容上的设计，增加广告本身的趣味性，引起大家的关注。新媒体下的广告传播方式和传统方式不同，更加注重广告本身的逻辑性和让观众的接受度。软广告和原生广告因此而产生，并且运用得越来越多。这次汰渍主要是想在年轻人的身上火一把，选择了更加可以让年轻人接受的广告内容，以 QQ、微博、秒拍等年轻人聚集地为平台这样的定位是准确的。

2. 年轻人积极转发、评论和互动，扩大传播效果

汰渍这个广告之所以传播效果这么好，就是因为已经让受众忘了这是一则广告，而认为这是明星自己家的新剧需要更多的宣传，所以很正常的就去评论转发。这样，不仅扩大了广告的传播效果，也增加了汰渍这个品牌在受众心中的深入人心程度。评论者、微博公众号和明星之间的互动，让汰渍这一系列的广告更加具有热度，把广告的发放与流量明星本人的生日相结合更为大家的评论和转发增加了必要性。

3. 存在的问题

众所周知汰渍的购买者不是年轻人，而是以中年女性为主要消费者，这也是汰渍的主要受众。而选择在年轻人中间进行广告宣传，是想引发一波年轻人的关注。可是在看到了这则广告之后，会不会引发购买汰渍的产品就是另外一个问题。品牌追求年轻化的目的却是做到了，可汰渍更该认清它真正的购买者又是谁。如何让年轻人在关注广告的同时又成为汰渍品牌的消费者，才是汰渍在广告之后真正应该认清的。

四、总结启示

（一）广告业趋势——讨好年轻人

不同于以往的郭冬临、海清等汰渍代言人，此次广告使用了当红小鲜肉张艺兴作为形象代言人和微电影广告主角，积极迎合年轻人的口味。不得不说，讨好年轻人成了广告业的一大趋势。提及"鲜肉"两字，相信不少人脑海里就会浮现铺天盖地的广告画面。在这个"男色消费"盛行的时代，鲜肉一族俨然已经成为中国广告界的"排头兵"，他们用鲜嫩多汁的肉体和颜值，俘获了一大票嚷着要年轻化的品牌主，就连宇宙第一大广告主的宝洁公司都坐不住了。这两年广告中的鲜肉比例也在不断提高，大有网罗天下鲜肉于一碗的趋势。

如图10-32所示，不得不提的就是，近年来宝洁公司的"换肉行动"，其旗下众多品牌都开始使用小鲜肉作为代言人。如杨洋代言飘柔和碧浪，碧浪当月品牌声量提升率达239.27%，飘柔当月品牌声量提升率达4074.69%，作为宝洁旗下两大洗护品牌的代言人，杨洋可以说是彻底绽放，而他频频现身多部热门影视剧和综艺剧中，更是人气爆表。其中，热剧《微微一笑很倾城》的表现博得了不少女粉丝青睐。趁其大热之势，飘柔宣布他担任品牌"首席柔顺官"，其健康阳光的形象不仅为飘柔"清爽柔顺"的品牌理念带来更好的诠释，为品牌演唱的一曲"飘柔顺发歌"的广告更是撩得粉丝连连叫好。这个时间点选择杨洋做代言，飘柔的目的十分明显。近几年，飘柔在洗发水市场的地位远不如从前。不仅面对大量新兴竞争者，同时飘柔的品牌形象已经很难满足新时代消费者的需求偏好。借这次杨洋代言，飘柔从产品包装到线下展台都进行了革新，一方面，希望借助代言人形象博得年轻消费者的青睐；另一方面，也迎合宝洁的年轻化步伐。

图10-32 "小鲜肉"明星代言日化产品

如图 10-33 所示，在宝洁旗下的另一个洗护品牌碧浪换代言人也十分巧妙，当碧浪兴致勃勃地宣布杨洋成为代言人的当天，其兄弟品牌汰渍同时宣布张艺兴成为新代言人。作为一个常年以"妈妈"广告形象沟通的品牌，碧浪与杨洋合作以"破案"为主题的微电影明显大步跨向年轻人的领域，碧浪还选择借助社会化平台放大杨洋的明星效应。就从两大品牌在当年的"双十一"销量数据来看，效果还是十分明显。

图 10-33　碧浪代言人

1. 李易峰代言 Olay

如图 10-34 所示，粉丝匹配度：61.27%。月品牌声量提升率：2141.09%。曾经的"熟龄"品牌 Olay 玉兰油，在其进入中国市场 27 年后曾有过大陆销量第一的辉煌。但近年来，因品牌老化出现销售的大幅下滑，其在消费者心中"妈妈品牌"的形象令玉兰油不得不开启"减龄"行动。2016 年 3 月，玉兰油宣布李易峰作为其大中华区代言人，希望通过他阳光俊朗的形象增强与"90 后""00 后"等年轻女性消费者的情感连接。作为后来居上的明星之一，李易峰的蛰伏九年人生经历与品牌 Olay"就耀新的我"紧紧相连，一支动情的"你不止是你"的电视广告也通过李易峰的励志故事来诠释全新的品牌诉求。"老品牌"要年轻化，选择"当红炸子鸡"代言自然是最直接的方式。在过去几年间，玉兰油也曾为了"减龄"推出不少新的产品线，新的产品并没有为玉兰油抓住年轻受众的心，同时也不能很好地满足老用户的需求。来自中怡康的数据显示，2015 年上半年玉兰油在 38 个城市百货渠道中销售出现了 18.5% 的下滑，成为十大化妆品品牌中下滑幅度最大的品牌，这让宝洁不得不对其"加大瘦身"。2016 年，宝洁就宣布将 Olay 的产品架构向"抗衰老"转型，除淘汰与"抗衰老"品牌定位不符的产品外，还将撤销 Olay 在中国 30% 的专柜。果然，老品牌还是难敌新品牌势力的上位。

图 10-34　欧莱雅代言人

2. TFBOYS 代言舒肤佳

如图 10-35 所示，粉丝匹配度：71.07%。月品牌声量提升率：3251.54%。TFBOYS 可以说是鲜肉军团的代表人物，从 2016 年开始品牌代言，领域越来越宽。当舒肤佳宣布他们成为代言时，恰是舒肤佳品牌进入中国的第 25 年，而正在茁壮成长的"少年组合"理所当然地成为品牌"25 年成长季"传播战役中最好的诠释者。正如 TFBOYS 为品牌拍摄的

图 10-35 舒肤佳代言人

首支广告片中高唱的"守护"一词，一方面，强调了品牌常年主打的"守护健康"的理念；另一方面，也唱出粉丝们对"守护 TFBOYS 成长"的心态。早前就凭借"除菌"的理念稳居香皂市场前排的舒肤佳，近两年的市场份额可以说是一年比一年稳定。在舒肤佳宣布 TFBOYS 代言的当天，微博粉丝转发量曝光量瞬间破万，但有趣的是在这大声量的背后，舒肤佳却遭到当天预售款产品不足一百万导致下架的问题。原因竟在于舒肤佳在宣传海报中三位代言人画面比重不均衡而引起粉丝的不满，这才导致产品预售不破百万的窘况。虽然舒肤佳在这一轮的营销活动中没尝到粉丝经济的甜头，但其在年轻群体之间形成的传播能力依旧印证了其个人清洁护理市场龙头的地位，仍然是宝洁不可多得的"王牌"之一。

3. 张艺兴代言汰渍

如图 10-36 所示，粉丝匹配度 68.40%。月品牌声量提升率 60.89%。2016 年随着在热门综艺《极限挑战》以及热播剧《好先生》《老九门》的突出表现，张艺兴成功活跃在人们视线中。在此之后，汰渍携手张艺兴重磅推出一支"古画寻宝"的微电影，一方面，贴合当时张艺兴出演《老九门》持续升温的热度；另一方面，也将品牌"双重洁净"的主题换了一种更年轻的方式向观众表达。

图 10-36 汰渍官方微博

正如碧浪和杨洋的破案广告一样，这支汰渍全新微电影一样是刷新了人们对常规洗衣粉广告的认知。在整个 2016 年度，汰渍和碧浪的销量一直表现不错，在收入两枚代表性小鲜肉做代言以后，相较以往汰渍和碧浪的整体推广维度更新，与粉丝亲密度更高。这一来将明星效应带动了产品销量，也正好贴合了品牌新一代受众年轻化的趋势。

4. 鹿晗代言佳洁士

如图 10-37 所示，粉丝匹配度：51.19%。对于牙膏市场，宝洁从佳洁士进入中国以来就没放松过对这个牙膏市场上"优等生"的投入。正如佳洁士其他兄弟姐妹一样，宝洁在经历过"瘦身计划"后不光在广告上加大了投放力度。在改变其营销策略上，首先就为佳洁士纳入一位中国粉丝经济的代表性人物——鹿晗。从 2015 年担任代言以来，鹿晗凭借其强大的粉丝力为佳洁士

图 10-37 佳洁士代言人

创下不少佳绩。2016 年初，一次"鹿晗寻找钻白笑容"的推广战役更是将粉丝效应发挥到极致。在活动启动的 6 小时内，话题阅读量破亿，创造 13 万微博讨论量。当时主推的佳洁士"3D 炫白双效鹿晗乐享咖啡珍藏版牙膏"9 秒内全部售罄。所以说，小鲜肉的力量就在于，可以让粉丝消费者不需要去探究这是什么，看脸掏腰包就可以了。虽然近两年，佳洁士偶尔也受到虚假广告、产品质量等问题的质疑，但在产品销售上却还是一直处于十分稳定的状态。面对不断崛起的中国本土牙膏品牌，佳洁士"洋品牌"的形象也在各种价格战中逐渐在消费者心中落地生根。这下再加上鹿晗的代言，相信"男色消费+粉丝经济"的模式能够进一步巩固佳洁士在牙膏市场的地位。

正如上文所言，在当今社交媒体崛起的时代，明星代言早已超越人们理解中传统的品牌代言模式。竞立社交媒体总经理张亮说："明星代言费用不菲，越来越多品牌开始和明星进行相对'轻量'的、仅基于社交媒体的内容营销合作"，他还表示，"正是这样的环境才让配套的社交广告形式更加定制与丰富"。纵然营销方式不停在变，但营销的核心仍然是以消费者需求为导向。这也说明了品牌在使用"小鲜肉"代言时，不仅要考量其在社交媒体与搜索引擎上的影响力、互动量和口碑，同时在与粉丝消费者沟通时也要学会"说同样的语言"，这样品牌营销才更容易被粉丝所接受和传播。对于受众而言，相貌美好的小鲜肉们总是能快速吸引人们的关注和兴趣。除了带动粉丝经济以外，他们代言的美妆品牌也体现了中国市场对男性使用化妆品和护肤品的接受度越来越高。对于品牌使用鲜肉代言，尚扬媒介首席客户官林翠芬认为，最重要的一点是代言人和品牌价值、

品牌个性的契合度要高。再者，代言要关联到品牌和产品上，不仅让人记住，更要深入人心。

（二）成功广告的要素

1. 创意

创意驱动是一个普遍意义上的概念，他需要与以下的各种驱动力共同发力，目的是更好地完成消费者对产品定位、卖点及形象的认知。创意驱动本质上是一种辅助工具。单纯依靠创意建立品牌的知名度（消费者因为新鲜感愿意尝试），短期内虽然能带来较好的消费者接触和销售提升，但由于缺乏内在支撑（消费者心智中的独特位置），很可能成为昙花一现。如图10-38所示，"我们的产品就靠你的创意了"，创意驱动因素一直以来被多数的本土企业所重视，然而缺少了定位及卖点驱动的支持，单纯的创意本质上起不了多大作用。好劲道采用范伟作为代言人，利用消费者耳熟能详的"拐了"做创意，"骨汤加劲面，营养不忽悠"忽悠了消费者，但产品本身的定位不明确，卖点区隔性不强，使产品的销售并没有预期那么理想。

图 10-38　汰渍"恐龙灭绝"平面广告

在明晰定位及卖点后，优秀的创意则能够给产品广告加分，莫纳迪啤酒用搞笑的创意告诉人们：白酒要和男性一起喝，红酒要和女性一起喝，但是啤酒有时要和电视机一起喝，尤其是电视里在直播球赛时。当然，不是每一种啤酒都适合在电视机前面看球时喝，但是莫纳迪肯定是。

2. 定位

定位是产品在行业立足壮大的重要前提。定位的根本目的是在消费者心智中建立固定的认知，使消费者在特定的消费需求下能够与特定的品牌产生关联。定位驱动领先于卖点驱动，能够在长时间内占据市场份额。例如，宝洁旗下的海飞丝、飘柔等品牌，通过不同的定位对行业进行细分，并占据细分品类的领先位置。国内如五谷道场方便面，通过"非油炸面"的定位细分与传统油炸方便面划江而治。

定位驱动是取得市场领先的根本所在，是行业领先品牌能够牢牢占据主导位置的秘诀，南孚电池定位"耐用"，在所有的广告中都不断地重复和强调聚能环的概念和耐用的特性，建立品牌的领先优势从而占据了全国电池市场的半壁江山。而作为追赶者,与强大的竞争品牌正面竞争无疑是一种愚蠢的做法,寻找到竞品薄弱的环节并以此建立自己的核心竞争优势,不断放大,才有可能后来居上占据有利位置。

3. 卖点

卖点驱动源于罗塞里夫斯(Rosser Reeves)在20世纪50年代首创的USP理论。USP是英文Unique Selling Proposition的缩写,意思是独特的销售主张,通俗的说法叫卖点。美国达彼思广告公司作为自己的经营理念率先提出,后泛滥于广告界。USP具有如下特点:

——每个广告都必须向消费者陈述一个主张:"购买此产品你会得到这种具体好处"。

——这种主张必须是独特的,是竞争者不会或不能提出的,既可以是品牌的独特性,也可以是在这一特定的广告领域一般不会有的主张。

——这一主张一定要强有力地打动千百万人,也就是吸引新的顾客使用该品牌的产品。

一个USP(独特的销售主张)可能成为短时期内指导消费者购买的重要驱动。而随着市场的发展,这一销售主张可能被其他的主张所替代,也可能演变成为独立的细分市场(细分品类)。农夫果园的"喝前摇一摇"、农夫山泉"弱碱性水"、九芝堂六味地黄丸"不含糖"都是典型的USP,通过消费者容易记忆又愿意尝试的卖点来区隔于竞争品牌,寻找销售的增长点。当USP具备足够的延展性和容量,则可能演变为一个独立的细分品类,如去屑洗发水最初是作为洗发水产品的一个独特"卖点",然而市场的反馈是消费者对"去屑"的需求很大,竞争者不断加入,于是成就了一个新的细分品类。卖点的提炼可以从消费时间、地点、使用方式、技术指标、心理感受、创新概念等多方面进行区隔,给予消费者购买产品的合理、新颖的理由。

4. 形象

如图10-39所示,大卫·奥格威的品牌形象论,至今仍为传媒界人士所津津乐道。他认为,品牌形象是产品固有的,而是消费者联系产品的质量、价格、历史等。此观念认为,每一则广告都应是对构成整个品牌的长期投资。奥格威认为,消费者的购买行为是来自于品牌的整体形象,包括各方面的综合评价。毫无疑问一个品牌良好的形象,会给消费者在购买决策中加分。消费者买一个剃须刀,更愿意购买形象更好的飞科或飞利浦,而不会选择没有名气的或者形象糟透了的品牌。品牌形象是在消费者心智中建立持续、统一的品牌形象,其本质是一种物质利益之外的精神感受,是消费者对品牌精神的认同感。自20世纪50年代中期开始,万宝路香烟开始和"牛仔""骏马""草原"的形象结合在一起(万宝路一度曾是带有明显女性诉求的过滤嘴香烟）。从而，万宝路的世界逐步扩大，获得了前所未有的成功。而万宝路的粗犷豪迈的形象深入人心，则是基于"男士烟和牛仔形象"的定位。

图 10-39　汰渍平面广告赏析

所以，品牌形象驱动同样是基于明确的产品定位，是与品类定位相存相依的。在消费者确切地知道"Who I am"之后才能谈及形象，否则就只有好感而已（品牌形象的存在是基于对特定行业的依赖）。我们可以试想，如果可口可乐生产可乐的同时，又生产了汽车、洗发水，那么以可口可乐良好的品牌形象，又能起到什么样的销售效果呢？抑或说，当消费者不再接受可乐这个东西时，那么可口可乐这个品牌又值多少钱？然而，相反的情况在国内却屡见不鲜，它们以多元化的名义对品牌进行无限延伸，在品牌形象"放大"的同时，却让消费者对"它到底是干什么的"一头雾水。而这个道理正如招聘，通常要求应届毕业生要有良好的综合素质。因为没有特殊的技能，而对成熟工的要求，则必然要求在某个领域有特长。一大把年纪却一无所长的人，很难有立足之地。我们看到更多的是，一个进入多个行业的品牌在各个行业逐步进入成熟阶段的过程中，必然面临在各个市场份额逐步削减而无可奈何的窘境。

5. 策略

这里所说的策略即媒介投放策略。作为品牌战略及诉求的终端体现，媒介策略所起到的作用同样不容小觑。当然，成功的媒介策略需要与准确的品牌诉求相辅相成，任何一条短腿都将一瘸一拐。此外，媒介行程的确定、广告版本的配合、栏目的使用、软硬广告的配合等都需要参照行业发展阶段、竞争程度、消费特性等多个因素综合确定。史玉柱的脑白金在全国的推广，则采取了相对集中节假日。以短版本、高频次疾风骤雨式地抢占"过节送礼"市场。史玉柱是这么描述自己的传播策略：每年有两次高峰期，一个是春节，一个是中秋。中秋密度最大的是倒退 10 天，春节时倒退 20 天，加起来才 30 天，拉到全年成本并不高。这 30 天是不惜血本，砸到让人烦的。不同传播阶段对传播面、精准度的要求不尽相同，需要把握全局，对传播进程有整体的控制，在合适的时机做合适的事情。

广告最根本的目的是告知消费者在谁适合、何时、何地、什么情境下、如何购买自己的产品。以上五个驱动包含了多数成功广告的成功法则，而五个驱动因素也各有主次。创意驱动是为了更好地诠释定位、卖点，从而实现建立于特殊认知基础上的品牌形象。而策略驱动则是进入消费者心智的临门一脚。当然，当行业处于不同的发展阶段，广告驱动的侧重点不相同。随着发展阶段的不同，其诉求的侧重点也同样会发生转移。当行业处于成熟期，对消费者的教育需求不那么大，此时形象驱动及定位驱动更加重要。而当行业处于萌芽期，消费者对新品类认知模糊，此时需要依靠独特的卖点提供给消费者，以取代原有的购买习惯。策略和创意两个驱动因素有如人的肢体和衣裳，而定位、卖点及形象驱动则是促使品牌成功的灵魂所在。

6. 紧跟时代趋势，以消费者为中心

传统企业营销主要以电视、广播、报纸等为载体，覆盖面广，但缺乏针对性，费用较高，传播效果具有不确定性。随着互联网技术和移动通信在我国的普及与发展，新媒体广告越来越多出现在企业营销过程中，全面深入了解新媒体整合营销传播特性，成为企业在市场立足的着眼点。在网络时代中，互联网成了各种信息传播的载体。消费者对网络营销，也从刚开始的怀疑与不接受逐渐变成了信赖与喜爱。网络推广不仅是对企业形象的塑造，同时也是在建立企业品牌。借助互联网覆盖面广的特点，打造知名品牌网络化已经成为一种趋势。汰渍通过微博微信等网络平台，充分利用其转发、评论、互动等功能，扩大广告传播效果。

7. 通过新媒体广告营销精确传播

DSP 广告，根据细分维度（时间、地域、性别、收入、兴趣、浏览历史、购买历史等）定向投放。SEM 广告，根据搜索行为（搜索关键词、搜索历史等）定向投放。EDM 广告，根据购买行为（会员等级、购买时间、客单价等）定向投放。营销，把产品铺到消费者面前，更要把价值概念铺进消费者心里。

（三）启示

1. 消费者的品牌意识

如今的市场，不在乎企业的产品实质怎样（科技的进步使大家在产品上很容易地高度同质化），关键是消费者认为品牌怎么样。20 世纪 90 年代，美国西北大学著名教授舒尔茨在其全球第一部《整合行销传播》（IMC）专著中指出：在同质化的市场中，唯有传播能创造出差异化的品牌竞争优势。而有效的传播必须有一个以消费者欲求为出发点的"轴心"概念。现代营销比任何时候都需要想象力。抓住想象力是成功的关键。通过科学的方法寻找出有价值的产品概念，还需要伟大的创意来表现——通过简单而深刻的概念让消费者最直观地认识。"乐百氏27层净化""农夫山泉有点甜""金龙鱼1∶1∶1""农夫果园，喝前摇一摇"等，都通过一个具体的概念，让人们对品牌产生了一连串的美好联想——什么都不用多说，一句话，一意境。

2. 最好的营销是创造好的产品（概念）

著名营销大师科特勒说过：每一种市场产品都是无形活动和有形推动的不同组合。成功的产品应该是运用专业技术和丰富的想象力去创造物超所值的产品，像氧吧空调这样的产品创新其实并不神秘，在空调上加个富氧装置，就是"组合创新法"的一种应用，就像手机加上电子眼就能拍照一样。而最重要的是，这种创新因为占领了消费者的心理市场而别有洞天。海尔氧吧空调的成功带给大家一个新的启发：企业把重心放在无形活动的差异化之上，这些活动才可以创造出用户所期待的产品，精心推出差异化的市场潜在产品（概念），将带给企业一个有形的利润庞大的市场空间。

3. USP（独特的消费主张）过时了吗

事实证明，USP（独特的消费主张）是营销概念创意的一个有效思考工具，许多营销人由此而创造了不可一世的"BigIdea"。虽然是20世纪60年代的主张，但在现代营销中毕竟显示了其局限性。然而，在相较于发达国家的竞争还不算十分激烈的中国市场上，该理论还是显示出其强大的威力。市场是最终考验产品的阵地，最好的营销就是创造好的产品（概念），满足了消费者的个性化需求就是占领了市场。这些所述的营销概念，几乎都来源于USP（独特的消费主张），充分证明该理论的威力强大。

4. 概念提炼小技巧——具体标准说明

具体标准说明是卖点提炼和文案写作的重要方法之一，可以给消费者以信任感。另外，还有很多成功的品牌在营销传播中采用该策略，屡试不爽。对于汰渍这类产品，无法做出对该品牌的年龄划分，因为其目标消费群体需求是普遍性功能强的产品。而这类产品的特点是功能性强、不针对特定年龄段，而不是需求有个性特别的产品。汰渍深刻洞察年轻消费者，投其所好，用"小鲜肉"代言，是汰渍让品牌"young"起来的一张王牌。"小鲜肉"撩"小鲜肉"，这招可谓出奇制胜。选用张艺兴作为代言人，不仅因为他健康阳光的形象与汰渍积极向上的调性相契合，也是看重了"小绵羊"所产生的强大粉丝效应。张艺兴代言汰渍，不仅能够吸引大批绵羊粉丝，玩转粉丝牌，还能最大化转化潜在消费者。在品牌传播上，则可自带一发不可收拾的高流量。寻找"小鲜肉"代言，是因为汰渍发现了新家庭主妇的崛起，一改往日几乎被消费者免疫的广告场景，利用"小鲜肉"代言，能带来极大的社会化传播。对于受众而言，相貌美好的"小鲜肉"总是能够快速吸引人们的关注和兴趣。

思考题

1. 汰渍广告是怎样体现公司产品价值的？
2. 汰渍是如何在广告中营造顾客体验氛围的？

参考文献

［1］韩芸．新亚里士多德诉求理论视角下的影视广告浅析——以一则汰渍广告为例［J］．安徽文学（下半月），2012（10）：90．

［2］刘琴．汰渍广告的两难境地［J］．国际广告，2003（11）：73．

［3］胡瑾，程诚．汰渍：超级碗广告首选电视还是推特？［J］．国际品牌观察，2014（3）：66-67．

［4］代丽．汰渍："穿在身上的视频"是如何炼成的［J］．广告主，2013（12）：150-151．

［5］郑连成．汰渍营销策略研究［J］．经济研究导刊，2008（1）：137-138．

［6］盖新明．汰渍洗衣液品牌推广模式探析［J］．中国市场，2014（13）：25-26．

［7］邱亚平．浅析汰渍洗衣液的品牌营销［J］．商品与质量：学术观察，2013（12）：49．

［8］郑连成．中国宝洁公司汰渍洗衣粉营销策略研究［D］．哈尔滨工业大学，2004．

后 记

本书由郭斌副教授任主编，国际商学院市场营销系本科生参与了部分章节初稿的编写及资料搜集工作。特别需要指出的是，在本书编写过程中大量参考和引用了他人的研究成果，无法一一列出，在此向原作者致以诚挚的谢意。另外，本书写作得到了北京第二外国语学院2018年"产业经济学"研究生课程思政建设计划、"营销管理前沿"研究生前沿教材（案例）建设计划、校级实践教学基地建设项目"'互联网+'国际化双创实践基地"、本科教学团队建设项目"市场营销专业思政化教学团队"以及2019年校内市场营销专业教学团队建设项目、校外人才培养基地建设项目、大数据分析在线课程重点项目的联合资助。

在此，非常感谢北京第二外国语学院商学院诸多领导、同事、好友的支持与李诗婷、薛萌、俞雅玲的帮助。特别要感谢经济管理出版社王光艳老师及其他同志对本书的辛勤工作。当然，还有许多关心、支持、帮助本书出版及我本人的朋友，在此一并表示感谢。

郭 斌
2019年1月于
北京通州水仙园